MOEWIG

Zum Buch

Das Spiel exzellenter Rockgitarristen wie Jimi Hendrix, Jeff Beck oder Link Wray fasziniert seit Jahrzehnten seine Zuhörer. Dennoch gibt es kaum Publikationen über die Gitarristen, über ihr Leben, ihre musikalischen Stile und Innovationen. Das vorliegende Buch unternimmt es, diese Lücke zu füllen, indem es eine Reihe der bedeutendsten Rockgitarristen in Wort und Bild vorstellt. Der Autor geht zum einen dem Lebensweg der ausgewählten Musiker nach und analysiert zum anderen die Eigenheiten und bahnbrechenden Neuerungen in ihrer Spielweise. Er stellt allseits anerkannte, bewunderte und erfolgreiche Gitarristen wie Jimi Hendrix neben zu Unrecht in Vergessenheit geratene Musiker wie zum Beispiel Paul Kossoff.

Zum Autor

Oliver Hüttenrauch, Jahrgang 1966, ist in der Filmbranche tätig und arbeitet daneben als freier Musikjournalist.

FRANK LAUFENBERG PRESENTS FACTS & PLATTEN

JIMI HENDRIX & CO

Oliver Hüttenrauch

Die Könige des Griffbretts

MOEWIG Band Nr. 3362
Verlagsunion Erich Pabel-Arthur Moewig KG, Rastatt

Originalausgabe
© 1989 by Verlagsunion Erich Pabel-Arthur Moewig KG, Rastatt
Umschlagentwurf und -gestaltung: Werbeagentur Zeuner, Ettlingen
Umschlagfoto: Polygram Record Operations Ltd., London
Lektorat: Dr. Petra Gallmeister
Verkaufspreis inkl. gesetzl. Mehrwertsteuer
Auslieferung in Österreich:
Pressegroßvertrieb Salzburg Ges. m. b .H.,
Niederalm 300, A-5081 Anif
Printed in Germany 1989
Druck und Bindung: Ebner Ulm
ISBN 3-8118-3362-6

Dieses Buch ist meinen Eltern gewidmet

Inhalt

Vorwort 9

Duane Allman: Der Slidekünstler 11
Jeff Beck: Der Alleskönner 34
Ritchie Blackmore: Der Impulsive 56
J.J. Cale: Der Sparsame 64
John Cipollina: Der Charismatische 71
Dave ›Clem‹ Clempson: Der Unbeachtete 84
Jimi Hendrix: Der Geniale 87
Paul Kossoff: Der Ökonomische 132
Albert Lee: Der Flinke 146
Jimmy Page: Der Effektbesessene 166
Carlos Santana: Der Temperamentvolle 197
Robin Trower: Der Geschmähte 205
Link Wray: Der Revolutionäre 212

Last but not least 225

Mark Knopfler 227
Keith Richards 236
Pete Townshend 238
Leslie West 242

Schlußbemerkung 244
Diskographien 246

Vorwort

Dieses Buch ist für diejenigen gedacht,
- die beim Hören von Jimi Hendrix' Live-Isle-of-Wight-Version von *Foxy Lady* alles um sich herum vergessen,
- die es nicht ruhen läßt, wenn sie im Radio ein grandioses Gitarrensolo hören und nicht wissen, von wem es stammt,
- die sich auch mäßige Musik anhören können, weil der Gitarrist gut ist,
- die, kurz gesagt, ein Faible für exzellente Gitarristen haben und von ihnen nicht genug bekommen können!

Doch wer zu diesem Kreis gehört, hat es zumindest in der Bundesrepublik schwer, den Hörgenuß der in diesem Buch besprochenen Musik dadurch zu steigern, daß er sich anhand von Sekundärliteratur über die jeweiligen Musiker schlau gemacht hat. Die Möglichkeiten, sich in der Bundesrepublik Deutschland über Rockgitarristen zu informieren, sind äußerst gering, angefangen von den wenigen Rockpublikationen bis zu den Musikzeitschriften, nach deren Lektüre man nur weiß, was »angesagt« ist und daß Joe Cocker der größte weiße Soulsänger, Tina Turner die größte Soulsängerin und, um das Thema Gitarristen anzusprechen, Eric Clapton »God« ist. Insofern erhofft sich der Autor, daß er denen, die die hier besprochene Musik über alles lieben, ein informationsreiches Lesevergnügen bereiten kann und vielleicht den einen oder anderen anregt, sich intensiver mit dieser gesellschaftsrelevanten Thematik und den ergiebigen, feinen Verästelungen der Rockmusik zu beschäftigen.

Viele der in diesem Buch besprochenen Schallplatten sind seit Jahren vergriffen, und da die Nachfrage bekanntlich den Markt reguliert, wäre zu hoffen, daß sich ein Teil des plattenkaufenden Rockpublikums, vielleicht auch sensibilisiert durch Bücher wie dieses, nicht länger mit ›Greatest Hits‹-Kompilationen von der Industrie zufriedengibt. Die Rockgeschichte hat gezeigt, daß eine erhebliche Anzahl von Musikern und Gitarristen ihre Liebe zur Musik durch bestimmte Alben entdeckt haben. Ein gutes Beispiel ist dafür B.B. Kings *Live At The Regal*.

Zuletzt noch ein Wort zu der Auswahl der Gitarristen, die bei einem so umfangreichen Thema zwangsläufig subjektiv erfolgen muß. Heavy Metal- und Jazz-Rock-Gitarristen wurden bewußt ausgeklammert, da nur die Gitarristen in diesem Buch gewürdigt werden sollen, deren Könnerschaft sich nicht in technischer Virtuosität und Schnelligkeit erschöpft, sondern die vor Charisma strotzen und einen eigenen persönlichen Ausdruck gefunden haben, der ohne oberflächliche Reize auskommt. Mit einer Unmenge von Heavy Metal- und Fließbandsession-Gitarristen haben mittlerweile auch die Leistungsmaßstäbe der Gesellschaft Einzug in die Welt der eigentlich gegen die bestehende Gesellschaft gerichteten Rockmusik gehalten. Kriterien wie Schnelligkeit, Trickreichtum, Kompressionsfähigkeit u.a., die das typische fünfsekündige Pop-Solo beschreiben, stehen heute ganz hoch in der Bewertungsskala derer, die die Klasse eines Gitarristen bemessen. Im folgenden geht es jedoch darum, einige der Gitarristen, deren Größe zumindest nicht durch derartige Kriterien gemessen werden kann, zu charakterisieren.

Duane Allman: Der Slidekünstler

Geb.: 20. November 1946 in Nashville/USA
Gest.: 29. Oktober 1971 in Macon/USA

Eric Clapton sagte einmal sehr treffend, daß bis zu dem Zeitpunkt, an dem Duane Allman mit seinem melodischen Slidespiel eine neue Ära der Bottleneck-Spielwiese einläutete, jeder Slide-Gitarrist wie Elmore James klang. Für den Vizepräsidenten der Soul-Plattenfirma Atlantic, Jerry Wexler, der Duane Allman so oft er konnte als Session-Gitarrist einsetzte, war er schlicht »einer der größten Gitarristen, die ich kennengelernt habe. Duane konnte eine großartige akustische Gitarre spielen, er konnte Bossa Nova spielen, er konnte Jazz spielen, er konnte dir Wes-Montgomery-Licks spielen – und, wenn du sie brauchtest, Country Music und natürlich unvergleichlich Slidegitarre.«

Doch Duane Allman war nicht nur ein begnadeter Ausnahmegitarrist, sondern darüberhinaus die treibende Kraft der 1969 gegründeten Allman Brothers Band. Diese schuf auf der Basis kollektiver Improvisationen eine höchst eigenständige Verschmelzung der Musikstile, die die beiden Brüder Gregg und Duane Allman als Kinder mit Begeisterung im Radio genossen hatten: Country, Jazz, Rock'n'Roll, Soul und vor allen Dingen Blues. Diese ungemein dichte und fesselnde Musik, die man später Southern Rock nannte, entstand natürlich nicht aus einem Vakuum, sondern war vielmehr das Ergebnis einer langen, schmerzlichen und wechselvollen Musikerlaufbahn.

Doch die ganze Geschichte begann in Amerikas Wiege der Country Music, in Nashville, wo die beiden Brüder Duane und Gregg Allman (letzterer allerdings ein gutes Jahr später) das Licht der Welt erblickten. Schon bald mußte die Mutter die beiden allein aufziehen, da der Vater zwar gesund aus dem Korea-Krieg heimgekehrt war, aber nur einen Tag nach Weihnachten 1949 von einem Tramper, den er im Auto mitgenommen hatte, ermordet wurde.

Da die Mutter nur ein geringes Einkommen hatte und die finanziellen Schwierigkeiten immer bedrückender wurden, zog sie 1957 mit ihren Söhnen in ihre Heimatstadt Daytona Beach in Florida. Doch die beiden wurden durch den Umzug nicht glücklicher, wenn sie auch dort die Möglichkeit hatten, ihren Lieblingssender WLAC aus Nashville zu empfangen, der vor allem nachts nur schwarze Musik, angefangen vom Country Blues Blind Lemon Jeffersons über den Chicago Blues Muddy Waters' und Junior Wells' bis hin zum Jazz John Coltranes und Miles Davis', in den Äther schickte. Schließlich gingen beide sogar wieder auf die Militärschule in Castle Heights in Lebano, Tennessee, zurück, wo sie beide Trompete als Unterrichtsfach gewählt hatten.

1960 kaufte sich Gregg von dem Geld, das er als Zeitungsjunge verdient hatte, für 21,95 Dollar eine Akustikgitarre. Duane dagegen legte sich für sein erspartes Geld lieber ein Motorrad zu, eine Harley Davidson 165, die er jedoch aufgrund seiner fatalen Vorliebe für den Geschwindigkeitsrausch schon bald in wertlosen Schrott verwandelte. Kurz darauf hatte er jedoch die zweite große Leidenschaft seines

Lebens gefunden: die Gitarre. Sein Bruder Gregg mußte ihm alles beibringen, was er bereits auf der Gitarre beherrschte. »Man kann sich einfach kaum vorstellen, welche Arten von Klängen eine billige Zwanzig-Dollar-Sears-Gitarre erzeugt«, erzählte die Mutter, Geraldine Allman, später über diese Phase. »Aber er war so unglaublich glücklich.« Jedoch ließen die ersten lautstarken Auseinandersetzungen, wer die Gitarre spielen durfte, nicht lange auf sich warten, so daß die Mutter Duane eine elektrische Gitarre (eine Les Paul junior) schenkte, um ihre Ruhe zu haben. »So fingen wir an, zusammen zu spielen, und wir wurden mit der Zeit Freunde. Bis dahin waren wir typische Brüder gewesen – Streitereien jeden Tag«, erzählte Gregg später über diese Zeit.

Schon bald hatten die Mutter und vor allem Duane in dem in New Haven wohnenden Freund Jim Sheppley einen idealen Gitarrenlehrer gefunden, der eine Unmenge Jimmy-Reed-Platten besaß und auch viele seiner Licks beherrschte. Und dann gab es noch einen anderen Musiker, Ted Connors, der für Duane sehr wichtig war, weil er ihm die ersten Chuck-Berry-Riffs beibrachte. So stand für Duane bald fest, daß er sich, anders als sein Bruder, der immer noch überlegte, ob er nicht Zahnarzt werden sollte, nur noch dem Gitarrenspiel widmen wollte. Der logische Schritt, die High-School frühzeitig zu verlassen, folgte deshalb kurz darauf und wurde vor der Mutter mit folgenden Worten verteidigt: »Ich würde sogar hungern, um Gitarre spielen zu können.«

Duane war tatsächlich so versessen darauf, Gitarre zu spielen, daß es nicht lange dauerte, bis er mit seinem Bruder nach einem kurzen Intermezzo bei einer Escorts genannten Gruppe in der Rhythmusgruppe des schwarzen Gesangsquartetts The Untils aufgenommen wurde. Doch da man bei den House Rockers, wie sich die Rhythmus-Section nannte, nur einen Gitarristen brauchte, hieß das für die Brüder, sich von Tag zu Tag abzuwechseln. Damals, 1964, verdienten sie beide als Mitglieder der House Rockers, die Chuck-Berry- und Hank-Ballard-Stücke nachspielten, nur 41 Dollar die Woche.

Der Spaß, den die beiden Brüder damals hatten, entschädigte sie für die zwangsläufig auftretenden Schmähungen, die die beiden selbst von der Mutter hinnehmen mußten, weil sie mit Schwarzen Musik machten.

Doch das störte die fest zusammenhaltenden Brüder wenig, so daß sie nach den House Rockers noch in den ebenfalls schwarzen Formationen The Shufflers und Y-Teens spielten, ehe Duane seinen Bruder Gregg im Sommer 1965 nach dem Abschluß der High-School überreden konnte, eine eigene Gruppe namens Allman Joys auf die Beine zu stellen. Zusammen mit Johnny Sandlin als Schlagzeuger, dem die Allman-Brüder wegen ihrer ungewöhnlich langen Haare aufgefallen waren, und einigen anderen unternahm man mit viel Enthusiasmus eine Bar- und Clubtournee, die der Gruppe nicht selten bis zu sechs Shows pro Abend abverlangte – und das sieben Tage in der Woche. Auch der Verdienst von fünfzig Dollar pro Woche war nicht gerade üppig.

Die Begeisterung für ihre Musik schien sich in dem Moment auszuzahlen, als sie in der Briar-Patch-Bar in Nashville nichtsahnend den im Publikum sitzenden John D. Loudermilk (bekannt als Autor des Titels *Tobacco Road*) so begeisterten, daß er mit ihnen sieben Aufnahmen auf dem von Buddy Killen gegründeten Label Dial produzierte, obwohl er bisher noch keine Platten herausgebracht hatte. Von diesen Aufnahmen erschien seinerzeit — im Oktober 1966 — nur die Single *Spoonful* mit einer Loudermilk-Komposition *You Deserve Each Other* als B-Seite. (Diese Aufnahme wurde nie wieder neu veröffentlicht!)

Mit diesem Willie Dixon-Titel, den sie noch vor der Gruppe Cream, die ja diese Nummer erst so richtig populär machte, einspielten, hatten sie sogar einen bescheidenen regionalen Erfolg. Buddy Killen ersetzte deshalb John D. Loudermilk, der sich anderen Projekten zuwendete, durch den Produzenten John Hurley. Dieser machte mit den Allman Joys eine Unmenge weiterer Aufnahmen. Ein Teil dieser Aufnahmen sowie die von Loudermilk produzierten erschienen aber erst 1973, als man mit den Nummern, die Buddy Killen seinerzeit als zu schlecht für eine Single- oder LP-Veröffentlichung abgelehnt hatte, noch am finanziellen Erfolg, der sich mittlerweile bei der Allman Brothers Band eingestellt hatte, teilhaben wollte.

Das *Early Allman* genannte Album enthielt auch die psychedelisch beschleunigte Nummer *Spoonful*, deren Reiz vor allem daher rührt, daß sich auf ihr hörbar manifestiert, in welch hohem Maß Duane Allman zu dieser Zeit von den Yardbirds beeindruckt war. Das äußerte sich nicht nur in Duanes aggressivem Fuzz-verzerrtem Gitarrenspiel, sondern auch im Gesamtklang der Allman Joys, die sich zum Zeitpunkt dieser Aufnahmen aus folgenden Musikern zusammensetzten: Duane Allman (Leadgitarre), Gregg Allman (Vocals, Orgel), Bobby Dennis (Gitarre), Jack Jackson (Gitarre), Ralph Ballinger (Baß), Tommy Amato (Drums) und Ronnie Wilkins (Piano). Auf der Platte hört man eine Bläsergruppe, die aber wahrscheinlich aus kommerziellen

Erwägungen nachträglich dazugemischt worden war. Insgesamt betrachtet muß das Album besonders für diejenigen Käufer enttäuschend gewesen sein, die eine zumindest halbwegs so eigenständige, unverwechselbare Art von Musik erwartet hatten, wie sie die Allman Brothers machten. Doch in jener Zeit waren die beiden Brüder, besonders Duane, noch am Anfang einer intuitiven Suche nach einem ihren Fähigkeiten entsprechenden Musikkonzept und hinterließen dabei so manches aus heutiger Sicht nur noch historisch interessante Tondokument. So verhielt es sich auch bei dieser LP, bei der aus der Menge an biederen und kraftlosen Beat-Titeln nur der wilde Garagen-Rocker *Gotta Get Away* und das von Greggs ausdrucksfähiger Stimme beherrschte *Old Man River* hervorstechen.

Doch trotz alledem müssen die Allman Joys, bei denen neben einer ganzen Reihe von Schlagzeugern auch der spätere Allman Brothers-Schlagzeuger Butch Trucks zeitweilig spielte, eine faszinierende R & B-orientierte Live-Band gewesen sein, denn sie begeisterten 1967 im Penny Au Go-Go-Club in St. Louis wieder einmal einen Mann vom Fach.

Dieser Mann war der damalige Manager der später erfolgreichen Nitty Gritty Dirt Band, Bill McEven, der vor allem von Duane Allmans Gitarrenspiel beeindruckt war. »Wenn Duane Gitarre spielte, war er stets ein Teil des Songs, ein Teil des Gitarrenlicks.« McEven sagte den Allman-Brüdern zu, ihnen unter die Arme zu greifen, und riet ihnen, an die Westküste zu gehen. Sie zogen auch tatsächlich, trotz der Vorbehalte von Gregg, im März 1967 in ein Haus bei Hollywood, um von da aus zu ihren Konzerten u.a. im Avalon Ballroom und Fillmore East aufzubrechen. Im Vorprogramm der Door hatten sie mit ihren Auftritten, die sich zu einem großen Teil aus R & B-Nummern und Yardbirds-Titeln zusammensetzten, bereits großen Erfolg.

Um so enttäuschender verliefen dann die durch einen Vertrag mit Liberty entstandenen Plattenprojekte. Sie wurden zu einem künstlerischen Desaster für Hourglass, wie sich die Allman Joys (die sich zeitweilig auch Allman Act genannt hatten) auf Wunsch der Plattenfirma nennen mußten. Das Übel lag in der Unverfrorenheit, mit der Liberty die musikalische Richtung von Hourglass ignorierte, und die kam nirgends besser zum Ausdruck als in Duanes oft zitierter Beschreibung der »Auswahl« der Songs: »Sie schickten uns eine Schachtel mit Demos und sagten, daß wir uns daraus ein Album zusammenstellen sollten.« Nicht viel besser verlief die Fotosession für das erste, den Namen der Gruppe tragende Album, denn die Band wurde in eine Boutique geschickt, um sich dort mit psychedelisch angehauchter Kleidung einzudecken, und entsprechend wurden sie für das Frontcover fotografiert.

Die Art, in der die Band, der neben den Allman-Brüdern noch Paul Hornsby (Piano), Johnny Sandlin (Drums) und Mabron McKinney (Baß) angehörten, in ein angeblich verkaufsförderndes Imagekorsett gezwängt wurde, schlug sich natürlich nirgendwo so spürbar nieder wie in der Art der Musik, die sie da produzieren mußten. Von Dallas Smith hoffnungslos überproduziert, präsentiert die LP die unerträglichste Mischung aus anbiederndem Möchtegern-Soul, die man sich überhaupt vorstellen kann. Mit fetten Bläsersätzen zugekleistert, fordert diese LP einen geradezu auf, die Pflicht des Historikers zu vernachlässigen und sie schlicht und einfach zu übersehen. Es soll nur noch erwähnt werden, daß Jackson Browne, der damals noch Freund und

Musiker von Nico war, eine Komposition, *Cast Off All My Fears*, beigesteuert hatte und daß von Duane Allman auf dieser Platte nicht einmal ein Bruchteil seines eigentlichen Könnens zu vernehmen ist.

Im gleichen Jahr folgte dann das mit Jessie Williard Carr, der Mabron McKinney am Baß abgelöst hatte, eingespielte Album *Power Of Love*. Es kann mit seinen interessanten Fender Telecaster Sitarklängen auf *Norwegian Wood* und Duanes ersten unverwechselbaren, pures Gefühl vermittelnden Gitarrensoli wie auf *I'm Hanging Up My Heart For You* schon eher dazu verleiten, sich die LP durchgehend anzuhören. Auch sie enttäuschte – gemessen am Standard von 1968 –, war aber wenigstens ohne Bläsersätze.

In diesem Zusammenhang soll noch erwähnt werden, daß 1973, also nach dem Erfolg der Allman Brothers Band, beide Alben als Doppelalbum wieder der Öffentlichkeit zugänglich gemacht wurden, wobei allerdings der nur als A-Seite einer Single veröffentlichte Titel *D-I-V-O-R-C-E* leider nicht darauf enthalten war.

Zu diesem Zeitpunkt waren diese Aufnahmen allerdings nur noch ein trauriges Mahnmal für die Skrupellosigkeit von Plattenfirmen und ein Zeugnis dafür, wie sehr Duane die verzerrten Gitarrenklänge von Jeff Beck (und anderen) bewunderte. Er eiferte ihm teilweise so begeistert in der Benutzung von verzerrenden Effektgeräten nach, daß seine wahren Qualitäten darunter verschüttet wurden.

Rastlos auf der Suche nach Neuem, entdeckte Duane erstaunlicherweise Ende der 60er Jahre sowohl das Slidespiel als auch die Fingerpicking-Technik für sich: »Ich hatte – es ist schon eine Zeitlang her – Ry Cooder spielen gehört und sagte mir, das ist etwas für mich.« Da man heute weiß, wie richtig er damit lag, kann man sich kaum vorstellen, daß seine Hourglass-Kollegen in der ersten Zeit kaum über sein Bottleneck-Spiel erfreut waren. Tony Sandlin erzählte später: »Ich fragte ihn, was er, zum Teufel, da mit dem Bottleneck mache. Mann, so gut wie du spielst, warum hast du dieses verdammte Ding auf dem Finger, das klingt schrecklich.« Doch Duane ließ sich (Gott sei Dank) nicht beirren, so daß Sadlin später stolz darauf sein konnte, daß Duane seinen Rat, diese Spielweise aufzugeben, nicht befolgt hatte.

Doch zurück zur weiteren Geschichte der Gruppe Hourglass. Sie wurde von Liberty auf eine Promotiontour geschickt, die jedoch aufgrund des Desinteresses der Plattenfirma da endete, wo sie eigentlich beginnen sollte, in Cleveland. So flog man, ohne einen einzigen Auftritt gehabt zu haben, wieder zurück. Mittlerweile war man so frustriert, daß man nach einem Auftritt in St. Louis beschloß, die Gage in Höhe von fünfhundert Dollar dazu zu benutzen, die Fame-Studios von Rick Hall in Muscle Shoals, Alabama, zu buchen.

Dort nahm man neben dem leider erst nach Duanes Tod erschienenen *B.B. King-Medley* (auf *An Anthology*) und dem Titel *Been Gone Too Long* (auf *An Anthology II*) genau die Art von sparsam instrumentierten Songs auf, mit der man einen Teil der Live-Magie der Band einfangen wollte und auch einfing. Denn das in einem Take aufgenommene, siebenminütige *B.B. King-Medley*, das sich aus den Titeln *Sweet Little Angel, It's My Own Fault* und *How Blue Can You Get* zusammensetzte, ließ zum erstenmal in vollem Umfang erkennen, welches Potential in den beiden Allman-Brüdern steckte. Es ist Duanes sich leidenschaftlich aufbäumenden Gitarrensoli geradezu anzumerken, mit welcher immensen Lautstärke er sie im Studio seiner Gibson Les Paul entrissen hat (was er im übrigen im Studio immer tat). Zusammen mit Greggs deutlich gereifter Stimme, die er auch bei der von ihm komponierten Ballade *Been Gone Too Long* gekonnt einsetzt, erreicht dieser Blues eine unvergleichliche Intensität im Ausdruck menschlicher Leidenschaften und Qualen. Doch die Plattenproduzenten, denen die Brüder diese Bänder vorspielten, sahen das ganz anders und bezeichneten die Aufnahmen kurzerhand als »schrecklich und unbrauchbar«.

Das war natürlich eine herbe Enttäuschung für alle Band-Mitglieder, die sich nun – abgesehen von starken Selbstzweifeln – mit der Tatsache konfrontiert sahen, daß sie sowohl mit der Methode der künstlerischen Kompromißbereitschaft als auch mit ihrer kompromißlosen Art, Musik zu machen, keinen Erfolg verbuchen konnten, der groß genug gewesen wäre, sie zusammenzuhalten. Sie absolvierten noch eine Reihe von Gigs im Süden, ehe sie sich schließlich trennten, wobei die Plattenfirma darauf bestand, daß Gregg, für den sie sich nach Sandlins Meinung ohnehin am meisten interessierte, ein weiteres Album für Liberty einspielte. Dieses Album wurde allerdings bis heute nicht veröffentlicht.

Nach dem Split wechselte »Pete« Carr, wie er sich schon bald darauf nannte, vom Baß zur Gitarre und wurde zu einem der gefragtesten Muscle-Shoals-Musiker. An dieser Stelle soll nicht unerwähnt bleiben, daß Pete Carr später vor allem durch seine Zusammenarbeit mit Bob Seeger und Lenny Le Blanc positiv auffiel, bei der er nicht selten mit Soloeinlagen die von Duane Allman inspiriert waren, brillieren konnte. Außerdem spielte er zwei etwas jazzige und glatte Soloalben ein, die besonders durch ihre an Duane Allmans Flair erinnernde Gitarrenarbeit bestechen. Vor allem sollte man die vollendete *Knockin' On Heaven's Door*-Version auf dem zweiten, *Multiple Flash* genannten Album herausgreifen, die neun Minuten lang Carrs faszinierende Gitarrenkunst präsentiert.

Doch nun zurück zu Duane Allman, der zusammen mit seinem Bruder Gregg mit verschiedenen Bands spielte, sofern dieser nicht nach Los Angeles zu den Arbeiten an seinem Solo-Album mußte. Im Herbst 1968 hatten sie einen ehemaligen Allman Joys-Mitstreiter, den Schlagzeuger Butch Trucks, wiedergetroffen, der in der Zwischenzeit zusammen mit David Brown (Baß) und Scott Boyer (Vocals, Rhythmusgitarre) unter dem obskuren Gruppennamen The 31st of February eine langweilig biedere LP für Vanguard eingespielt hatte.

Schon bald kam man deshalb auf die Idee, zusammen mit Duane und Gregg als bezahlte Sidemen die zweite LP von The 31st of February aufzunehmen. Doch ehe das gemeinsame Projekt über das Stadium der Demo-Einspielungen hinaus war, verließen Scott Boyer und David Brown (der dann bei Boz Scaggs landete) die Band. Dennoch erschienen 1973 – zuerst auf dem kleinen, halblegalen LP-Label Bold 9 – Titel der Demo-Sessions unter dem verkaufsfördernden Namen *Duane & Gregg*. Die LP beginnt mit *Morning Dew* von Tim Rose. Dies kann als ein weiteres Indiz dafür gelten, wie aufmerksam Duane die Solokarriere des ehemaligen Yardbird-Gitarristen Jeff Beck verfolgte, denn auf dessen erstem Soloalbum, *Truth*, das im gleichen Jahr erschienen war, gab es genau diesen Song in einer faszinierenden Fassung.

Die LP enthielt neben dem Byrds-ähnlichen *In The Morning When I'm Real* eine Reihe recht gelungener soulorientierter Balladen, bei denen vor allem Greggs machtvolle Stimme zur vollen Entfaltung kam. Insbesondere waren es jedoch zwei Titel, die alles überragten, und zwar der archaisch schleppende Blues *Nobody Knows When You Are Down And Out* und die wunderschöne Ballade *Melissa*, Duanes Lieblingskomposition seines Bruders. Diese Aufnahme ist wahrscheinlich außerdem das früheste Tondokument seines hier ungemein sparsamen und lyrischen Slidespiels.

Gregg mußte mittlerweile nach Los Angeles, um dort seinen Solo-LP-Verpflichtungen nachzukommen, so daß Duane genügend Zeit blieb, zusammen mit dem Bassisten Berry Oakley, den er über seinen Bruder kennengelernt hatte, in Jacksonville zu jammen. Oakley war festes Mitglied der Band The Second Coming, der auch der Gitarrist Dickey Betts angehörte.

Doch noch ehe Duane festes Mitglied der The Second Coming wurde, erreichte ihn ein Telegramm des Eigentümers der Fame-Studios in Muscle Shoals, Rick Hall. Er war von den selbstbezahlten Hourglass-Sessions beeindruckt und lud Duane ein, zu den im November 1968 stattfindenden Wilson Pickett-Sessions zu kommen.

Duane nahm diese Chance natürlich wahr, bei der er Wilson Pickett sogar zu einer Single verhalf, die sich über eine millionmal verkaufte. Duane schlug Pickett vor, den Beatles-Titel *Hey Jude* zu covern. Rick Hall erinnert sich: »Ich dachte, daß das eine gute Idee sei, aber Pickett meinte, ihr Jungs müßt doch verrückt sein. Ich kann das nicht tun, das ist nicht meine Sache.« Aber Duane fing an, Gitarre zu spielen, jeder fiel in den Rhythmus ein, und Pickett fand zunehmend Geschmack daran. Schon bald war Rick Hall so begeistert, daß er Duane überreden konnte, nicht nur auf Picketts gesamtem Album zu spielen, sondern eine Zeitlang nach Muscle Shoals zu ziehen, um nach Ricks Worten »für jeden zu spielen, der durch die Tür kommt«. Doch Hall tat in seiner Begeisterung noch etwas anderes, er rief nämlich den Direktor von Atlantic Records, Jerry Wexler, kurz nach der Fertigstellung des Playbacks von *Hey Jude* an, um ihm diese Aufnahme vorzuspielen und ihn auf den außerordentlichen Gitarristen aufmerksam zu machen.

»Ich war richtig erschlagen von der Leadgitarre, die ich da hörte, und da ich mit den verschiedenen Sessiongitarristen in Muscle Shoals vertraut war, war mir sofort klar, daß ich da einen neuen Gitarristen hörte. Ich bat natürlich Rick sofort, ihn ans Telefon zu holen. Und das war der Beginn einer engen Beziehung mit Duane, geschäftlich und menschlich«, erzählte Wexler später. So war Wexlers nächster Schritt bereits vorauszusehen. Er kaufte Rick Hall für 15.000 Dollar Duanes Vertrag bei Atlantic Records ab, verkaufte ihn später allerdings weiter an Phil Walden, der dann mithalf, die passenden Musiker für Duanes Band zusammenzubringen.

In der Folgezeit spielte Duane mit »unaufdringlicher Virtuosität« (Rocklexikon) auf einer ganzen Reihe von verschiedenartigsten Sessions mit, wobei er immer wieder als inspirierende und motivierende Persönlichkeit voller Freundlichkeit und Wärme charakterisiert wurde. Für Wilson Pickett war er schlicht der »Skyman«, da er seiner Meinung nach »nie launisch, sondern immer happy-go-lucky« war.

Später wurde leider nur ein Teil dieser Sessionarbeiten, die er auch während der Jahre mit der Allman Brothers-

Band weitermachte, auf den beiden Doppelalben *An Anthology* und *An Anthology II* veröffentlicht. Deshalb soll im folgenden der Teil dieser Arbeiten — allerdings nicht in chronologischer Reihenfolge — genannt werden, der zu Unrecht weniger beachtet wird, da er auf den beiden Veröffentlichungen fehlt. Denn die vorherrschende Meinung, daß auf den beiden Doppelalben alle Perlen seiner Kunst als Sessiongitarrist enthalten wären, ist schlicht falsch.

Allein auf der ersten Solo-LP von Boz Scaggs, *Boz Scaggs*, die im Mai 1969 eingespielt wurde, gibt es von den verhaltenen Dobroklängen auf *Look What I Got* bis hin zu den Steelgitarren ähnelnden Slideklängen auf *Now You're Gone* eine Menge zu entdecken. Der atemberaubende Blues *Loan Me A Dime* wurde auf *An Anthology* übernommen. Dann gibt es das wunderschöne Slidespiel auf *Twice A Man* (auf Barry Goldberg: *Two Jews Blues*); das dynamisch aggressive Gitarrenspiel auf *Cryin' For My Baby* (auf John Hammond: *Southern Friend*); das exemplarische Slidespiel auf *Relativity* (auf Sam Samudio: *SAM Hard And Heavy*); die ungemein einfühlsame Sologitarre auf *Spirit In The Dark*, *What'd I Say* (auf Herbie Mann: *Push, Push*) und auf *Marley Purt Drive* (Lulu: *New Routes*); die poetischen, fließenden Slideklänge auf *Mr. Bojangles* (auch Lulu); die kurzen, aber phantastischen Gitarrenlicks auf *Sweep Around Your Back Door* (Lulu); Gitarrensoli, die die Kunst des Weglassens zelebrieren, auf *Beads Of Sweat* (auf Laura Nyro: *Christmas And The Beads Of Sweat*), und, und und...

All diese Titel sind bis heute leider nur auf den Original-LPs zu finden, sie bekunden ebenso wie die Songs auf den Anthologien Duanes außergewöhnliche Qualitäten als Sessiongitarrist. Sein Einfühlungsvermögen, mit dem er immer wieder den unterschiedlichsten Songs genau das zu geben vermochte, was die in ihnen verborgenen Qualitäten zum Vorschein brachte, machte ihn zu einem der ganz großen Sessiongitarristen. Allein schon diese Fähigkeit hätte ausgereicht, ihm in der Walhalla der größten Gitarristen einen Platz zu sichern. Dazu gesellte sich noch der starke Wunsch nach einem individuellen musikalischen Bezugsrahmen, in den er seine Fähigkeiten optimal einbringen konnte. Diesen Rahmen fand er am 23. März 1969 während einer Jam-Session in Jacksonville. Dieser Tag kann als Geburtsstunde der überzeugendsten bodenständigen Rockband der Endsiebziger bezeichnet werden: der The Allman Brothers Band.

Doch ehe die Gründung dieser Band genauer beleuchtet wird, soll nicht unerwähnt bleiben, daß Duane Allman zusammen mit den Hourglass-Musikern Paul Hornsby (Piano) und Johnny Sandlin (Drums) sowie dem zuvor schon erwähnten Jam-Partner Berry Oakley (Baß) in Muscle Shoals für ein geplantes Soloalbum nach Angaben von Rick Hall »sieben bis acht« Aufnahmen einspielte, von denen später der langsame, über achtminütige Blues *Goin Down Slow*, die gelungene Cover-Version des Chuck Berry-Stücks *No Money Down* und die witzige Eigenkomposition *Happilly Married Man* auf den Doppalalben *Anthology I und II* veröffentlicht wurden. Auf diesen drei Aufnahmen hört man erstmals, welch angenehm weiche und doch ausdrucksvolle Stimme Duane besaß.

Noch bevor die Arbeit an diesen Einspielungen abgeschlossen war, traf sich Duane mit den befreundeten The-Second-Coming-Musikern Richard »Dicky« Betts (Gitarre) und Berry Oakley (Baß) sowie dem farbigen Schlagzeuger Jai Johanny »Jaimoe« Johanson, den Duane von den Muscle-Shoals-Sessions kannte, mit Butch Trucks in dessen Haus in Jacksonville, um dort um 19 Uhr eine dann zweieinhalb Stunden dauernde Jam-Session zu starten.

Was danach passierte, erzählte Duane später so: »Als wir dann irgendwann zum Ende kamen, konnte keiner ein Wort sagen. Alle waren sprachlos. Niemand hatte so etwas schon einmal erlebt – das ängstigte uns wirklich zu Tode. Plötzlich wußte ich, was passiert war und sagte: ›Mann, das hier, das ist es überhaupt, und wer nicht in meiner Band spielen möchte, muß sich um den Weg heraus mit mir prügeln.‹ So sagte ich Rick am nächsten Tag, daß ich keine Session-Arbeit mehr als Fulltime-Job machen würde. Ich hatte das gefunden, was ich mir wirklich gewünscht hatte.«

Bereits kurze Zeit später teilte Duane Gregg mit, was passiert war, und forderte ihn auf, nun unbedingt als Leadsänger, Komponist/Texter und Ersatz für den lokalen Organisten Reese zu ihnen zu stoßen.

Als Gregg ankam, spielte die Band gerade ein eindrucksvolles Instrumental, und er wußte sofort, daß sein Bruder recht gehabt hatte. Sogleich schrieb er in einem anderen Raum den Text für *Trouble No More* und sang sofort mit – zusammen mit der begeisterten Band. Die Allman Brothers waren komplett.

Phil Walden streckte ihnen, zum Teil für neues Equipment, Geld vor (bis zur Veröffentlichung der ersten LP angeblich rund 150.000 Dollar), und sie ließen sich voller Hoffnung für die Zukunft nach einer gewissen Zeit in einem alten, viel zu kleinen Apartment in Macon nieder, um von dort aus zum Üben in Waldens neueröffnetes Capricorn-

Aufnahmestudio oder abends in ein Lagerhaus namens Hammond Building aufzubrechen. Im Spätsommer 1969 war es dann soweit, daß die Band, die bisher nur ein einziges Mal öffentlich aufgetreten war, in zwei Wochen in den Atlantic-Studios in New York das erste Album für Phil Waldens frischgebackenes Sublabel Atco's Capricorn aufnahm. Doch trotz des revolutionären melodiösen Wechselspiels der beiden Leadgitarristen und des kräftigen, pulsierenden Rhythmusteppichs der beiden Schlagzeuger sowie der »schwarzen« Stimme von Gregg, die fortan den typischen Gruppensound der Allman Brothers bestimmen sollten, zeigte sich das plattenkaufende Publikum nicht sonderlich interessiert. Duane gab deshalb jedoch noch lange nicht auf. Im Gegenteil, er ermunterte die Band zu weiteren schlechtbezahlten Auftritten (fünfhundert innerhalb von zwei Jahren), die dann der Allman Brothers Band den Ruf einer phantastischen Live-Band eintrugen, die nicht selten bis an den Rand ihrer physischen Grenzen ging.

Dies erregte die Aufmerksamkeit des Konzertimpresarios Bill Graham, der sie schon bald als Vorgruppe von Blood, Sweat & Tears für sein Fillmore East buchte. Von diesem Auftritt war er so begeistert, daß er nach dem Konzert seinen Mitarbeiter Kip Cohen schickte, um die Band zu fragen, für welchen Künstler sie selber eine Eintrittskarte kaufen würde. Die Antwort lautete einstimmig: B.B. King und Grateful Dead. Und einen Monat später spielten sie zunächst als Vorgruppe von B.B. King und Buddy Guy im Fillmore West und zwei Wochen später als Vorgruppe von Grateful Dead im Fillmore East. In Bill Graham hatte die Gruppe einen wichtigen Förderer erhalten, der sie so oft buchte, wie er konnte. Dennoch hatte die Allman Brothers

Band nach Angaben von Butch Trucks bis zur ersten erfolgreichen Plattenaufnahme, dem Fillmore-Album, rund eine halbe Million Dollar Schulden bei ihrem Manager Phil Walden angehäuft. Denn auch die zweite LP, *Idlewild South*, die nach einer Ranch hieß, auf der sie häufig ausspannten, blieb trotz phantastischer Songs wie *In Memory Of Elizabeth Reed* und dem später viel gecoverten *Midnight Rider* mit 200.000 verkauften Exemplaren hinter den Erwartungen zurück.

Doch noch bevor diese LP erschienen war, kam es zu einer schicksalsträchtigen Begegnung zweier seelenverwandter Gitarristen. Sie spielte sich wie folgt ab: Der versierte Produzent Tom Dowd, der für die Allman Brothers das zweite Album produziert hatte, erzählte Duane, wie glücklich er sei, seit den Produktionstagen mit Cream erstmals wieder mit Eric Clapton zusammenzuarbeiten. Duane, der natürlich seit Creams ersten Tagen ein großer Bewunderer von Clapton war, wurde daraufhin hellhörig und fragte Dowd, ob er mal unverbindlich vorbeikommen könne.

Doch Dowd wollte Clapton keinesfalls verärgern und fragte ihn sicherheitshalber lieber vorher. Clapton antwortete: »Du meinst den Duane Allman, der mit Clarence Carter und Aretha gespielt hat? O Mann, wenn du jemals wissen solltest, wo er spielt, gib mir Bescheid, denn ich will ihn kennenlernen.« Einige Tage später war es dann soweit, die Allman Brothers Band kam in Miami an.

Duane fielen nach Schilderung von Dowd fast die Augen aus dem Kopf, als er in der ersten Reihe Clapton entdeckte, der mit geschlossenen Augen dasaß und sich im Rhythmus wiegte. Tom Dowd berichtete weiter: »Nach dem Konzert, Backstage, war es dann so, als hätten sich zwei Brüder ge-

funden, die zwei Jahrzehnte lang getrennt gewesen waren.«
Im Studio setzten sie dann ihre enthusiastischen Gespräche mit akustischen Gitarren fort. Tom Dowd: »Es war eine viergleisige Unterhaltung: Die Gitarren sprachen miteinander genauso, wie sie selbst miteinander sprachen.«

Während dieser spontanen stundenlangen Akustik-Jam entstand das hinreißende *Mean Old World* (auf *An Anthology*), das trotz seiner Länge von nur knapp vier Minuten einen Teil der verzauberten Atmosphäre einfing, die diese beiden von Robert Johnson inspirierten Gitarrenkünstler von nun an umgab. Nach dieser Jam fragte Clapton Duane, ob er ihm bei dem bevorstehenden Albumprojekt mit seiner Band Derek And The Dominos helfen wolle. Duane sagte natürlich begeistert zu, und das Ergebnis war eines der aufregendsten und beseeltesten Gitarrenalben aller Zeiten! *Layla And Other Assorted Love Songs*, wie das Album dann hieß, dokumentierte zwei Gitarristen, die sich im gegenseitigen Wechselspiel so beflügelten, daß sie beide vollkommen neue Dimensionen ihres Könnens auf der Gitarre ausloteten. Mit *Layla* war außerdem auf dem Album eines der tiefstempfundenen Liebeslieder enthalten, das durch Duanes unvergleichliche vogelhafte Slideklänge zusätzlich emotional aufgeladen wurde. Später erzählte Duane, daß Clapton zu diesem Stück auch ein wenig Slidegitarre beigesteuert hätte, doch was auf den langen langsamen Bluestiteln *Key To The Highway* und *Have You Ever Loved A Woman* an Slidegitarre zu hören ist, das ist unverkennbar Duane Allman mit all seiner Leidenschaft und Energie. Diese unglaublich fruchtbare Zusammenarbeit setzten beide auch für einige Live-Auftritte mit Derek and The Dominos Anfang Dezember 1970 fort. Doch obwohl Clapton ihn unbedingt fest für die Band haben wollte, zog es Duane etwa zu dieser Zeit wieder zurück zur Allman Brothers Band.

Diese nahm dann am 12. und 13. März trotz des erbitterten Widerstandes der Plattenfirma, den Phil Walden letztendlich brechen konnte, ein Live-Doppelalbum im Fillmore East auf, das für viele eines der besten Live-Alben der Rockgeschichte darstellt. Es enthält vollendete Live-Versionen der schon in den Studiofassungen gelungenen Songs *In Memory Of Elizabeth Reed* und *Whipping Post*, der mit über zweiundzwanzig Minuten Spielzeit eine ganze Plattenseite einnimmt. Dieses Album machte deutlich, daß die beiden vorhergegangenen Studioalben trotz der liveähnlichen Aufnahmeweise nur einen schwachen Eindruck ihrer eigentlichen Qualitäten vermittelten, die sich in vollem Umfang erst in der stimulierenden Konzertatmosphäre bei langen tempowechselreichen Improvisationen entfalten konnten. Schon die Auftaktnummer *Statesboro Blues* überschlägt sich fast im züngelnden Feuer des energiegeladenen Slidespiels von Duane.

Vielleicht war die Leichtigkeit, mit der die Allman Brothers unglaubliche musikalische Energien freisetzten, der Schlüssel zum plötzlichen Erfolg, hatte doch das Rock-Publikum Ende der 60er Jahre eine Menge teilweise kakophonischer Rockmusik konsumiert, die allzusehr mit Botschaften überfrachtet war. Das hatte mit Sicherheit nach einiger Zeit zur Folge, daß man sich der tanzbaren, relativ unbeschwerten, melodiösen Musik der Allman Brothers Band hingab. In dieser Hinsicht profitierten die Allman Brothers von dem allzu krassen Wandel des Publikumsgeschmacks – die Zuhörer wollten sich nunmehr von der Musik mehr ablenken als aufhetzen lassen. Ein großer Teil des Rock-Publikums machte sich, einfach gesagt, zu Beginn der 70er Jahre in eine Ära der gesellschaftspolitisch unwichtigen Rockmusik auf – mit den Allman Brothers allerdings noch am stilvollsten. Von den Auftritten der Allman Brothers aus dieser Zeit erschienen später noch die halbstündige Mountain-Jam (die auf Donovans *First There Is A Mountain* basierte), die beiden Bluesslide-Titel *One Way Out* und *Trouble No More* von der LP *Eat A Peach* sowie *Don't Keep Me Wondering* auf *An Anthology*. Diese Live-Aufnahmen und die wenig bekannten Live-Titel, die vom Atlanta Pop Festival stammen und auf dem Triplealbum *The First Great Rock Festivals Of The Seventies* zu finden sind, dokumentieren die außergewöhnliche musikalische Fähigkeit der einzelnen Musiker, nicht auf Kosten der Mitmusiker, sondern im kollektiven Gruppenverband als Solisten zu brillieren.

Das Fillmore-Doppelalbum, das ihnen eine goldene Schallplatte einbrachte und Gagenforderungen in Höhe von 7.500 Dollar ermöglichte, war das letzte Allman Brothers-Album, das noch zu Duanes Lebzeiten erschien. Glücklich über den endlich erreichten Erfolg, wollte sich die Band nach annähernd fünfhundert Auftritten in zwei Jahren eine wohlverdiente Ruhepause gönnen. Am 17. Oktober 1971 gaben die Allman Brothers noch ein Konzert, das ihr letztes mit Duane werden sollte, denn zwölf Tage später war er bereits tot.

Duanes zweite große Liebe, das Motorrad, wurde ihm zum Verhängnis. Am 29. Oktober mußte er auf dem Rückweg von Berry Oakleys Haus, wo er seiner Frau zum Geburtstag gratuliert hatte, einem Lastwagen ausweichen und geriet ins Schleudern. Das Motorrad überschlug sich und schleifte ihn rund zwanzig Meter mit. Drei Stunden später erlag er im Krankenhaus seinen Verletzungen, die ihm von Anfang an nur geringe Überlebenschancen gelassen hatten. Duane war vierundzwanzig Jahre alt, als er auf dem Rose Hill-Friedhof in Macon beerdigt wurde. Dorthin war er in den frühen Tagen der Band oft zum Gitarrenspielen gegangen.

Die Band machte zwar im Sinne Duanes weiter, doch die traurige Wahrheit ist, daß sie nie mehr imstande war, die Lücke, die sein Tod hinterlassen hatte, in irgendeiner Weise zu füllen. Dickey Betts gab sich zwar mit seinem Slidespiel, das Duane ihm beigebracht hatte, alle Mühe, was beispielsweise *Ain't Wastin' Time No More* auf dem Album *Eat A Peach*, das nach Duanes Tod erschien, eindrucksvoll belegt. Doch Betts einschmeichelndes, melodiöses Spiel hatte so ideal mit Duanes warmem »Dirty-notes-Licks«-prallen Gitarrenspiel harmonisiert, daß nun, nachdem mit Duanes Tod die atemberaubende Alchimie zerstört war, die nach Harper Barnes' Meinung bewirkte »daß man an manchen Abenden nicht mehr unterscheiden konnte, wo Betts' Improvisationen begannen und Duanes aufhörten«, Betts' Schwächen als Gitarrist um so krasser auffielen.

Auf *Eat A Peach* waren neben den schon erwähnten Live-Titeln drei weitere Aufnahmen mit Duane Allman, die man kurz vor seinem Tode eingespielt hatte. Besonders interessant ist die Entstehungsgeschichte der ersten Duane Allman-Komposition für die Allman Brothers Band, *Little Martha*, die er seiner Frau Donna widmete, mit der er auch ein Kind hatte.

Die Schwester von Berry Oakley erinnert sich: »Eines Tages kam Duane mit dem Motorrad zu uns und erzählte vor Aufregung stotternd: ›Ich habe geträumt, daß Hendrix und ich irgendwo in einem Holiday Inn waren. Wir saßen zusammen und unterhielten uns über Gigs, und Jimi ging zu einem dieser Wasserhähne, wie es sie in den Holiday Inns gibt. Und er sagte: Komm her, ich hab' was für dich, hör gut zu. Und er spielte mir eine Melodie vor, die direkt aus dem Wasserhahn kam, und diese Melodie drang sofort in mein Gehirn und ging mir nicht mehr aus dem Kopf. Als ich dann aufwachte, schnappte ich mir die Gitarre und spielte so lange, bis ich die Melodie wieder hatte. Und dann setzte ich mich an die Orgel und spielte die Melodie, bis ich sie begriffen hatte, und ich sagte, verdammt, das ist ein himmlischer Song‹. Es war der Song *Little Martha*, und diesen Titel haben wir dann auch auf seinen Grabstein schreiben lassen.«

Der amerikanische Musikkritiker Jon Landau stellte in einem Nachruf fest, »daß Duanes Tod für seine engeren Freunde nicht überraschend kam; denn zu oft hatte er buchstäblich mit dem Tod geflirtet, als daß er sie noch hätte überraschen können«. Einer von Duanes Freunden, Thom Doucette, bestätigte diese Behauptung: »Ich glaube, es war fast vorauszusehen, daß er so jung sterben würde. Er hatte diese leichtfertige Ader.«

»Das, worin einerseits seine Größe als Musiker bestand, nämlich seine Fähigkeit zu einer ungezügelten, ekstatischen, d.h. aus sich heraustretenden und daher so ungeheuer intensiven Äußerung von Gefühlen«, schrieb der Musikkritiker Michael Wallossek später, »bedingte zugleich auch seine Verwundbarkeit, seine Schwächen als Mensch, der für die Gestaltung und Erhaltung seines Lebens allein verantwortlich ist«. Knapper und treffender kann man Duanes Dilemma, das er mit vielen ebenfalls zu früh verstorbenen Musikerkollegen teilte, kaum beschreiben.

Jeff Beck: Der Alleskönner

Geb.: 24. Juni 1944 in Surrey/Großbritannien

Obwohl Jeff Beck während seiner über zwanzigjährigen Musikerlaufbahn nur rund zehn LPs aufgenommen hat, die qualitativ sehr unterschiedlich sind, genießt er einen überdimensionalen Ruhm. Er gilt dem grandiosen Gitarristen, während der Musiker Beck nie eine eigene musikalische Identität gefunden hat. Beck ist das beste Beispiel für einen Musiker, dessen fast grenzenlose Fähigkeiten auf seinem Instrument der Entwicklung eines individuellen musikalischen Ausdrucks im Wege gestanden haben. Darüber hinaus konnte er durch seine psychische Labilität nie kontinuierlich die Leistung zeigen, die in ihm steckt.

Ritchie Blackmoore brachte das in bezug auf Live-Konzerte auf den Punkt: »Jeff Beck läßt es jede Nacht darauf ankommen. Manchmal ist er absolut unbrauchbar, und du wunderst dich, warum er einen Namen bekommen hat. Und ein anderes Mal drückt er mit seiner Gitarre Dinge aus, die du noch nie vorher gehört hast. Er ist einer meiner Lieblingsgitarristen.«

Geboren wurde Jeff Beck 1944 in der Grafschaft Surrey. Seine Mutter brachte ihn schon als kleines Kind dazu, zwei Stunden am Tag Klavier zu spielen. »Aber das war gut«, meinte Jeff Beck, »da es mir klarmachte, daß ich musikalisch war. Mein anderes Training bestand darin, Gummibänder über Zigarrenkisten zu spannen und schreckliche Geräusche damit zu machen.« Dann baute er sich, weil er damals kein Geld hatte, selbst eine stratocasterähnliche Gitarre mit überlangem Hals und ungenauen Bünden. Jeff

Beck erinnerte sich: »Ich war König. Mit Absicht trug ich meine Gitarre ohne Koffer spazieren, damit alle sahen, wie sie aussah.«

Im Alter von vierzehn Jahren wechselte er von einer Privatschule für vier Jahre auf das Londoner Wimbledon Art College. Jeff Beck erzählte: »Ich pflegte dort hinzugehen, weil sie gutes Essen hatten, und dann stieg ich mit achtzehn aus, nahm die Gitarre und spielte für neun Pfund die Nacht.« 1964 trat er nach kurzzeitigen Engagements bei lokalen Bands der Gruppe The Tridents bei. Diese Gruppe spielte ihren ungehobelten R & B in Clubs wie dem Eel Pie Island bei Kingston und dem Londoner 100 Club. Zu dieser Zeit war Beck noch von der Liebe zum Chicago Blues geprägt, wie das folgende Zitat wiedergibt: »Ich begann, mich für den Blues zu interessieren, als die Chicago-Blues-Alben England erreichten. Ich schnappte sie mir. Muddy Waters, Buddy Guy ... . Ich denke, sie sind richtig gut. Da gibt es eine besondere Art, wie die Gitarren klingen – gewissermaßen metallisch und rauh. Der Chicago Sound: Es gibt nichts Vergleichbares.«

Im März 1965 trennte sich Eric Clapton von den Yardbirds, die aus Keith Relf (Vocals, Harmonika), Paul Samwell-Smith (Baß), Chris Dreja (Rhythmus-Gitarre) und Jim McCarty (Drums) bestanden, da sie seiner Meinung nach mit der Single *For Your Love*, die den Platz 2 der englischen Charts erreichte, einen zu kommerziellen Weg einschlugen. So suchten die Yardbirds einen Ersatz für Clapton. Jimmy Page, der seinerzeit ein begehrter Sessiongitarrist war, lehnte ihr Angebot ab, empfahl ihnen jedoch Jeff Beck. Giorgio Gomelsky, der die Yardbirds als Manager betreute, fragte nun bei Beck an, der zuerst zögerte, dann aber zusagte. Noch in dem gleichen Monat bestritt er mit ihnen den ersten Auftritt im Marquee-Club. Jeff Beck erzählte: »Ich hatte vier Tage Zeit, um ihre Songs zu lernen. Dennoch wurde der Auftritt im Marquee etwas Besonderes.«

Damit begann für Jeff Beck die nur zwanzig Monate währende Zeit mit den Yardbirds, die nicht nur die erfolgreichste Phase der Yardbirds markierte, sondern darüber hinaus Jeff Becks Reputation als einer der revolutionärsten Rockgitarristen begründete. Bis zum Juni 1966 hatte die Band vier Hitsingles, die die Yardbirds als die ersten Pioniere harter psychedelischer Musik auswiesen. Die erste Single in der neuen Besetzung, *Heartful Of Soul*, erschien im Juli 1965 und erreicht den 2. Rang der englischen Charts. Die erste Version von *Heartful Of Soul* hatten die Yardbirds bereits im Februar 1965 – also noch vor Claptons offiziellem Austritt – aufgenommen, sogar mit einem Sitarspieler. Sie hatten es aber nicht geschafft, eine annehmbare Soundbalance mit der Sitar herzustellen. (Diese Sitar-Version erschien 1984 und auf der LP-Box *Shapes Of Things*). Jeff Beck brachte es auf der zweiten Version dann fertig, seiner Fender Telecaster, die neben einer Esquire-Gitarre seine bevorzugte Gitarre während seiner Yardbirds-Zeit war, flirrende sitarähnliche Klänge zu entlocken. Sie animierten viele Gitarristen, wie z.B. Duane Allman, zu ähnlichen Sound-Experimenten. Die B-Seite enthielt mit *Steeled Blues* ein langsames Bluesinstrumental, auf dem Beck sein noch sehr an Muddy Waters erinnerndes Slidespiel mit gleichzeitigem Drehen am Lautstärkeregler mit einem interessanten Wah-Wah-Effekt veredelte. Nach Angaben von Beck soll jedoch der Titel *I Ain't Done Wrong* die früheste Aufnahme sein, auf der er Slidegitarre spielt!

Etwa zu der Zeit muß es gewesen sein, daß Jeff Beck zusammen mit der Rhythmussection des 1964 gestorbenen Cyril Davies, den Allstars (mit Nicky Hopkins), die beiden phantastischen rein instrumentalen Titel *Steelin'* und *Chuckles* aufnahm. Während *Steelin'* ein langsamer Blues mit wimmernder Slidegitarre ist, belegt *Chuckles* Becks damalige Vorlieben für schnellen R & B und Rock'n'Roll. Beide Titel erschienen 1968 auf dem Album *Anthology Of British Blues*.

Die nächste, im Dezember 1965 veröffentlichte Single der Yardbirds erhielt mit *Still I'm Sad* und *Evil Hearted You* zwei Songs, die der Single gleichermaßen auf den Rang 3 der englischen Charts verhalfen. Während die Yardbirds auf *Still I'm Sad* geschickt mit der sakral-düsteren Atmosphäre verhallter gregorianischer Klostergesänge arbeiteten und Jeff Beck nur kurz mit Lautstärkeregler-beeinflußten Tönen zum Zuge kam, bot das wie *Heartful Of Soul* von Graham Gouldman komponierte *Evil Hearted You* neben verzerrten Powerakkorden, einem Slidesolo, einem blitzschnellen Gitarrenlauf auch einen kontrollierten Feedback-Ton genau in der Mitte des Songs.

Im Januar 1966 erschien dann nur in Amerika das Album *Having A Rave Up With The Yardbirds*, das mit drei Titeln von der LP *Five Live Yardbirds* auch noch Aufnahmen in der Besetzung mit Eric Clapton enthielt. Herausragend war ganz sicher der Titel *The Train Kept A-Rollin'*, der im August oder September 1965 während ihrer ersten USA-Tour in den legendären Sun Studios von Sam Phillips in Memphis entstanden war. Der Titel *I'm A Man* wurde an dem Ort aufgenommen, von dem die Musik stammte, die die Yardbirds und besonders Jeff Beck stark geprägt hatte: die Chess Studios in Chicago.

Auch die Titel *Shapes Of Things* und *You're A Better Man Than I*, die die A- und B-Seite ihrer nächsten erfolgreichen Single (Platz 3 in GB) bildeten, entstanden dort. Während Jeff Becks Feedback-Töne auf vorangegangenen Aufnahmen manchmal noch wie zufällig erzeugt wirkten, wurden sie auf *Shapes Of Things*, das auf einem Baß-Riff basiert, den sie einem Dave-Brubeck-Album entnommen hatten, zum festen Bestandteil des Songs. Den verzerrten, aggressiven Klang seiner Gitarre erzeugte Beck auf diesem Song mit einer Fuzzbox, die während seiner Zeit mit den Yardbirds sein einziges Effektgerät blieb. Auch auf dem Titel der B-Seite, *You're A Better Man Than I* arbeitete Beck bei seinem Solo mit den »stehenden« Tönen, die ein kontrolliertes Feedback erzeugten.

Während Pete Townshend zu dieser Zeit Feedback zur Unterstützung der brachialen Kraft seiner Powerakkorde benutzte, setzte Beck (wie auch Page) das kontrollierte Feedback zur Steuerung der Tondauer (Sustain) ein. Wie es zum Gebrauch dieser revolutionären Technik, die Jimi Hendrix etwas später zur Vollendung brachte, kam, schilderte Jeff Beck so: »Wegen der schlechten Systeme — die Entwicklung der elektrischen Geräte war noch nicht so weit — war es in kleinen Clubs unvermeidlich, sich immer Feedback einzuhandeln. Alle Verstärker waren überfordert und bei voller Lautstärke übersteuert. Sie quietschten immer. Ich trat und stieß, und möglicherweise zerbrachen ein paar Röhren, und so spielte ich zum großen Teil mit einer Verstärkerendstufe. Es quietschte immer noch, und so beschloß ich, es zu benutzen und nicht dagegen anzukämpfen. Als ich dann auf einen größeren Verstärker umstieg und kein Feedback bekam, vermißte ich es. Es war zu clean — einfach scheußlich! Der ideale Weg war, die Schönheit des Feedbacks zu nutzen, aber als kontrolliertes Mittel.«

Und genau das schaffte Beck meisterhaft auf seinem ersten Album mit den Yardbirds, das im September 1966 in England als *Yardbirds (Roger The Engineer)* und in Amerika in einer geänderten Fassung als *Over, Under, Sideways, Down* erschien. Dieses Album, das die Gruppe innerhalb von fünf Tagen eingespielt hatte, enthielt auch die schon im Mai 1966 in die Top Ten gelangte Hitsingle *Over, Under, Sideways, Down,* deren verzerrte Melodielinie, die Beck förmlich aus seinem Gitarrenhals zu pressen schien, den stärksten Erinnerungswert hatte. Die B-Seite der Single, *Jeff's Boogie*, war zwar eine haargenaue Kopie von Chuck Berrys *Guitar Boogie*, wurde aber dennoch als Yardbirds-Komposition ausgegeben. Während zehn Jahre früher Chuck Berry sein Können auf diesem Titel demonstrierte, war es nun Beck, der diesen Titel als ideales Vehikel für sein stark erweitertes Repertoire an Gitarren-Gimmicks benutzte: unterschiedliche Gitarrenklänge, Flagolett-Töne, leiser Gesang zu Gitarrenläufen. Doch am eindrucksvollsten war sicher sein atemberaubendes feedback-geschwängertes Solo am Ende von *What Do You Want*. Darüber hinaus gab es noch vieles andere Hörenswerte wie die gequälte, sengend »laute« Gitarre auf *Rack My Mind* sowie die bravourös eingesetzten, wirklich kontrollierten Feedbacks auf *Lost Women* und *The Nazz Are Blue*, auf dem man zum erstenmal Jeff Becks dünne und hohe Stimme hören konnte.

Leider wurde diese LP die letzte Platte der Yardbirds mit Jeff Beck. Dennoch erschien später, als es die Yardbirds schon längst nicht mehr gab, noch eine ganze Menge Material, das die Yardbirds etwa zur Zeit der Aufnahmen für ihr

Album *Yardbirds (Roger The Engineer)* eingespielt hatten, auf unterschiedlichsten Samplern. Dazu gehörten Titel wie *What Do You Want* (ein Outtake mit interessanten Slidepassagen), *Jeff's Blues, Someone To Love Part 1 und 2, For RSG,* (die »warm up«-Nummer) *Like Jimmy Reed Again*. Außerdem gibt es mit dem schönen *New York City Blues* noch eine weitere Nummer aus den Chess-Chicago-Sessions. Zudem erschienen die raren Aufnahmen *I'm Not Talking,* und das mit kurzen Wah-Wah-Gitarreneinlagen von Beck versehene *My Girl Sloopy* (bekannter als *Hang On Sloopy*) wieder, die im August 1965 auf der englischen EP *5 Yardbirds* und der amerikanischen LP *For Your Love* enthalten waren. Sie wurden auf der lohnenswerten 7-LP-Box *Shapes Of Things*, die darüber hinaus teilweise unveröffentlichtes Material der Yardbirds enthält, wiederveröffentlicht.

Daß die LP *Yardbirds (Roger The Engineer)* die letzte LP der Yardbirds mit Jeff Beck war, bedeutete nicht, daß Jeff Becks Phase als Mitglied der Yardbirds beendet war. Die nächste, gut fünf Monate dauernde Phase, die allerdings nur drei Titel hervorbrachte, wurde zur wildesten und revolutionärsten Zeit der Yardbirds, da die Band in dieser Zeit über zwei Lead(!)-Gitarristen verfügte. Einer der Leadgitarristen war natürlich Jeff Beck, und der andere war Jimmy Page, der, nachdem er genug vom Sessionjob hatte, die Stelle des Bassisten Paul Samwell-Smith eingenommen hatte.

Wie es dazu kam, daß Page zum zweiten Leadgitarristen wurde, darüber gibt es viele Geschichten. Der Wahrheit am nächsten kommt sicher folgende Version. Ende August, also gut zwei Monate nachdem Page Yardbird-Bassist geworden war, erkrankte Jeff Beck. Page wechselte daraufhin zur Leadgitarre, nachdem er dem Rhythmusgitarristen Chris Dreja die wichtigsten Baßgriffe beigebracht hatte, und als Beck gesund zurückkehrte, war die Zwei-Leadgitarren-Besetzung der Yardbirds geboren. In dieser Besetzung nahm man die legendäre Single *Happenings Ten Years Time Ago/Psycho Daisies* auf, die aber aufgrund ihrer Progressivität nur den 43. Platz der englischen Charts erreichte. Die Progressivität von *Happenings Ten Years Time Ago* lag dabei in der lärmenden Aggressivität, mit der die Gitarren von Beck und Page sich im Mittelteil anfauchten und im Rückkopplungsgedröhne wahre psychedelische Alpträume verarbeiteten.

Vom 23. September bis zum 9. Oktober 1966 gingen die Yardbirds zusammen mit den Rolling Stones sowie Ike und Tina Turner auf eine Englandtournee. Darauf folgte die Mitwirkung an Michelangelo Antonionis Film »Blow up«. Im fertigen Film sind die Yardbirds nur in einer Konzertszene zu sehen, die aber darüber Auskunft gab, wie cholerisch Beck werden konnte, wenn ihn technische Defekte oder andere Dinge davon abhielten, nicht sein ganzes Herzblut in ein Solo fließen zu lassen. Jeff Beck gab seine damalige Stimmung wie folgt wieder: »Nichts ist frustrierender, als mit dem vielen, was man ausdrücken will und im Kopf hat, fortfahren zu wollen, aber nicht in der Lage zu sein, es herauszubringen. Da gibt es nur einen Ausweg — die Gitarre zu zerschlagen. Aber ich habe nie eine Gitarre zerstört, man kann eine Fender nicht zerstören, ohne sie nicht mit voller Kraft herumzuschleudern. Ich gewöhnte mir an, meinen Lautsprecher wütend mit kleinen Stößen zu traktieren, und wenn er sich in einer Rauchwolke verhüllte, war ich glücklich.«

Auf dem Soundtrackalbum von »Blow up« war dann etwas später der Song *Stroll On* enthalten, den viele nicht ganz zu Unrecht als den ersten Punk-Song ansahen, da auf ihm das vulkanische Spannungsfeld zwischen den egozentrischen Gitarrenkünstlern schier zu bersten schien. Dröhnen, stehende Feedbacktöne, dreckige, verzerrte Akkorde, sägende Gitarrenläufe – all das kam schließlich zusammen. So muß ein Liebessong aus der Hölle klingen!

Am 19. Oktober 1966 flogen die Yardbirds nach Amerika, um dort eine vierwöchige Dick-Clark-Caravan-of-Stars-Tournee zu absolvieren. Doch schon nach zwei Tagen stieg Beck, nicht ohne vorher seine bevorzugte Gitarre zerschlagen zu haben, wegen einer Mandelentzündung und einer Liebesaffäre aus. Als die Trennung perfekt war, flog er nach England zurück, um dort ohne Gruppenkompromisse seine Solokarriere in Angriff zu nehmen. Die Yardbirds setzten derweil ihre Tournee mit mörderischen zwei Auftritten pro Tag fort. Doch Becks Euphorie muß sehr schnell verflogen sein, wie einem Interview aus dem Jahre 1973 zu entnehmen ist: »Ich hatte so viel Freiheit, daß ich nicht wußte, was ich damit tun sollte. Die anderen von den Yardbirds hatten immer Ideen, und dort spielte ich wahrscheinlich auch am schöpferischsten und innovativsten.«

Genau das ist auch der Grund, warum Jeff Becks Zeit mit den Yardbirds hier so ausführlich beschrieben worden ist. In dieser Zeit hatte Jeff Beck kleine revolutionäre Meilensteine fabriziert, die ebenso wegweisend wie einflußreich waren. Ehe es soweit war, daß er mit ausgezeichneten Musikern zwei weitere Meisterwerke schuf, nahm sich Mickie Most seiner an, der zur gleichen Zeit auch neuer Manager der verbliebenen Yardbirds wurde. Das Ergebnis von Mosts

Bemühungen, aus ihm den »Engelbert Humperdinck der Gitarre« (Most) machen zu wollen, war verheerend. Beck sagte später über Most: »Ich glaube nicht, daß es ein völliges Debakel war, aber fast war es soweit.«

Doch dieses »Fast« war eine schlichte Untertreibung. Obwohl Beck schon im Februar 1967 seine erste Jeff Beck Group noch mit dem Schlagzeuger Ainsley Dunbar aus der Taufe gehoben hatte, produzierte er mit Sessionmusikern nacheinander die Singles *Hi Ho Silver Lining* (erschien im April 1967, Chartnotierung: Platz 14), *Tallyman* (erschien im Juli 1967, Chartnotierung: Platz 30) und *Love Is Blue* (erschien im März 1968, Chartnotierung: Platz 23). Wie die Chart-Ergebnisse zeigten, lag Mickie Most gar nicht so falsch mit seiner Strategie. Doch mit welchen Mitteln hatte er das erreicht: Auf *Hi Ho Silver Lining* fanden sich Streicherarrangements, Jeff Becks blasse und ausdruckslose Stimme wurde eingesetzt, und last but not least erklangen Bläser- und Streichersätze sowie sogar ein Frauenchor auf dem unerträglichen, kitschigen Instrumental *Love Is Blue*. Verzeihen konnte man Beck das nur angesichts der B-Seiten. Die B-Seite von dem als Popsong gar nicht so schlechten *Hi Ho Silver Lining* präsentierte mit *Beck's Bolero* das einzige Zeugnis einer Studioformation, die zur ersten Supergroup hätte werden können, denn ihr gehörten neben Jeff Beck noch Jimmy Page, Nicky Hopkins (Piano), Keith Moon (Drums) und John Paul Jones (Baß) an.

Diese Studioformation hätte durchaus zur Supergroup werden können, und das hatte mehrere Gründe. Jimmy Page wollte nach den Erfahrungen mit den Yardbirds eine eigene Band; Keith Moon und John Entwhistle wollten zusammen die Who verlassen und ebenfalls eine Band gründen. Jeff Beck hatte auch noch keine bestimmten Vorstellungen von der Zukunft, und Nicky Hopkins war als Sessionpianist sowieso ohne große Verpflichtungen. So dachte man (John Paul Jones hatte Entwhistle kurzzeitig ersetzt) über eine gemeinsame Zukunft nach. Doch noch ehe Jimmy Page nach der Absage von Steve Marriott in Robert Plant einen geeigneten Sänger fand, hatten es sich Keith Moon und John Entwhistle schon wieder anders überlegt.

Vielleicht liegt es an der Bedeutung, die *Beck's Bolero* durch die an dem Titel mitwirkenden Musiker erhielt — auf jeden Fall widersprechen sich Beck und Page noch heute, wenn es darum geht, wer diesen Titel geschrieben hat. (Auf der LP *Truth* wird er übrigens als Page-Komposition aufgeführt).

Die B-Seite von *Tallyman* enthielt mit *Rock My Plimsoul* wieder ein Unikum, nämlich das einzige Dokument der Jeff Beck Group mit Ansley Dunbar, der diesem Titel mit einem hinkenden Rhythmus etwas ganz Besonderes verlieh. Die weiteren Mitglieder der Jeff Beck Group waren der von den Birds und (späten) Creation kommende Gitarrist Ron Wood, der in der Jeff Beck Group jedoch zum Bassisten wurde, und der damals noch phänomenale Sänger Rod Stewart, der mit Shotgun Express und Steamhammer einige unerquickliche Bands hinter sich gelassen hatte. Der neue Schlagzeuger Mickey Waller kam im November 1967. Mit ihm und Nicky Hopkins nahm man die phantastisch gesungene Ballade *I've Been Drinking To Long*, der Becks Gitarrensound Ähnlichkeiten mit einem geblasenen Kamm hat, und das epochemachende Album *Truth* auf.

Normalerweise sagt man bei schlechten Platten, daß man über sie nicht viel Worte verlieren möchte, doch in diesem

Fall muß man aus umgekehrtem Grund so verfahren: Das Album ist so exorbitant, daß es einem die Sprache verschlagen kann! Dieses Album, auf dem mit dem grandiosen *Rock My Plimsoul* und *Beck's Bolero* auch die zwei Singleseiten sowie eine atemberaubende Neuinterpretation von *Shapes Of Things* enthalten sind, muß man hören, um zu verstehen, was man mit Gänsehaut erzeugendem Gesang, minikompositorischem und perfektem Gitarrenspiel sowie zwingend dichten Arrangements nur unzulänglich beschreiben kann.

Zwar hieß es auf dem Cover »A Mickie Most Production«, doch allein Jeff Beck hatte für das Resultat verantwortlich gezeichnet. Ab und an kann man sogar lesen, daß Mickie Most während der Aufnahmen in Urlaub war, aber so weit kann man wahrscheinlich nicht gehen. In Amerika plazierte sich das Album auf dem 13. Rang, so daß man zwei äußerst erfolgreiche USA-Tourneen bestreiten konnte. Eines der sträflichsten Versäumnisse der Plattenindustrie ist ganz sicher, daß bis zum heutigen Tag keine einzige Live-Aufnahme, geschweige denn eine Live-LP, veröffentlicht wurde, was sich, weiß Gott, gelohnt hätte.

Als Gitarrist war Beck ebenso wie Rod Stewart als Sänger auf dem Höhepunkt seiner emotionalen Ausdrucksfähigkeit. Live war die Band ein brodelnder Vulkan, dessen Intensität selbst in der damals nun wirklich nicht armen Musikszene nicht alltäglich war und zum Teil aus den internen Spannungen zwischen den Bandmitgliedern resultierte. Rod Stewart sagte später dazu: »In den zweieinhalb Jahren mit Beck habe ich ihm nicht einmal in die Augen geguckt ... Ich schaute auf sein Hemd oder irgend etwas anderes.«

Tatsächlich wirkte sich Becks plötzlicher Starruhm, der

auch deshalb so üppig ausfiel, weil man ihn und seine Band nach dem Split von Cream als legitime Nachfolger von Cream feierte, auf die Person Jeff Beck mehr als negativ aus. Jeff Beck muß in dieser Zeit in seinen Bedürfnissen und Ansprüchen maßlos geworden sein, denn der »Rolling Stone« wird ihn nicht ohne Grund als »einer der Vorreiter der Anglophaliacs im anglophilen Amerika des Jahres 1968« bezeichnet haben. Zu Recht meint der Musikjournalist Wolfgang Bauduin, »daß sich Beck in dieser Zeit den unangenehmen Ruf eines Bandtyrannen zuzog«, was u.a. damit zusammenhing, daß er im Februar 1969 Mickey Waller und Ron Wood feuerte.

Ron Wood holte er jedoch schon bald reumütig zurück, da ihm sein Ersatz, der Bassist Douglas Blake, nicht gut genug war. Für Waller kam dann der »echte Businessman« (Ron Wood) Tony Newman, mit dem man die Aufnahmen für die zweite LP, *Cosa Nostra Beck-Ola*, die im Juli 1969 erschien, machte. Mit dem Einstieg von Newman wurde auch Nicky Hopkins ein festes Bandmitglied (er lehnte dafür ein Angebot von Led Zeppelin ab), was jedoch nicht hieß, daß es zwischen ihm und Beck nicht ganz gewaltig gekracht hätte. Ron Wood erklärte: »Neben der Tatsache, daß Rod und Jeff nicht miteinander auskamen, bestand da eine ganze Menge Haß zwischen Nicky Hopkins und Jeff, was sich, wie ich denke, auch sehr stark in der Musik niederschlug.«

Und das tat es tatsächlich, denn *Beck – Ola* gelang wirklich mörderisch aggressiv. Das ganze Album strahlte eine Art chaotische Energie aus: Becks verzerrte Gitarre, Rod Stewarts Reibeisen-Stimme, Ron Woods mächtiges, brummendes Baß-Spiel, Tony Newmans sich überschlagendes

Schlagzeugspiel, alles wirkte, kontrastiert mit Nicky Hopkins' federleichten Läufen, nur um so wilder und gewalttätiger. Doch anders als die Band seines ehemaligen Bandkollegen Jimmy Page, Led Zeppelin, die den Blues förmlich vergewaltigen konnte, war das, was Beck auf *Truth* gelang, die Gratwanderung zwischen den Extremen: einerseits voller Finessen, andererseits unerbittlich geradlinig. Auf *Truth* geschah das, was danach so gut wie nie wieder funktionieren sollte: Die Anklage und der Schmerz des Blues verwandelte sich in die Aggressionen und den Widerstand des Bluesrock. Die pervertierte Gefühlswelt des modernen Zivilisationsmenschen hatte sich auf diesem Album in unmißverständlicher Weise musikalisch zu Wort gemeldet. Dieses Album zeigte, welche Möglichkeiten im scheinbar so fest umzirkelten Genre Bluesrock steckten. Es verband in den brutalen Neuinterpretationen von *Jailhouse Rock* und *All Shook Up* die Ursprünge der musikalischen Artikulationen von Wut und Widerstand des Rock'n'Roll mit den vorerst letzten Ausbrüchen von Provokation und Aggression des Punk. Irgendwie klang die Jeff Beck Group zu dieser Zeit wie eine Punkband, die nicht wußte, woher ihre Aggressionen kamen, und folglich nicht den Verursacher ihrer Aggressionen provozieren und anklagen konnte, sondern nur ihre Frustrationen musikalisch auslebte. Jeff Beck setzte dazu alle Möglichkeiten ein, deren er fähig war: wildes Zerren am Vibrato-Hebel, totale Verzerrung, brutale Slidetöne und vor allem Feedback. So scheinbar ganz nebenbei gelang ihm dabei im Mittelteil von *Jailhouse Rock* mit seinem Gitarrensolo ein Meisterwerk, ebenso kurz wie prägnant. Schon nach dem ersten Hören lauert man auf das Solo, hat es sich mit seinem perfekten Timing und seiner kompositorischen Gestalt in die Gehörgänge eingefräst. Dann hört man es wieder und wieder, und es gewinnt dabei noch. Hätte Beck nur dieses Solo aufgenommen, ihm gebührte zweifelsohne ein Platz in der Walhalla der großen Gitarristen. Für diesen genialen Moment kann man sich unsterblich in Beck verlieben.

Erst fünfzehn Jahre später gelang ihm eine ähnliche Leistung. In der Zwischenzeit hatte Jeff Beck über Jahre hinweg mit unerträglicher Musik genervt. Mit einem kleinen Solo in *Rockin' At Midnight* (auf *The Honeydrippers*) packte er einen wieder. Doch wie dem auch sei, die mitreißende Spontaneität und der Studiojam-Charakter von *Beck-Ola* hatten ihre guten Gründe: Jeff Beck hatte auf der zweiten USA-Tournee in Detroit von Carmine Appice und Tim Bogert telefonisch erfahren, daß sie Vanilla Fudge, die er nach mehreren Konzerten sehr bewundert hatte, aufgelöst hatten und nun mit ihm und Rod Stewart eine neue Band gründen wollten. Jeff Beck war wie elektrisiert und arbeitete mit Nachdruck an der Vollendung der *Beck-Ola*-LP (Produzent: Mickie Most). Gut zwei Wochen später, kurz nach dem Erfolg der Donovan-Single *Barabajagal/Trudi* (Chartplazierung: 12), auf der die Jeff Beck Group noch mitgewirkt hatte, löste sie sich auf. »Das war zwei Wochen vor dem Woodstock Festival«, erinnert sich Ron Wood, für das sie bereits gebucht waren und das sie aller Wahrscheinlichkeit nach zur neuen »Soupergroup« gemacht hätte.

Doch auch aus dem Projekt mit Tim Bogert und Carmine Appice (Rod Stewart war bereits zu Beginn ausgestiegen) wurde nichts, da Jeff Beck im Herbst mit einem seiner Sportwagen, einem Corvette Stingray, gegen einen Baum raste. Rund ein Jahr lag er mit einer schweren Schädelfraktur im Krankenhaus. In dieser Zeit und in abgeschwächter Form auch danach bereiteten ihm die geringsten Laute ungeheure Schmerzen, so daß es bis auf verschiedene Interviews mit Rod Stewart, in denen sein Name nicht in den löblichsten Zusammenhängen fiel, ruhig wurde um Jeff Beck.

Obwohl er noch lange an den psychischen Folgen des Unfalls laborierte, suchte er bereits 1970 nach seiner körperlichen Genesung nach geeigneten Musikern für eine neue Band, da Bogert und Appice mittlerweile Cactus gegründet hatten. Doch weil er nur einen Schlagzeuger, Cozy Powell, finden konnte, machte er sich noch im gleichen Jahr mit ihm und Mickie Most auf den Weg nach Detroit, USA. Dort nahm er in den Motown Studios neben verschiedenen Sessions mit Stevie Wonder und Curtis Mayfield eine Anzahl von Titeln mit Sessionmusikern auf, die Mickie Most vorschnell als Album mit dem Titel *Beck In Motown* ankündigte. Doch das Album erschien nicht, aus welchen Gründen auch immer. Vielleicht war das sogar gut, denn wer weiß, ob Mickie Most nicht angesichts des angegriffenen psychischen Zustands von Beck sein altes »Erfolgsrezept« wiederbelebt hatte. Einzig der Stevie-Wonder-Song *Looking For Another Pure Love* wurde ein hörbares Ergebnis dieser Periode.

Im April 1971 hatte Jeff Beck dann seine neue Jeff Beck Group mit dem jazzig beeinflußten Keyboarder Max Middleton, den soulorientierten Musikern Bob Tench (Gesang) und Clive Chaman (Baß) und natürlich Cozy Powell zusammen. Die erste, *Rough And Ready* betitelte LP erschien im Oktober 1971. Anfang 1972 folgten ausgedehnte Amerika- und Europatourneen. Jeff Beck war wieder da! Oder doch nicht? — Denn die Bluesbezüge waren auf der von Beck nicht gerade überzeugend produzierten LP ebensowenig zu finden wie sinnvoll integrierte Gitarrenarbeit. Irgendwie merkte man Becks Gitarrenkünsten innerhalb dieser kühlen, zwischen Rock, Soul und Jazz hin und her pendelnden Musik an, wie wenig sie in der Lage waren, Emotionen zu transportieren. Zwar beherrschte er nach wie vor seine vielzitierte Stärke, mit Pausen zu spielen, aber eben nicht mehr, mit Pausen auszudrücken. Woran es lag, daß die Magie von Becks Gitarrenspiel sich auf dieser und der folgenden LP nicht mehr in voller Stärke entfaltete, ist schwer zu sagen. Waren es seine Mitspieler, waren es seine Kompositionen, von denen nur der Titel *Situation* überzeugte, war es gar Beck selbst oder alles zusammen? Eines stand jedoch fest: Diese und die im Juli 1972 erschienene LP *Jeff Beck Group* packte einen nicht mehr. Was auf den beiden Alben der ersten Jeff Beck Group im Übermaß vorhanden war, packende musikalische, gesangliche und instrumentale Gefühlsausbrüche, die ihre Wirkung nicht verfehlten, war auf *Rough And Ready* und *Jeff Beck Group* höchstens noch im Ansatz vorhanden und kühler, gefühlskalter, technisch hochgradiger Versiertheit gewichen. Bei der zweiten LP hatte die Veränderung auch damit zu tun, daß Jeff Beck die Platte in Memphis, Tennessee, mit dem Produzenten Steve Cropper einspielte um den alten Stax Sound hinzubekommen, doch »dann wurde die Platte in den ganz neuen Gebäuden und mit modernsten Maschinen gemacht« (Jeff Beck). Das Ganze klang entsprechend steril, wenn auch nicht so steril wie vieles, was von ihm noch folgen sollte. Doch die Auflösung der alten Jeff Beck Group war noch nicht so lange her, als daß man sich so einfach damit abfinden konnte, daß Jeff

Becks einstiger unfehlbarer Charme sich nun nicht mehr so oft entfalten sollte. Interessanterweise erklärte Beck in einem späteren Interview einmal, daß sein Autounfall möglicherweise einen Einfluß auf seine spätere Art des Gitarrenspiels hatte, was einiges erklären würde.

Doch es sollte noch einmal eine teilweise Rückkehr zu den hypernervösen, wilden Klängen der ersten Jeff Beck Group geben. Nachdem Beck bei einer Session Tim Bogert und Carmine Appice getroffen hatte, half er ihnen bei den Aufnahmen für einen Coca-Cola-Jingle, *Things Go Better With Coke*, da der Cactus-Gitarrist Jim McCarty erkrankt war. Dieser Jingle lief über ein halbes Jahr in allen Rundfunkstationen. Viel wichtiger aber war, daß Beck, Bogert & Appice, wie sie sich bald nennen sollten, auf ihre damals verschobene Zusammenarbeit zurückkommen wollten. Cactus wurde aufgelöst, Beck löste im Juli 1972 die Jeff Beck Group auf und erklärte danach der Presse: »Wir arbeiten als Gruppe nicht mehr richtig zusammen. Jeder wollte in eine andere Richtung, und wir waren an dem Punkt, an dem wir uns musikalisch nicht mehr verbessern konnten.«

Vorerst gehörte noch Max Middleton der Band an; der Sänger Bob Tench sollte ursprünglich auch dabeisein, doch entschied man sich dann für den Jesus aus *Jesus Christ Superstar*, Kim Milford. Zusammen flog die Gruppe für fünf Tage zu Proben nach England, um anschließend, mit acht alten Beck-Nummern im Repertoire, eine achtundzwanzig Tage dauernde Tournee quer durch Amerika zu starten. Aber danach mußten Middleton und Milford gehen. Jeff Beck erklärte: »Kim sieht ziemlich gut aus, und er konnte wirklich gut singen ... aber auf der Bühne wirkte er wie ein Fremdkörper. Es war ein großer Fehler (...), Max ist ein

Klasse-Pianist, aber ich habe eingesehen, daß er niemals Rock'n'Roll spielen wird. So haben wir uns auch von ihm getrennt.« Das war im September 1972.

Das Trio Beck, Bogert & Appice war entstanden, das sicher auch aufgrund der Tatsache, daß zu diesem Zeitpunkt bereits keine der großartigen Bluesrockformationen wie Cream, The Jimi Hendrix Experience und Taste mehr existierte, mit viel Erfolg Torneen durch Amerika, Europa und den Fernen Osten unternahm. Das im April 1973 veröffentlichte Debütalbum erreichte in Amerika den Rang 12 der LP-Charts, was sich jedoch nicht durch das Qualitätsniveau der LP erklären läßt. Obwohl Appice ein sehr druckvolles Schlagzeugspiel an den Tag legte und Tim Bogerts dröhnendes Baß-Spiel nicht ohne Charme ist, fällt das Fehlen einer ausdrucksstarken Stimme ebenso auf wie Becks Lustlosigkeit.

Beck muß damals zwischen Rock und Jazzrock hin und hergerissen gewesen sein, denn anders ist es nicht zu erklären, daß er dieses Projekt mit viel Euphorie in Angriff genommen hatte. Man denke nur an die Eile, mit der er die Jeff Beck Group aufgelöst hatte, und an seine Aussage nach der Trennung der Band im April 1974, Bogert und Appice hätten »gewollt, daß er in einem Stil spiele, den er schon lange Zeit vorher abgelegt hatte«. Mit diesem »Stil« meinte er natürlich die harte Bluesrockgitarre, die er noch in den Zeiten der ersten Jeff Beck Group gespielt hatte und über die er später, 1975, untertreibend sagte: »Jeder macht das, wie Humble Pie oder Mick Ronson, oder versucht es zu tun. Jimmy Page macht es immer noch und fährt damit fort, macht eine Lebensaufgabe daraus.« So beendete Beck im April 1974 die »unkreative Phase« mit der Gruppe Beck, Bogert & Appice, die er nach seinen Angaben nur dadurch überlebte, indem er eine Flasche Smirnoff-Wodka pro Tag trank.

Nach der Trennung, deretwegen ein komplettes Studio-Album nie veröffentlicht wurde, erschien im Februar 1975 in Japan noch das in Osaka mitgeschnittene Live-Doppelalbum, auf dem deutlich zu vernehmen war, was Beck als »den größten Kampf der Rock'n'Roll-Geschichte« beschrieb: Das druckvolle Powerspiel von Bogert und Appice stand sichtbar im Widerspruch zu einem Jeff Beck, der wohl keinen Spaß mehr an entfesselten Feedbacks und Bluesrock/Hardrock-Spielweisen hatte und im Geiste schon bei den jazzrockorientierten Formationen der folgenden Jahre war. Allein der Titel *Livin' Alone*, der schon auf der Studio-LP den einzigen Lichtblick darstellte, hatte das Feuer vergangener Jeff Beck Group-Tage. Wild, aggressiv und präzise schleuderte Beck seine unnachahmlichen Gitarrensplitter in den treibenden Rhythmus und ließ einem in seinem einzigen Slidesolo auf dieser LP die Nackenhaare zu Berge stehen. Das sind Slidetöne, die man nicht mehr vergißt, und dann der Übergang in ein slideloses Solo der Spitzenklasse! Wenn Jeff Beck bei den Yardbirds die Eigenschaft hatte, über alle Maßen Innovatives zu leisten, dann hatte er mittlerweile vor allem in der Zeit mit der ersten Jeff Beck Group die Fähigkeit erworben, minikompositorische Gitarrensoli zu spielen, an denen alles stimmte, die ihre Aussage ohne viele Umschweife auf den Punkt brachten.

Das wußten sicher auch die Rolling Stones, die ihn im Dezember 1974 nach Rotterdam in die Studios einluden, da sie ihn eventuell als Ersatz für Mick Taylor aufnehmen wollten. Doch Jeff Beck war nicht sehr beeindruckt von den Jams: »In drei Stunden hatte ich drei Akkorde zu spielen, und ich brauche etwas mehr *Energie* hinter mir als das.«

Mittlerweile war er bei der Suche nach einem musikalischen Vehikel für seine stark gewachsenen technischen Leistungen auf der Gitarre auf den Jazzrock gestoßen: »Ich hatte mir eine Handvoll Musikkassetten gekauft, die mich einfach erschlugen – Sachen wie Billy Cobham und Stanley Clarke«. Die ersten Gehversuche in Richtung Jazz hatte er schon im August mit der Gruppe Upp als Backing Band für einen Guitar workshop im amerikanischen Fernsehen gemacht, ehe im März 1975 sein mit Sessionmusikern aufgenommenes, später sogar vergoldetes Instrumental-Album *Blow By Blow* herauskam. Von George Martin produziert und von ihm auch mit süßlichen Geigenarrangements versehen, präsentierte das Album einen »neuen« Jeff Beck. Die aggressive, aber ausdrucksvolle Gitarrenarbeit vergangener Tage war technischer Raffinesse und flinker Fingerakrobatik gewichen, die in aggressivmachenden, strapaziösen Jazz-Rock und Funk-Jazz eingebettet war.

Das änderte sich auch nicht mit den nachfolgenden Alben *Wired* (1976) und *Jeff Beck Withe The Jan Hammer Group – Live* (1977). Die Alben *There & Back* (1980) und *Flash* (1985) waren dagegen wieder rockiger, aber was Jeff Beck an wirrer Gitarrenarbeit im Übermaß bot, spottet teilweise jeder Beschreibung. Die Musik schien nur noch der Untermalung seiner immensen technischen Kunststückchen auf der Gitarre zu dienen.

Wahrscheinlich muß der fromme Wunsch des Musikjournalisten Wolfgang Bauduin, daß Jeff Beck ein Album im Sinne von »Jeff Beck plays Willie Dixon«, produziert von Muddy Waters, herausbringt, nicht nur aus dem Grund, daß Muddy Waters mittlerweile gestorben ist, ein frommer Wunsch bleiben, sondern auch, weil Jeff Beck mittlerweile glaubt, daß es genügend Musiker gebe, die besser als er eine Bluesrockgitarre spielen. Vielleicht hat er heute damit sogar recht, Tatsache bleibt aber, daß er im erdigen Rock und Bluesrock seine Gefühlswelt auf der Gitarre am eindrucksvollsten zum Ausdruck bringen kann, zumal wenn er mit Musikern zusammenspielt, die von seinen Gitarrenklängen, die in geballter Kraft Überdruß erzeugen können, ablenken. Daß Musikjournalisten fromme Wünsche aussprechen, zeigt jedoch, wie besessen man nach Becks Gitarre werden kann, hat sie einen erst einmal gepackt.

Für diesen Fall sei auf Becks genialische Soli auf den Titeln *Further Up On The Road* und *Crossroads* hingewiesen, die er auf einer Amnesty-International-Veranstaltung zusammen mit Eric Clapton spielte und die auf dem daraus entstandenen Album *The Secret Policeman's Other Ball* zu finden sind; und dann gibt es das Solo auf *Lonely Off The Top* auf Mick Jaggers erster Solo-LP! Beck selbst war mit seiner Arbeit so zufrieden, daß er zu Tode erschrocken war, als ihn Mick Jagger im Studio mit dem üblen Scherz reinlegte, man hätte versehentlich alle seine Gitarrenparts gelöscht. Auf *Running Out Of Luck* von der gleichen LP kann man auch kurz sein phantastisches Slidespiel vernehmen, das man, was nicht nur Gitarristenkollegen bedauern, in den letzten Jahren leider viel zu selten von ihm zu hören bekam. Es ist Becks Problem geworden, daß er in seinen Soli immer hundertprozentig seine immensen technischen Fähigkeiten und Fingerfertigkeiten demonstriert, obwohl er doch eigentlich keinem mehr zu beweisen braucht, wie gut er ist. Das Problem von Becks Kritikern wird deshalb immer bleiben, Jeff Beck an Jeff Beck zu messen: Und das ist ein extrem hoher Qualitätsmaßstab!

Ritchie Blackmore: Der Impulsive

Geb.: 14. April 1945 in Weston-super-Mare/ Großbritannien

Ob man nun Yngwie J. Malmsteen, Steve Vai oder wen auch immer von der an Gitarristen nicht armen Heavy Metal Front nach seinen Vorbildern befragt: Ritchie Blackmore steht so gut wie immer an vorderster Stelle. Die Frage nach dem Warum ist dabei viel wichtiger als die Frage nach dem tatsächlichen Wert dieses hohen Ansehens, denn Blackmores unorthodoxes Gitarrenspiel sticht heute wie eh und je aus dem Heer der Gitarristen hervor, die sich auf ihn berufen. Dies liegt zum einen sicher an der Art seiner Spieltechnik, die schon zu frühesten Deep-Purple-Zeiten so weit ausgereift war, daß er es sich geleistet hat, sie als eine Art Markenzeichen anzusehen und nie großen Erneuerungsprozessen zu unterziehen, und es hängt – was noch wichtiger ist – damit zusammen daß er zu Beginn seiner musikalischen Laufbahn vor allem von Rock'n'Roll-Gitarristen wie Duane Eddy, Scotty Moore (Elvis' erster Gitarrist) und James Burton (damals Gitarrist bei Sessions mit Ricky Nelson) sowie R & B beeinflußt wurde.

Doch sein immenser Einfluß als Gitarrist der stilbildenden Gruppe Deep Purple war noch in weiter Ferne, als er

Anfang der 60er Jahre seine Berufsmusikerlaufbahn als Mitglied der 21s Junior Skiffle Band und nur kurze Zeit später der Dominators in Angriff nahm. Danach stieg er in die Band Nero and the gladiators ein, die 1961 mit *March Of The Gladiators* und *In The Hall Of The Mountain King* auch prompt zwei kleine Hits hatte, wobei der letztere auf Edvard Griegs *Peer Gynt Suite* basierte.

Diese Vorliebe für klassische (und später auch mittelalterliche sowie für folkloristische) Musik, von der z.B. das oft in Gitarrenimprovisationen eingebaute *Greensleeves* kündet, wurde sicher auch durch die klassischen Gitarrenunterrichtsstunden gefördert. Ihnen verdankt er auch sein rasantes Einzelnotenspiel. »Ich hatte ein Jahr lang klassischen Gitarrenunterricht. Dies half mir, da ich lernte, meinen kleinen Finger zu benutzen«, kommentierte Blackmore später »Viele Bluesgitarristen spielen nur mit drei Fingern, so daß sie bestimmte Läufe nicht ausführen können, die die Benutzung des kleinen Fingers erfordern. Klassische Übung ist dafür sehr gut.«

Doch zurück zu den Ereignissen im Jahre 1961. Nach einem Zwischenspiel bei der Band Mike Dee & the Jaywaywalkers trat er dann im Mai 1962 für sechs Monate der Tour-Band von Screaming' Lord Sutch bei, der nach Nik Cohns Beschreibung »die Bühnenmätzchen von Screaming' Jay Hawkins nachahmte«. Danach wurde er Mitglied der dritten Formation der Outlaws, die neben Mike Berry, Johnny Leyton und Heinz auch amerikanische Rock'n'Roller wie Jerry Lee Lewis und Gene Vincent in England als Backing Band begleiteten. Zusätzlich arbeiteten sie noch als Sessionmusiker für den Produzenten Joe Meek. »Manche Arbeit war eine Schufterei«, sagte Blackmore später,

»aber einiges war auch interessant. Sessionarbeit macht dich viel exakter. Wenn du aufnimmst, und du bist nicht wirklich sauber in deinem Gitarrenspiel, klingt das nach einem Wirrwarr. Du magst denken, daß du auf der Bühne phantastisch klingst, aber wenn du dich dann auf den zurückgelaufenen Aufnahmen hörst, ist es die meiste Zeit einfach katastrophal. Wenn du gut im Studio spielen kannst, spielst du auf der Bühne gut.« Doch im Juni 1965 stieg Blackmore bei den Outlaws aus, um dann nacheinander bei den Wild Boys (der Backing Band von Heinz), den Savages (der Backing Band von Screaming' Lord Sutch) und den Crusaders (der Backing Band von Neil Christian) als Leadgitarrist zu fungieren.

Da die Crusaders sehr oft in Hamburg gastierten, blieb Blackmore im Sommer 1967 einfach in Hamburg zurück, um die Gruppe Three Musketeers zu gründen, die allerdings nur einen Auftritt absolvierte, und um sporadisch als Sessiongitarrist für Polydor zu arbeiten. Im Januar 1968 lockte ihn sein Freund Jon Lord mit der Gründung einer neuen Band namens Roundabout zurück nach London, doch diese, im Sound an Vanilla Fudge orientierte Band hielt nur einen Monat.

Blackmore und Jon Lord (Keyboards) starteten danach zusammen mit den neu gewonnenen Mitstreitern Ian Paice (Drums), Nick Simper (Baß, Vocals) und Rod Evans (Gesang) ein neues Unternehmen, dem sie nach einer kurzen Aufwärmtour in Skandinavien im April 1968 einen wohlklingenden Namen gaben: Deep Purple. Noch in dieser Formation nahm man in achtzehn Stunden und im 4-Spur-Verfahren das in den USA sehr erfolgreiche Debütalbum *Shades Of Deep Purple* auf. Die Single *Hush* erreichte sogar

Platz 4 der amerikanischen Charts, und insgesamt ließ die LP schon relativ viel von dem fruchtbaren Kampf zwischen den beiden künstlerischen Polen Blackmore, der den Rock vertrat, und Lord, der für Klassik stand, erahnen, der auch im weiteren die musikalische Linie von Deep Purple bestimmte. Doch was Singles anging, so erließ man sich erst mal mit Erfolg auf Cover-Versionen wie Neil Diamonds *Kentucky Woman* und *River Deep Mountain High* (P. Spector, J. Barry, E. Greenwich). Auch die LPs *Book Of Taliesyn* (die mit »modischem« psychedelischem Cover erschien) und *Deep Purple* plazierten sich in den USA verhältnismäßig gut auf mittleren Chartpositionen. Die Gruppe hatte sich mehr und mehr auf den amerikanischen Kontinent konzentriert, während sie in England noch nicht recht zur Kenntnis genommen wurde.

Trotz des Erfolges stiegen Simper und Evans im Juli 1969 aus und wurden durch Ian Gillan (Vocals) und Roger Glover (Baß, Vocals) ersetzt, womit die als original und klassisch geltende Deep-Purple-Besetzung entstanden war. Was diese Formation zu leisten vermochte, zeigt vielleicht am besten das erst 1980 auf Vinyl verewigte BBC-Radio-Live-Konzert von 1970. Dieser Konzertmitschnitt dokumentiert Deep Purple in ihrem homogenen Zusammenspiel auf ihrem absoluten, leider nie wieder erreichten musikalischen Höhepunkt. Das gilt insbesondere für die eigentlich widersprüchlich anmutende, spannungsreiche Harmonie zwischen Blackmores Gitarre und Jon Lords Orgel.

Die achtzehnminütige Live-Fassung des Titels *Wring That Neck*, der in einer schönen Studioeinspielung auf *Book Of Taliesyn* erschienen war, bietet in einer Tour de Force vom ökonomischen und typisch rasanten Einzelnotenspiel bis hin zur orgiastischen Lärmorgie alles, was Blackmores Gitarrenkunst ausmacht. Blackmores Gitarrenkünste sind hier noch so schillernd mit Phantasie, Spielwitz und Nuancenreichtum aufgeladen, daß es um so augenfälliger wird, in welch erschreckendem Maße sein Gitarrenspiel in der Folgezeit sehr oft in allzu routinierten und berechenbaren Läufen erstarrte.

Doch das erste Plattenprodukt der neuen Formation sollte das von Lord vorangetriebene Unternehmen *Concert For Group And Orchester* sein, das so aufgesetzt ambitioniert die Synthese zwischen Rock und Klassik anstrebte, daß man beim Anschauen der gleichzeitig entstandenen Filmaufnahmen, die die Gruppe beim Zusammenspiel mit dem Royal Philharmonic Orchester zeigen, nur einen Mann bewundern konnte: Ritchie Blackmore. Ganz in Schwarz gekleidet und drohend wie die Personifizierung eines Gralshüters des Rock'n'Roll, gemahnte er inmitten der bombastischen Veranstaltung mit seinen phonstarken Gitarreneinlagen an die Urgewalten freisetzenden Energien des Rock'n'Roll. Sein Spiel nahm sich in dieser Atmosphäre natürlich so exotisch aus, wie Jon Lords völlig widersinniges Unterfangen, Rock salonfähig zu machen, belustigend wirkte. Dennoch traf Jon Lord mit diesem Experiment Zeit- und Publikumsgeschmack.

Doch letzten Endes waren es die folgenden Alben Deep Purples, wie *Rock* (auf dem Blackmore zum letztenmal eine Gibson-Gitarre spielte), *Fireball, Machine Head* (die erste unter dem eigenen Label Purple Records), *Made In Japan* (live) und *Who Do You Think We Are*, die mit ihren unglaublich hohen Verkaufszahlen den Ruhm der ›klassischen‹, sogenannten MK II Deep-Purple-Besetzung begründeten. Dennoch wirken selbst die beiden besten Studioalben *Deep Purple In Rock*, auf dem z.B. *Child In Time* zu finden ist, und *Machine Head*, das mit dem Juwel *Smoke On The Water* den bekanntesten Deep-Purple-Song enthält, in ihrer emotionellen Aussagekraft ungemein schwachbrüstig. »Man dreht sie laut auf, aber man hört ihnen nicht zu«, schrieb das Musikmagazin »Rolling Stone« mal über »Ten Years After«, und dies ist, bis auf das Aufhorchen beim Aufheulen von Blackmores Gitarrensoli, eine passende Beschreibung für die Studioalben Deep Purples. Dies liegt einerseits an den gesanglichen Manierismen Ian Gillans, dessen zum Markenzeichen verkommene Schreie im Studio selten so motiviert klingen wie live, zum anderen an dem unbeseelten, sterilen Klang der Produktionen, wobei die mit Hilfe des Rolling Stones Mobile in den leeren Korridoren eines Hotels in Montreux aufgenommene Platte *Machine Head* noch am besten abschneidet.

Es läßt sich nicht leugnen, daß die Gruppe Deep Purple ihrem Ruf als kraftvollste und einfallsreichste Hardrock-Band der ersten Stunde in vollem Umfang nur auf der Bühne gerecht wurde, wovon die beiden Live-Doppelalben *Deep Purple In Concert* (eine LP BBC 1970, die andere BBC 1972) und *Made In Japan* (1972), die allerdings durch stellenweise ausgeblendete Publikumsgeräusche etwas steril wirkt, ein eindrucksvolles Zeugnis ablegen.

Doch der enorme Erfolg und der damit zusammenhängende Starrummel forderten bald ihren Tribut. Interne Streitigkeiten führten dazu, daß im Juni 1973 Ian Gillan und Roger Glover ausstiegen und durch David Coverdale (Vocals) und Glenn Hughes (Baß) ersetzt werden mußten. Ursprünglich wollte man den durch die bevorstehende Trennung von der Band Free freiwerdenden stimmgewaltigen Paul Rodgers für Deep Purple gewinnen, doch da dieser bereits sein eigenes Bandprojekt Bad Company plante, griff man auf den zweiundzwanzigjährigen Verkäufer David Coverdale zurück. Coverdale machte mehr durch sein Bewerbungsfoto, das ihn als jungen Pfadfinder zeigte, als durch seine damals noch wenig entwickelte Stimme auf sich aufmerksam. In dieser Besetzung entstanden dann noch zwei weitere LPs, *Burn* (1974) und *Stormbringer* (1974), die sich deshalb genausogut wie ihre Vorgänger verkauften, weil sie auch genauso klangen. Selbst die Zeitschrift »Metal Hammer« konstatierte später: »Man wurde das Gefühl nicht los, daß die einstmalige Aggression nicht mehr aus dem Bauche kam, sonder nur purer Bizeps angesetzt wurde.« Da das Publikum das Wiederkäuen des einmal gefundenen musikalischen Konzepts honorierte, erhielt Jon Lord trotz des Ausstiegs von Blackmore, der von den musikalischen Streitereien mit Lord die Nase vollhatte und im Mai 1975 das Handtuch warf, das Unternehmen Deep Purple mit Tommy Bolin an der Gitarre bis zum Mai 1976 am Leben.

Ritchie Blackmore startete daraufhin nach seinem Abschied von Deep Purple mit viel Elan sein Bandunternehmen Rainbow, das er nach Judy Garlands berühmtestem Song benannte, wobei er diesen Song bei Konzerten auch immer wieder in Gitarrenimprovisationen einbaute. Doch ständige personelle Umbesetzungen – die Besetzung mit Ronnie James Dio (Vocals) und Cozy Powell (Drums) war sicher noch die überzeugendste – trugen Ritchie Blackmore nicht nur den Ruf eines Band-Despoten ein, sondern verlangten ihm überdies Energien ab, die er zur Ausprägung einer eigenständigen musikalischen Linie der Band gut hätte brauchen können. Denn bis zur 1973 erfolgten Auflösung von Rainbow hatte sich Blackmore zwar mit LP-Umsätzen von über sieben Millionen Mark und der Hit-Single *Surrender* als erfolgreichstes ehemaliges Mitglied von Deep Purple erwiesen, doch musikalisch hatte er sich mit einer routinierten Mixtur aus Heavy Metal, Hard Rock und Blackmore-Klischees in eine künstlerische Sackgasse manövriert. So verwundert es kaum, daß Blackmore im Jahr 1984, nach einer für alle betroffenen Mitglieder glücklichen Deep-Purple-Reunion, mit folgenden Worten auf seine Rainbow-Phase zurückblickte: »Ich habe die Nase voll von Rainbow. Nach drei Jahren habe ich die Arbeit mit dieser Band einfach nur noch gehaßt.«

Doch auch die mit viel Aufwand publizierte Deep-Purple-Reunion, die mit einer nach bewährter Manier gestrickten LP und einer von Ian Gillans Stimmband-Problemen geprägten Tournee eingeläutet wurde, verstärkte den Eindruck, daß Blackmores frühere unberechenbare Exzentrik des Gitarrenspiels und der Bühnenpräsenz mehr und mehr zur eingeübten Routine verkommt.

Über die Gründe für die routinierte Weise, in der Blackmore heutzutage immer noch seine billigen Stratocaster-Kopien zerschlägt oder sich auf der Grundlage der langweiligen Rhythmusarbeit des maßlos überschätzten Ian Paice und des unauffälligen Roger Glover in allzu lärmende und wenig abwechslungsreiche Gitarrensoli versteigt, kann man angesichts der wenigen Interviews, die Blackmore gibt, nur spekulieren. Blackmore verriet in einem Interview: »In einem Moment bin ich völlig empfindsam und dann wieder total dickfällig«. Und genauso verhält es sich mit der Güte seines Gitarrenspiels und der Echtheit seiner Bühneneinlagen, wobei er zugibt, daß er sein bestes Gitarrenspiel meistens bei spontanen Jamsessions an den Tag legt.

Dies kann sogar mit einer LP seines ehemaligen Bandleaders Screaming' Lord Sutch, *Hands Of Jack The Ripper*, eindrucksvoll belegt werden.

Auf dieser leider etwas überkandidelt produzierten Rock'n'Roll-Platte, auf der er auch auf einem Stück mit dem größten Schlagzeuger aller Zeiten, Keith Moon, zusammen spielt, hören wir vor allem die Facetten seines Könnens, die bedauerlicherweise allzu oft in den Hintergrund treten: Spielwitz, Spontaneität und Effektivität in der Wahl seiner Gitarrentricks!

J.J. Cale: Der Sparsame

Geb.: 5. Dezember 1938 in Oklahoma City/USA

J.J. Cales Gitarrenspiel ist das beste Beispiel für die schlichte Größe eines sparsamen Einzelnotenspiels. Erstaunlicherweise erzielt dieses untechnische, scheinbar aus purer Musikalität geborene Gitarrenspiel zusammen mit seinen typischen, extrem sparsamen, perkussionsbetonten Arrangements und seinem relaxten Sprechgesang, der mitunter ein Teil der Instrumentierung zu sein scheint, eine hypnotisierende Kraft, die den Zuhörer in ihren Bann schlägt. Diese auf Country- und Blues-Strukturen basierende Understatement-Musik, später als Laid Back bezeichnet, war das Ergebnis einer über zehnjährigen erfolglosen Profimusikerlaufbahn die erst im Jahre 1970 durch Eric Claptons Cover-

Version von Cales Titel *After Midnight* international richtig in Schwung kam. Bis dahin war der in Oklahoma City geborene, jedoch in Tulsa aufgewachsene John Cale vornehmlich in Clubs und kleineren Bars überall in Oklahoma aufgetreten. Über seine Jugend ist so gut wie nichts bekannt, außer daß er im Alter von zehn Jahren seine erste (elektrische) Gibson-Gitarre bekam. Mitte der 60er Jahre änderte er, angeregt durch den Veranstalter des Clubs Whiskey A-60-60, seinen Namen in J.J. Cale.

In seinen Anfängen, etwa vom Ende der 50er Jahre bis 1964, spielte Cale hauptsächlich Country- und Western-Songs sowie Rock'n'Roll mit einer Band, die aus Baß, Schlagzeug, Klavier und Bläsern bestand. Gleichzeitig übte er zu Hause Jazz und Blues, indem er Platten hörte und dazu spielte. Da er jedoch mit der Musik zuwenig Geld verdiente, mußte er nebenbei Jobs in einem Stahlwerk, bei der Luftwaffe oder in Imbißstuben annehmen.

1964 ging er dann nach Los Angeles, um dort mit den beiden »alten« Tulsa-Freunden, dem Pianisten Leon Russell, der zu dieser Zeit bereits auf einer Menge Phil-Spector-Produktionen gespielt hatte, und dem Bassisten Carl Radle sowie einigen anderen rund um Los Angeles in Clubs zu spielen. Bald danach eröffnete Leon Russell in L.A. sein Skye-Hill-Aufnahmestudio, in dem J.J. Cale seine ersten Erfahrungen mit dem »Instrument« Studio machte. Künstler, die in diesem Studio aufgenommen wurden, verlangten manchmal spontan nach einem nachträglich eingespielten Baßlauf oder einem ganz bestimmten Pianopart, und J.J. Cale sprang dann sehr oft für solche Aufgaben ein. Das hatte den für ihn günstigen Nebeneffekt, daß er nach einer Weile auf den Instrumenten Schlagzeug, Piano und Baß die wichtigsten Grundbegriffe beherrschte, was ihm später bei seinen eigenen Plattenproduktionen eine große Hilfe sein sollte.

Etwa in dieser Zeit ging J.J. Cales Experimentierfreudigkeit so weit, daß er ein stilistisch der psychedelischen Musik zuzurechnendes Album einspielte. Doch da dies zeitlich noch vor Cream und Jimi Hendrix war, ließen sich die Plattenfirmen ganz und gar nicht für die Veröffentlichung dieser teilweise mit drei Lead-Gitarren übereinander eingespielten Tapes erwärmen. Etwas später soll dann die heute extrem rare LP *Take A Trip Down Sunset* erschienen sein, auf der J.J. Cale u.a. Byrds-Titel coverte.

Nach einem kurzen Engagement bei den damals noch unbekannten Delaney & Bonnie kehrte er, um ein paar Hoffnungen ärmer, nach Tulsa zurück. Nachdem er nun jahrelang in Bars oder als Sessiongitarrist fremdes Songmaterial gespielt hatte, begann er erstmals, eigenes Material in Form von Demo-Tapes aufzunehmen. Wenig später begleitete Eric Clapton die Gruppe Delaney & Bonnie & Friends, die er als eine der Vorgruppen während der US-Tournee von Blind Faith kennen- und schätzengelernt hatte. Schon vorher hatte ihm Carl Radle, der Bassist von Delaney & Bonnie & Friends, ein Band mit J.J. Cales Song *After Midnight* vorgespielt. Clapton war so begeistert, daß er diesen Song für sein erstes Soloalbum aufnahm. Als Single ausgekoppelt, gelangte er sogar in die Top 10. J.J. Cale wußte zu dieser Zeit noch nichts von Claptons Cover-Version und hörte eines Tages in einer Bar in Tulsa total überrascht Erics Interpretation von *After Midnight*. Nachdem ihm klargeworden war, daß dies seine Komposition war, spazierte er aus der Bar und kaufte sich einen Chevrolet. J.J. Cale hatte diesen Song bereits 1965 selber auf einer Platte herausgebracht, als B-Seite der Single *Slow Motion*, allerdings in einer »rüden heruntergedroschenen Rock'n'Roll-Art« (Rock-Musik-Lexikon) eingespielt.

Der Erfolg der Cover-Version ermöglichte die eigene Schallplatte, die allerdings erst 1972, eineinhalb Jahre nach den Aufnahmesessions, bei der von Leon Russell und dem englischen Produzenten Denny Cordell gegründeten Plattenfirma Shelter erschien. Diese LP, *Naturally* betitelt, enthält bereits alle Ingredienzen eines typischen J.J.-Cale-Albums, wobei man sogar sagen muß, daß er mit dieser enorm abwechslungsreichen LP einen Qualitätsmaßstab gesetzt hat, an dem er selber in der Folgezeit oftmals zu scheitern drohte. Der musikalische Bogen der zwölf Eigenkompositionen umspannt von der zarten Liebesballade *Magnolia* über das ruhige, langsame *After Midnight* bis hin zum Country-Bluegrass-Titel *Clyde* so ziemlich alles, was J.J. Cale zu bieten hat. Nach erstmaligem Hören bleibt vor allem die unglaublich effektiv gespielte Slide-Wah-Wah-Gitarre Mac Gaydens in dem Stück *Crazy Mama* in Erinnerung. Gerade bei diesem Stück oder auch bei *Clyde* hat man das Gefühl, daß Cales Minimalkompositionen scheinbar fest verwurzelt mit einer bestimmten Instrumentierung oder einem bestimmten Arrangement »geboren« werden. Demzufolge liegt J.J. Cales Größe in der sparsamen Vollkommenheit seiner gelungensten Schöpfungen.

Noch im selben Jahr erschien dann die zweite LP *Really* in einem mit einem großspurigen modernistischen Silberdruck-Signet verunzierten Cover, das so gar nicht zu der scheuen und selbstkritischen Person J.J. Cales und seiner Musik passen wollte. Doch nicht nur das Cover war im Vergleich zu seinem Vorgänger nicht so gelungen, auch ein

Großteil der Kompositionen konnte nicht so souverän überzeugen wie die des Debütalbums. Da Cale es nicht mag, fotografiert und mit einem Foto auf einem Plattencover verewigt zu werden, sind alle bisher erschienenen Platten J.J. Cales in mehr oder weniger gelungenen, rein graphisch gestalteten Covern im Handel; höchstens auf der Rückseite findet sich ein kleines Foto von ihm. Doch J.J. Cales Scheu ist nicht nur für den Mangel an Fotos verantwortlich, sondern auch dafür, daß er sich maximal nur zu einer Tour im Jahr überreden läßt. Er schläft viel lieber lange, um dann vielleicht in einer seiner Stammkneipen spontan aufzutreten. Trotz alledem gab es sogar mal eine Tournee im Vorprogramm der Gruppe Traffic.

Gerade seine abgeklärte Haltung in bezug auf materielle Werte und das damit verbundene, anscheinend besonders in Oklahoma verbreitete Lebensgefühl sind die Grundlagen für die Faszination von J.J. Cales Musik. Dieser Faszination erlagen viele Musiker wie Eric Clapton, Mark Knopfler, Peter Green und andere, wobei sich diese Sympathie für J.J. Cales Musik in ihrer eigenen Musik und ihrem Gitarrenspiel ausdrückt.

1974 erschien die LP *Okie*, auf der vor allem die Songs *Cajun Moon, Rock And Roll Records* und das später von Lynard Skynard überzeugend gecoverte *I Got The Same Old Blues* hervorstechen. *Troubadour* (1976) enthielt dann wieder einen faszinierend einfachen Rocksong mit dem Titel *Cocaine*, der auch prompt zum Hit avancierte und schon ein Jahr später in Claptons Version auf dessen J.J. Cale ähnlichstem Werk *Slowhand* zu finden war. Doch trotz wunderschöner Stücke wie dem bluesartigen *Super Blue, Travelin Light* und *Hold On* gerät J.J. Cale, wie schon teilweise auf *Okie*, in die Gefahr, sich selbst bis an den Rand des unangenehmen Wiedererkennens zu kopieren. Auch machen sich beim Zuhören mitunter Langeweile und Desinteresse breit.

Vielleicht war ihm dies irgendwie bewußt, so daß er sich für seine nächste LP *5* drei Jahre Zeit ließ, was man der Platte auch anmerkte. Von dem phantastischen, rockigen Ohrwurm *I'll Make Love To You Anytime* bis zum anscheinend vom eigenen Schüler Mark Knopfler und Dire Straits inspirierten *Fate Of A Fool* gibt es viel Überzeugendes zu hören, wenn man sich auch an die Streicherarrangements in zwei Songs erst gewöhnen muß. Schon bei J.J. Cales nächster LP *Shades* (1980) hat man dann trotz der unleugbaren Güte der teilweise jazzigen LP das Gefühl, daß er mittlerweile auch sehr genau das Debütalbum seiner Verehrer, der Bandmitglieder von Dire Straits, und das Comeback-Album von Peter Green studiert hatte, um auf indirektem Wege Anleihen bei sich selbst zu machen. Der Einfluß von Dire Straits ist auf Titel wie *Carry On*, *Mama Don't* und *Love Has Been* genauso deutlich zu spüren wie der Einfluß des Songs *In The Skies* von Peter Green auf *If You Leave Her* und *Cloudy Day*. Die Verwandtschaft dieser Titel bezieht sich auch auf den Klang dieser zweiten von Andie Ashworth und J.J. Cale produzierten LP. Nebenbei soll aber nicht unerwähnt bleiben, daß neben dem auf *Mama Don't* brillierenden Reggie Young eine der größten Gitarrenlegenden Nashvilles auf dem fünf Minuten langen *Pack My Jack* mit von der Partie war: James Burton.

1982 gab es dann eine große Überraschung, als nach zwölf Jahren und fünf Alben, die ihr Für und Wider hatten, nach *Naturally* das zweite Meisterwerk J.J. Cales erschien:

Grasshopper. Hier stimmte mal wieder alles, und obwohl auch hier Einflüsse anderer Musiker erkennbar sind, werden sie auf dieser LP so gekonnt mit Cales Kompositionen und Arrangements verwoben, daß alles zu einem Ganzen verschmilzt. Ein Jahr später kam dann J.J. Cales bisher letzte LP heraus, *8*, die wieder nur eine Nummer als Titel trägt. Sie fiel leider wie erwartet gegen ihre starke Vorgängerin ab, obwohl sie viele im verborgenen liegende Schönheiten enthält.

Erstaunlicherweise ist bis heute keine Live-LP von J.J. Cale erschienen, was sehr zu bedauern ist, da er Stücke wie *Call Me The Breeze, Cajun Moon* oder *After Midnight* live in beschleunigten, eindrucksvollen, längeren, gitarrenbetonteren Versionen bringt. Ihn live während einer seiner raren Tourneen zu erleben, bedeutet nicht selten, daß man über längere Strecken mit seinem Rücken vorliebnehmen muß, da ihn der Blick ins große Publikum zuweilen mit Unbehagen erfüllt. Schaut er jedoch nach vorn, so kommt man zu dem seltenen Vergnügen, seine 1969 für fünfzig Dollar erworbene Harmony-acoustic-Gitarre zu bewundern, die er zusätzlich mit rund einem Dutzend Kontrollknöpfen und fünf Tonabnehmern ausgerüstet hat, um eine optimale Variationsbreite der Gitarrensounds zu ermöglichen. (Diese Gitarre wollte ihm schon Peter Frampton, ohne Erfolg natürlich, abkaufen.) Dadurch sieht seine Harmony acoustic, die keine Rückseite hat, »von hinten wie ein Rattenloch aus und von vorne wie das Modell eines Flugzeugs« (J.J. Cale). Daneben besitzt J.J. Cale, der sich selber als sammelnden Gitarristen sieht, noch eine ganze Anzahl der von ihm hochgeschätzten Gibsons der verschiedensten Modelle sowie eine Fender Stratocaster, eine Martin acoustic und einige andere

Gitarren. Nachdem er mit siebzehn Jahren die Gitarristen Paul und Chet Atkins für sich entdeckt und mit fünfundzwanzig den Jazz von Barney Kessel, Johnny Smith und vielen anderen imitiert hatte, nannte er 1977 Chet Atkins, Eric Clapton, George Benson, Larry Coryell, John McLaughlin und Duane Allman als seine Favoriten. Die Faszination von J.J. Cale liegt sicher nicht in der Tatsache begründet, daß ihm das damals noch führende Musikmagazin »Rolling Stone« zugetraut hatte, die künstlerischen Fingerzeige in den Sparten Rock und Country zu geben, sondern vielmehr in seiner Fähigkeit, mit sparsamsten Mitteln absolut unverkrampfte, eigenständige, aber ihren Wurzeln verpflichtete Musik zu machen. Darüber hinaus ist sein fruchtbarer Einfluß auf Musiker, die in J.J. Cale zu Recht einen der ernst zu nehmendsten Vertreter der ökonomischen Gitarrenschule sehen, nicht zu gering zu bewerten.

John Cipollina: Der Charismatische

Geb.: 24. August 1944 in San Francisco/USA

Wenn Gitarristen schon zu Lebzeiten zu Legenden werden, trägt vieles dazu bei, vor allem jedoch zwei Dinge: ein unverwechselbarer, individueller Gitarrenstil/Sound und eine gewisse magische Aura. Beides besitzt John Cipollina zur Genüge. Da wäre zum einen der einzigartige, zittrig schneidende Gitarrensound, der zum Erkennungsmerkmal einer der besten psychedelischen Bands von San Francisco, nämlich Quicksilver Messenger Service, wurde, sowie zum anderen die faszinierende Aura, die einen waffensammelnden, langhaarigen und unverbesserlichen Drogenfreak ganz zwangsläufig umgibt.

Die Musik von San Francisco, die er mitgeprägt hat, die Menschen dieser Stadt, ihre Landschaft – das ist seine Welt. Man kann getrost sagen, daß Cipollina in San Francisco vernarrt ist. Allzu selten verließ er die geliebte Stadt, was er mit dem Preis nicht allzu großer Bekanntheit in Europa bezahlte.

Cipollina wohnt noch heute in Mill Valley, einem Vorort von San Francisco, in dem er als ältester von drei Geschwistern zur Welt kam. Schon im Alter von zwei Jahren wurde er von seiner Mutter, die als Klavierlehrerin arbeitete, dazu gebracht, Klavier zu spielen. Ehe er mit sechzehn Jahren seine erste Gitarre zufällig auf dem Speicher fand, hatten es ihm vor allem folgende Hobbies angetan: Funken, Malen und Waffenkunde.

Über seine erste Gitarre erzählte er folgendes: »Schon nach dem ersten Tag waren die A- und E-Saiten gerissen, und so spielte ich nun bestimmt ein Jahr lang nur mit vier Saiten, bis ich meine Eltern damit verrrückt gemacht hatte. So fuhren sie eines Tages wegen eines neuen Satzes Saiten mit mir in die Stadt hinunter und sagten mir, daß es jetzt Zeit wäre, Gitarrenstunden zu nehmen.« So begann er, klassische Gitarre zu lernen, aber bereits ein Jahr später, kaufte er sich, angeregt durch den »aufregenden Klang der elektrischen Gitarren von Link Wray und Duane Eddy« (Cipollina), eine elektrische Danelectro Gitarre für einunddreißig Dollar.

Nur drei Tage später existierte bereits seine erste eigene Gruppe, die sich The Penetractors und dann The Deacons nannte. Die Deacons blieben vier Jahre zusammen, in denen Cipollina sein Gitarrenspiel erheblich verbesserte. »Ich ging zu allen Auftritten von anderen Bands, die ähnliche Musik machten, und studierte die Gitarristen so genau, daß ich ihre Gitarrenlicks kopieren konnte.«

In der ersten Zeit benutzte er seine Danelectro, dann stieg er für kurze Zeit auf eine Fender Stratocaster um und kaufte sich schließlich 1965 eine Gibson SG Gitarre. Von diesem Modell war er so begeistert, daß er sich zwei Jahre später eine weitere Gibson SG aus dem Jahre 1959 kaufte, die er bis heute vornehmlich benutzt.

1964 trafen Cipollina und sein Freund, der Harmonikaspieler Jim Murray, den gerade aus New York gekommenen Folksänger und Gitarristen Dino Valenti, der, angeregt durch die Beatles, mit ihnen eine Band gründen wollte. Doch bereits während der Proben kam Valenti wegen eines Drogenvergehens ins Gefängnis, und so gründeten sie ohne ihn mit Gary Duncan (Gitarre, Vocals), David Freiberg (Baß, Vocals) und Greg Elmore (Drums) Ende 1965 eine eigene Gruppe namens Quicksilver Messenger Service. Sie erspielt sich u.a. als eine der House-Bands des Avalon Ballroom den Ruf einer der besten Live-Bands von San Francisco. Ende 1967 unterschrieb Quicksilver Messenger Service als eine der letzten wichtigen Bands San Franciscos einen Plattenvertrag (bei Capitol).

Die erste, im Mai 1968 erschienene, von Nick Gravenites mitproduzierte LP, *Quicksilver Messenger Service*, war allerdings bereits ohne Jim Murray eingespielt worden, mit dessen Ausstieg die Band auch einen Teil ihrer R & B-Wurzeln verloren hatte. Diese teilweise gut gemachte LP zeigte, daß ihre wahren Stärken nur als Live-Band zum Tragen kamen. Deshalb folgte dieser nicht sehr erfolgreichen LP zehn Monate später das recht harmonische, mit Studiomanipulationen bearbeitete, fast gänzlich live aufgenommene Album *Happy Trails*, das wesentlich erfolgreicher als sein Vorgänger wurde und heute mit Recht als typischstes Dokument der hypnotischen Acid-Musik von San Francisco angesehen wird.

Das mehr als zwanzig Minuten dauernde, auf dem Bo-Diddley-Song *Who Do You Love* basierende, hypnotische Medley aus Eigenkompositionen aller Mitglieder nahm dabei eine ganze Plattenseite ein und zeigte, daß sich das eigentliche Können dieser Band erst in langen, klangcollagenartigen Improvisationen entfalten konnte. Die emotionalen Höhepunkte dieser halluzinatorischen Musik entstanden dabei, wenn Cipollina mit seinen wohldosierten zitternden Gitarreneinsprengseln sengende Lichtstrahlen durch das dunkle musikalische Dickicht seiner Mitmusiker schickte.

Das präzise Timing und das harmonische, einander ergänzende Zusammenspiel der einzelnen Musiker hing damit zusammen, daß alle Mitglieder auf einer etwa achtzig Morgen großen Ranch in Marine County lebten. Dort begann auch Cipollinas Waffenleidenschaft, was folgende Geschichte Cipollinas verdeutlicht: »Als wir das nächste Mal ins Dorf gefahren sind, da liefen doch tatsächlich alle Typen mit umgehängten Revolvern rum. Da haben wir uns dann die ersten Cowboyhüte gekauft. Überhaupt traf sich das sehr gut, denn nicht weit von unserer Ranch wohnten damals die Grateful Dead. Die lebten in einem alten Pfadfinder-Sommerlager und waren voll auf dem Indianertrip. Einmal haben sie uns sogar nachts überfallen und unsere Frauen und meinen Wolf entführt.«

Die folgenden Alben von Quicksilver Messenger Service entstanden jeweils mit einer anderen Besetzung: *Shady*

Grove mit dem englischen Pianisten Nicky Hopkins, aber ohne Gary Duncan; *Just For Love* mit dem aus dem Gefängnis entlassenen Dino Valenti und mit Gary Duncan; *What About Me* mit dem Pianisten Mark Naftalin. Leider wiesen die drei LPs nicht mehr die Songs und Arrangements auf, in denen Cipollina die elementare Kraft seines Gitarrenspiels zur Wirkung bringen konnte, so daß er 1970 ausstieg. Er begründete diesen Schritt so: »Die Band hatte mich zu guter Letzt eigentlich nur noch gelangweilt, und als Nicky Hopkins dann plötzlich mit Sessions anfing, da bin ich eines Abends nach einem Konzert zusammen mit ihm einfach ausgestiegen. Wir sind von der Bühne runter, draußen in ein wartendes Auto gestiegen und nie wiedergekommen. Die anderen waren zwar mächtig sauer – vor allem Dino –, aber ich kam mir allmählich vor wie ein Ehemann, der nach zwei Tagen wieder zu seiner Frau nach Hause kommt: ›Ich habe gehört, daß du mal wieder mit Brewer und Shipley gespielt hast. Wie konntest du uns das antun?‹ Usw., usw.«

Damit war für Cipollina das Kapitel Quicksilver Messenger Service erst einmal beendet. Als die gelungensten und überzeugendsten Dokumente dieser Zeit dürften die erst 1985 auf dem Doppelalbum *Maiden Of The Cancer Moon* veröffentlichten Live-Aufnahmen aus dem Jahre 1968 gelten. Während eine LP die angeblichen Highlights aus einem Juni-Konzert im Fillmore-East versammelte, fand man auf der zweiten LP eine ohne Publikum, aber live für eine Radiosendung in den Pazific High Recording Studios eingespielte Session.

Beide Aufnahmen beweisen eindrucksvoll, wie einzigartig die Band mit ihrer bedrohlichen, mysteriösen Live-Musik in ihrer besten Zeit war. Nach dem Hören dieser Platte fällt es um so stärker auf, wie wenig von dieser einzigartigen Atmosphäre auf den Studioalben enthalten ist, die zumeist sehr uneinheitlich und nicht gerade sehr eigenständig wirken. Das spannungsreiche, sich gegenseitig ergänzende Gitarrenspiel von Duncan und Cipollina, das einen Großteil der Faszination der Band ausmachte, entfaltete sich nur live so machtvoll, wobei sich die rohe Schärfe von Cipollinas unverkennbarem Gitarrenspiel aus mehreren Ingredienzien zusammensetzte, die er selber folgendermaßen erläuterte: »Bereits meine erste Gitarre hatte ein sogenanntes Bigsby Tremolosystem. Das Ding sah sehr eindrucksvoll aus, und nachdem ich es auch zu benutzen gelernt hatte, hab' ich mir auf jede meiner Gitarren einen Bigsby bauen lassen. Des weiteren sind alle meine Gitarren Stereo-Gitarren. Und was mein eigentliches Spiel anbelangt, so würde ich sagen, daß meine Technik stark der eines klassischen Gitarristen ähnelt. Ich zupfe nur mit Fingerpicks, und sollte ich jemals lediglich Rhythmus spielen müssen, würde man mich garantiert nach fünf Minuten entlassen, so schlecht bin ich.«

Cipollinas weiterer Weg führte ihn zu der Gruppe Copperhead, die es jedoch wegen eines Drogenbestechungsskandals, in den die Direktoren ihrer Plattenfirma und sie selbst verwickelt waren, nur auf eine LP-Veröffentlichung brachte. Dies war für Cipollina um so enttäuschender, da er rund zweieinhalb Jahre verhandelt hatte, ehe er den Vertrag nach einer kurzen erfolglosen Phase auf dem Label seines Freundes Mike Laing – Just Sunshine – endlich bei CBS unter Dach und Fach gebracht hatte. Kurz nachdem die Platte 1973 erschienen war, kam es dann zu dem Skandal, den Cipollina wie folgt beschrieb: »Die Bullen hatten einen Koksboten geschnappt, der aus dem Gulf&Western-Gebäu-

de kam, in dem auch die Paramount saß (der das Label Just Sunshine gehörte). Und als sie ihn fragten, wohin er denn wolle, antwortete er: ›Zu CBS‹, und dann spuckte er all die Namen aus: ›Wie wär's denn mit Clive Davis? Oder mit dem und dem?‹ Kurzum, innerhalb von zwei Minuten hatte er beinahe alle CBS-Bosse verpfiffen. ›Aha‹, haben sich die Bullen gedacht, ›daher weht der Wind!‹ Sie sind also schnurstracks zu CBS und haben erst mal Clive Davis' Schreibtisch aufgebrochen. Und was fanden sie da? Einen Fünf-Jahres-Vertrag mit einer ihnen vollkommen unbekannten Gruppe namens Copperhead über 1,3 Millionen Dollar. Pech war, daß der vertragliche Transfer direkt über Mike Laing und Clive Davis gelaufen war, die anderen Executives bei CBS hatten uns bis dato weder zu Gesicht bekommen noch je etwas von uns gehört. Ergebnis: Wir waren nun automatisch die Sündenböcke, die Band, die Clive, der mittlerweile übrigens schlauerweise seinen Job gekündigt hatte und in Urlaub gefahren war, mit Kokain etc. geradezu bombardiert hatte. Prompt ließen sie uns wie eine heiße Kartoffel fallen. Zwei Jahre lang hat das FBI hinter uns hergeschnüffelt. Zwei Jahre, in denen ich mich manchmal nicht getraut habe, mal 'nen Joint zu rauchen. Natürlich passierte auch für die LP nichts mehr. Ich weiß lediglich, daß CBS vertraglich gezwungen worden waren, eine Garantieauflage von 20 000 Stück zu pressen. Ich selbst besitze keine Kopie mehr, und als ich mir mal in London eine kaufen wollte, da sollte das Ding doch glatt vierzig Pfund kosten.«

Das erzählte Cipollina 1979 in einem Interview mit »Sounds« und erst ein paar Jahre später sollte das *Copperhead*-Album inklusive einem raren Single-Track auf dem

Edsel Label wiedererscheinen. Für viele ist es das Album, das man auf eine einsame Insel mitnehmen würde, und tatsächlich ist es eines der packendsten harten Westcoast-Rockalben der 70er Jahre. Die Outtakes für das leider nie erschienene zweite Album, die nur in Fankreisen kursieren, zeigen, daß die Band darüber hinaus zu weiteren phantastischen abwechslungsreichen Alben fähig gewesen wäre.

Auch live muß die Band Beeindruckendes geleistet haben, was man leider nur anhand eines europäischen Bootlegs überprüfen kann, der die 1973 entstandene Radiosession für die Tom Donahne-Show enthielt, die von dem FM Sender KSAN ausgesendet worden ist. Doch nach dem Skandal war es auch mit dem Dasein einer Liveband zu Ende. Cipollina erzählte: »Vor dieser Horrorstory hatte man uns mit Gig-Angeboten fast bombadiert, und wir waren von Alaska bis runter nach Mexiko fast überall aufgetreten, doch jetzt hieß es auf einmal: ›Copperhead? Die den CBS-Skandal ausgelöst hat? Nein, danke!‹ Es war wirklich ein böser Fluch.«

So blieb aus dieser Phase nur eine Platte – aber was für eine: Da ist das phantastische Back-Coverfoto von Jim Marshall, in das man sich beim Hören der LP vertiefen kann, und dann jede Menge Songs, die beim oberflächlichen Hören genauso stimmen wie in der Tiefe. An dieser Platte kann man sich kaum satthören. Und will man kurz gefaßt sagen, wie großartig die LP ist, sagt man am besten, daß sie sogar mehr als vierzig Pfund wert ist.

Cipollinas nächstes Plattenprojekt entstand dann mehr durch Zufall: Die walisische psychedelische Kultband Man tourte durch Amerika und fragte während eines Radio-Interviews und einem ihrer Konzerte nach Cipollina, der sich bei ihnen melden sollte. Cipollina erfuhr durch einen

Freund davon und suchte nun nach dieser mysteriösen Band, die er gar nicht kannte und von der er auch nicht wußte, was sie von ihm wollte. Als er sie dann tatsächlich in einem Übungsraum in Los Angeles fand, wollte man ihm erst gar nicht glauben, daß er Cipollina sei. Cipollina berichtete über diese Begegnung: »Da hab' ich dann meinen Führerschein rausgeholt, ihn Deke Leonard unter die Nase gerieben und ihn angefahren: ›Steht hier nun Cipollina oder nicht?‹ Da hat er mich dann endlich reingelassen. Er hat mich aber weiter gemustert und mir schließlich 'ne Gitarre gereicht. ›Hier‹, hat er gesagt, ›spiel mal 'nbißchen Cipollina!‹ Ich habe gedacht, gleich drehst du durch. Wie, zum Teufel, spielt denn bloß Cipollina? Aber dann hab' ich 'ne Weile rumgeschrammelt, er hat mich beguckt wie der Geier das Kaninchen, und dann hat er schließlich gesagt: ›Also, du mußt doch Cipollina sein. Und ich habe immer gedacht, der sei viel, viel größer. Hast du irgendwas vor in der nächsten Zeit?‹ Ich war so perplex, daß ich ihm wie ein kleiner braver Schuljunge geantwortet habe, daß ich für die nächste Zeit eigentlich nichts Spezielles geplant hätte, und daraufhin hat er dann gemeint, ob ich nicht ihren nächsten Gig mitmachen wolle.«

Cipollina machte mit, und der Auftritt im Winterland, bei dem alles schiefging (Dekes Verstärker brannte durch, die P.A. fiel teilweise aus, und Cipollina rissen zwei Saiten auf einmal), bewies ihm, welche Disziplin die Band hatte, so daß er auf ihr Angebot einging, sie auf einer Tournee durch England zu begleiten. Auf dieser Tournee, genauer am 26. Mai 1975, wurde dann das phantastische, atmosphärisch dichte Live-Album *Maximum Darkness* mitgeschnitten, das zeigt, wie geschickt und sparsam Cipollina sein Gitarrenspiel zur Akzentsetzung und Verstärkung der Manschen Musik einsetzte. Besonders auf zwei Titeln, *Codine* und *7171 – 551,* wird deutlich, worauf Cipollinas Einzigartigkeit eigentlich beruht: auf der zielsicheren Effektivität, mit der er seine simplen zitternden Tonfolgen fast schlafwandlerisch immer am richtigen Ort plaziert. Dabei ist die Konsequenz bewundernswert, mit der er durch den Gebrauch seines Bigsby-Tremolos die Schnelligkeit der Gitarrenläufe zugunsten einer den Einzelton betonenden Spielweise aufgegeben hat. Dieser zitternde, schwirrende Sound ist es dann, der sich in den Gehirnwindungen festsetzt und nachhallt.

1975 gab es eine kurzzeitige »Ein-Album«-Quicksilver-Messenger-Service-Reunion. Das Album hieß *Solid Silver*, und Cipollina war von der Idee gar nicht so begeistert: »Daß wir 1975 noch das Album *Solid Silver* aufgenommen haben, ist nur der Idee eines überfleißigen Managers zu verdanken. Eigentlich hatte ich überhaupt gar keine Lust dazu, denn ich war gerade erst von der England-Tournee mit Man zurück.«

Vielleicht war das mit ein Grund dafür, daß Cipollina in der folgenden Zeit bis Anfang der 80er Jahre hauptsächlich live aktiv war. Zum einen als Mitglied der Gruppe Terry and the Pirates, mit der er in etwas anderer Besetzung schon zu Copperhead-Zeiten gejammt hatte (damals nannten sie sich noch Terry Dolan Project), und zum anderen als Mitglied der San Francisco Allstars, der im Lauf der Zeit nach Cipollinas Angaben rund fünfzig verschiedene Musiker, u.a. Nick Gravenites, Peter Sears, Billy Roberts, Joey Covington und Spencer Dryden, angehörten.

Im Sommer 1976 war darüber hinaus ein von Cipollina

initiiertes Bandprojekt namens Raven zustande gekommen, über das Cipollina folgendes sagte: »Die Band war eines meiner Solo-Projekte, meine Idee von einer Big Band. David Weber von Copperhead und Andrew Kirby von Terry and the Pirates saßen am Schlagzeug, Mutch Mutchinson und Nicky Hopkins an den Keyboards, Greg Douglas und ich spielten Gitarre, und Skip Olsen war am Baß. Das sollte in erster Linie 'ne Gitarrenband sein, denn Greg und ich beanspruchten die Bühnenmitte, und die jeweiligen Sänger mußten mit den Bühnenseiten vorliebnehmen. Very strange. Vielleicht haben wir's auch deshalb nur auf sechs bis sieben Gigs gebracht.«

Daß dann vier Jahre später dennoch eine LP von Raven erschien, ging auf die Initiative von Uwe Tessnow zurück, der 1979 das Label Line gegründet hatte. Tessnow: »Ich will jeden der göttlichen Gitarrenläufe von Cipollina hören.« Cipollina erzählte darüber: »Uwe (Tessnow) hat mich mal besucht, ich hab' ihm ein paar Bänder vorgespielt, Jazz, Blues, Rock, lauter Sachen, die ich in den letzten Jahren so gemacht habe. Aber er hat immer gebohrt, ob ich noch etwas von Copperhead hätte. Da habe ich ihm dann Raven vorgespielt.« Auf Tessnows Drängen fand sich die alte Raven-Mannschaft noch einmal im Studio ein, um die Aufnahmen für die LP zu komplettieren.

Trotz dieser ungünstigen Umstände wirkt die LP in sich geschlossen und erreicht über lange Strecken sogar den Qualitätsstandard der Copperhead-Aufnahmen. Leider fallen die drei letzten Titel der LP durch erhöhtes Bandrauschen auf, was wahrscheinlich ein Indiz dafür ist, daß diese Titel von den Originalsessions stammen. Bemerkenswert ist neben Nicky Hopkin's hervorragendem, immer ideal ergänzendem Klavierspiel vor allem die Klasse der drei reinen Cipollina-Kompositionen auf der ersten Seite.

Kurz vorher war bereits auf einem italienischen Kleinstlabel namens Wild Bunch in einer auf 1000 Exemplare limitierten Auflage die erste LP von Terry and the Pirates, *Too Close For Comfort*, erschienen, die neben zwei Studiotiteln aus den Jahren 1970 und 1979 höchst hörenswerte, berauschende Live-Aufnahmen aus den Jahren 1977 bis 1979 enthielt. Ende des Jahres 1979 gab es auch eine kleine Tournee John Cipollinas mit Nick Gravenites und Band in Italien. Aus dieser äußerst fruchtbaren menschlichen und musikalischen Beziehung resultierte zudem das phantastische Blues-Soloalbum *Bluestar* von Nick Gravenites, auf dem Cipollina nur Rhythmusgitarre spielte und das auch bei Line erschien. Uwe Tessnow kommentierte: »Total antiquiert, weg vom Fenster, interessiert sich wahrscheinlich kaum ein Mensch für, wird sicher nur 1000mal verkauft. Ist mir doch egal. Ich finde sie toll.«

Drei Jahre später gab es eine Tournee der Cipollina/Gravenites-Band durch die Bundesrepublik, die dazu führte, daß sie eine LP für Line in den Hafenklang-Studios in Hamburg einspielten, die jedoch, obwohl weit davon entfernt, schlecht zu sein, nicht viel von der unbändigen Energie der Live-Auftritte besaß. Es ist zu bedauern, daß bis auf einen Bootleg und eine Menge Tapes nie offiziell etwas von den Live-Auftritten erschien, bei denen die Band Bluesrock vom Feinsten zelebrierte. Wer Cipollina während dieser oder der Italien-Tournee erleben konnte, wurde, sofern er es nicht schon war, Cipollina-Fan. Gravenites und Cipollina sind mit einigen Titeln auch in dem Film *Survivors* vertreten. Bis 1982 erschienen noch drei weitere Alben von Terry and the Pirates, *The Doubtful Handshake* (1980), *Wind Dancer* (1981) mit Aufnahmen von 1975 und 1977 und *Rising Of The Moon* (1982), die alle ihre unbestreitbaren Höhepunkte aufwiesen, doch auch viel Durchschnittliches präsentierten.

Neben einer Vielzahl von Sessionplatten war Cipollina in der folgenden Zeit vornehmlich mit drei musikalisch sehr unterschiedlichen Bands live aktiv: den Gruppen Dinosaurs, Problem Child und Zero. Mit diesen drei Gruppen deckt Cipollina seinen eigenen Musikgeschmack fast völlig ab. Während Zero (bei denen er sehr viel Rhythmusgitarre spielt) höchst gewöhnungsbedürftigen Jazzrock bietet, spielt er zusammen mit der Gruppe Problem Child eine Mischung aus Rock, R & B und Blues. Am interessantesten ist sicher die Gruppe Dinosaurs, der neben Cipollina mit Peter Albin (Baß), Spencer Dryden (Drums), Barry Melton (Gitarre), Merl Saunders (Keyboards) und anfangs Robert Hunter (Vocals) weitere bekannte San Franciscoer Musiker der ersten Garde angehörten. Die Dinosaurs spielten dabei, ihren Bandmitgliedern entsprechend, in der mittlerweile klassischen psychedelischen Acidrock-Tradition San Franciscos und gehen dabei sogar so weit, als eine der letzten Gruppen der Stadt sehr oft mit Lightshows aufzutreten.

Daß von diesen drei Bands bis heute nichts auf Vinyl gepreßt worden ist, zeigt eine typische Einstellung vieler San Franciscoer Musiker: Ihnen liegt meistens mehr an dem Vergnügen, Live-Musik zu machen, als daran, Platten zu produzieren und sich dabei Kompromisse aufzuhalsen, nur, um ihren Namen im Gespräch zu halten.

In vielerlei Hinsicht verkörpert Cipollina diesen Archetyp des San Franciscoer Musikers: charismatisch, kompromißlos und zu hundert Prozent Live-Musiker.

Dave »Clem« Clempson:
Der Unbeachtete

Geb.: 5. September 1949 in Großbritannien

»Clem« Clempson ist den meisten als Gitarrist der Jazzrock-Formation Colosseum bekannt, die von Oktober 1969 bis Oktober 1971 bestand. Daß er aber schon Mitte der 60er Jahre eine von Soul und Blues beeinflußte Gruppe namens The Untaimed gegründet hatte, wissen die wenigsten. Leider genauso unbekannt ist die Tatsache, daß er im März 1968 zusammen mit Terry Pole (Baß, Vocals) und Keith Baker (Drums) das Bluesrock-Trio Bakerloo aus der Taufe hob, das sich innerhalb kürzester Zeit einen ausgezeichneten Ruf als Live-Band erwarb. Aber sie konnten auch im Plattenstudio einen Großteil ihrer Live-Qualität umsetzen. Doch leider erschien die einzige LP der Gruppe, *Bakerloo*, 1969 auf dem von Pink Floyd und Deep Purple finanzierten Label ›Harvest‹ und fand allein schon aus diesem Grund keine allzu große Beachtung. Doch gerade diese Platte hätte Besseres verdient, da man sie getrost als eine der besten von Cream inspirierten, in Triobesetzung eingespielten englischen Studio-LP's ansehen kann.

Das muß auch gewisse Leute Mitte der 70er Jahre bewegt haben, diese LP, für die mittlerweile bis zu einhundertunddreißig Mark bezahlt werden (außer in Berlin, wo sich die Platte seinerzeit gut verkauft hatte), als täuschend echtes Counterfeit nachzupressen. Zu diesem Zeitpunkt hatte der Name Clem Clempson bereits durch die Zusammenarbeit mit der Gruppe Colosseum und der sich dann anschließenden dreieinhalbjährigen Phase mit der Band Humble Pie einen guten Klang.

In der relativ kurzen Zeit mit der Rock/Blues/Jazz-Gruppe Colosseum entstanden drei LPs, von denen besonders das ausgezeichnete Live-Doppelalbum Clempsons Können als Gitarrist dokumentiert, das entfernt an Eric Clapton erinnert. Besonders herausragend ist Clempsons über sechsminütiges Gitarrensolo auf dem eine ganze Seite einnehmenden Titel *Skelington*, auf dem er u.a. vorführt, wie effektiv und sparsam man mit einem Wah-Wah-Pedal umgehen kann.

Nach einem Streit über einen Verstärker, der während eines Live-Konzerts von Jon Hiseman für den katastrophalen Sound verantwortlich gemacht wurde, beschloß Clempson, die Band zu verlassen, zu der neben ihm Jon Hiseman (Drums), der musikalische Kopf von Colosseum, und Mark Clarke (Baß, Vocals) gehört hatten. Clempson ging dann zu der von Steve Marzott gegründeten Band Humble Pie, bei der er als neuer Gitarrist für den ausgestiegenen Peter Frampton einsprang.

In dieser Besetzung nahm man dann das sechste Album der Band, *Smokin'*, auf, das für Humble Pie nicht nur in den USA, sondern auch in England den endgültigen Durchbruch bedeutete. Zusammen mit Clempson erreichte die Band mit dem nachfolgenden Doppelalbum *Eat It* ihren kreativen Höhepunkt, wobei die vierte Seite mit einer Live-Aufnahme die explosiven Live-Qualitäten dieser vor allem in den USA mit großem Erfolg tourenden Band nachhaltig festhielt. Danach folgten noch zwei weitere LPs, ehe sich die Band auflöste. Steve Marriott mußte dies von einem Roadie erfahren. Da man vertraglich jedoch noch eine Amerikatour zu absolvieren hatte, fand man sich nocheinmal zusammen und meisterte die Tour relativ problemlos.

Im Anschluß an diese Tour versuchte Clempson, mit dem Schlagzeuger Cozy Powell, der mit ihm schon in einer Live-Besetzung von Bakerloo gespielt hatte, und dem Humble-Pie-Bassisten Greg Ridley das Bandprojekt Strange Brew zu starten, das seinen Namen von einem Cream-Titel erhalten hatte. Doch bevor die drei einen passenden Sänger gefunden hatten, war das Projekt durch vertragliche Schwierigkeiten bereits zum Scheitern verurteilt. So absolvierten Clempson und Greg Ridley erst einmal mit ihrem ehemaligen Humble-Pie-Mitstreiter Steve Marriott und seiner zweiten Formation, den All Stars, eine USA-Tour. Doch auch diese Zusammenarbeit währte nicht lange, da Steve Marriott einem Aufruf des späteren The Who-Schlagzeugers Kenny Jones folgte und die beiden zusammen mit Ian McLagan ihre alte Gruppe Small Faces wiederbelebten (allerdings ohne Ronnie Lane).

Clempson wollte in dieser Zeit zusammen mit seinen All-Star-Kollegen Damon Butcher (Keyboards) und Ian Wallace (Drums) in Los Angeles eine Band auf die Beine stellen. Aber auch dieses Projekt scheiterte. Ebenso waren die nachfolgenden Gruppen, in denen Clempson mit von der Partie war, nicht gerade vom Glück verfolgt. Die Rede ist von den beiden um den ehemaligen Uriah-Heep-Sänger David Byron formierten Bands Rough Diamond und Champion, die beide nur etwa ein Jahr bestanden, es aber immerhin zu jeweils einer LP mit dem Namen der Gruppe als Titel brachten. Danach lieh Clempson sein einfallsreiches Spiel nacheinander u.a. den Live-Bands um Roger Chapman, Jack Bruce und zuletzt Roger Daltrey. Am interessantesten ist sicher seine Zusammenarbeit mit Jack Bruce, die dem Cream-Freund Clempson die Möglichkeit gab, alte Cream-Klassiker wie z.B. *Politician* und *White Room* zusammen mit einem Mitglied der Gruppe Cream live zu spielen. Diese Kombination sollte sich als äußerst gelungen erweisen, obwohl sie 1986 etwas deplaziert als Vorgruppe von Johnny Winter live auftreten mußte.

Überdies hatte Clempson in den Jahren seit 1969 ausgiebig als Sessiongitarrist bei den unterschiedlichsten Interpreten und Gruppen ausgeholfen, wobei sein Gitarrenspiel dabei nie den Wiedererkennungswert eines Clapton erreichte, wohl aber in seiner unaufdringlichen, sich den jeweiligen musikalischen Gegebenheiten anpassenden, kreativen Art immer angenehm auffiel. Clem Clempson mit seiner Arbeit bei den Gruppen Colosseum und Humble Pie, die stets im Rampenlicht standen, und seiner mittlerweile über zwanzigjährigen abwechslungsreichen Musikerlaufbahn ist das beste Beispiel für einen Gitarristen, dem trotz seiner Erfolge größere Anerkennung versagt geblieben ist. Dennoch bleibt er ein Gitarrist, den es zu entdecken lohnt.

Jimi Hendrix: Der Geniale

Geb.: 27. November 1942 in Seattle/USA
Gest.: 18. September 1970 in London/
Großbritannien

Über Jimi Hendrix zu schreiben, fällt schwer. Nicht nur, weil schon so viel über ihn geschrieben worden ist (wenngleich auch viel Falsches), sondern auch, weil einem bei ihm leicht die euphorischen Attribute ausgehen können. Denn Jimi Hendrix war nicht nur die zentrale Gitarristenpersönlichkeit der zweiten Hälfte der 60er Jahre, er war schlicht und einfach der erste und bis heute der einzige Gitarrist, der die Möglichkeit und das Potential der elektrischen Gitarre in vollem Umfang auslotete und optimal zu nutzen verstand. Unter seinen Händen wurde die elektrische Gitarre zum Orchester. Mit seinen Gitarrenklängen konnte er Bilder entwerfen, Stimmungen erzeugen, aber auch provozieren. Jimi Hendrix verschmolz Musik und Sound zu einer unlösbaren Einheit.

Außerdem nutzte er die zwei Betätigungsfelder eines Musikers, die Bühne und das Aufnahmestudio, optimal. Jimi Hendrix versuchte, live nicht genauso zu klingen wie im Studio und umgekehrt. Er wußte, daß beide Welten unterschiedliche Qualitäten besitzen, und schöpfte sie voll aus. Auf der Bühne war er der geniale Performer, der den musikalischen Genuß mit dem visuellen Genuß paarte, und im Studio wurde er zum genialen Arrangeur, der das Studio so virtuos wie seine Gitarre beherrschte. All dies und seine Geniestreiche als Komponist prägten die nachfolgenden Gitarristen-und Musiker-Generationen nachhaltig. Überall hat Hendrix seine Spuren hinterlassen.

Seine Musik, in der Blues, Soul, Jazz, Rock'n'Roll, Psychedelic und Beat-Elemente verschmolzen wurden, artikulierte in ihren grenzüberschreitenden Eigenschaften etwas von seiner Botschaft, die sich um den Begriff Freedom drehte: Freiheit des Geistes, kreative Freiheit, eine freie Gesellschaft, freie, nicht vorgeschriebene Lebensweisen... Damit war Hendrix' Botschaft zwar durchaus zeittypisch, doch er war einer der wenigen, die dieses Anliegen mit so viel musikalischem Nachdruck, mit solcher Intensität und Tiefe artikulieren, daß der Hörer seine Message sofort verstand.

Am 25. Februar 1968 beschrieb ihn der Journalist Mike Jahn in »The New York Times« als »der schwarze Elvis«. Wenngleich er damit mehr Jimis Image als Sexsymbol meinte, so gibt es doch erstaunliche Parallelen zwischen Elvis und Jimi. Zum einen stiegen beide innerhalb kürzester Zeit zum Superstar auf, und während Elvis der König des Rock'n'Roll genannt wurde, war Jimi der definitive Gitarrengott. Zum anderen wurden sie beide Opfer eines vereinnahmenden skrupellosen »Money Maker«-Managements. Sie revolutionierten die Musikgeschichte und brachten gesellschaftliche Veränderungen mit in Gang. Bevor die Lebensgeschichte aufgeblättert wird, möchte der Autor noch darauf hinweisen, daß er bewußt auf Beschreibungen aller Plattenveröffentlichungen verzichtet hat, da er zu allem, was Hendrix zu Lebzeiten auf Vinyl veröffentlichte, nicht die kritische Distanz besitzt, die dies sinnvoll erscheinen läßt.

Johnny Allen Hendrix wurde am 27. November 1942 um 10.15 Uhr im King County Hospital in Seattle (Washington) als Sohn des gelernten Gärtners James Allen Hendrix und seiner Frau Lucille Jeter geboren. Da Al Hendrix zu diesem Zeitpunkt aber bereits eingezogen und an der Front war, erfuhr er die Geburt seines Sohnes erst einen Monat später. Als Al Hendrix 1945 aus der Armee entlassen wurde und nach Hause zurückkehrte, stellte er fest, daß Lucille ihren Sohn unterschiedlichsten Pflegestellen anvertraut hatte. Al Hendrix mußte sich nun auf die Suche nach seinem Sohn machen, den er schließlich in Berkeley zum erstenmal sah. Die Wut über seine Ehefrau äußerte sich darin, daß er den von ihr gewählten Vornamen für seinen Sohn am 11. September 1946 in Seattle amtlich in James Marshall ändern läßt. Doch Al Hendrix versöhnte sich wieder mit seiner Frau, und 1948 schenkte sie ihm noch einen Sohn, den sie auf den Namen Leon tauften. Aber 1950 war dann endgültig Schluß: Al Hendrix ließ sich scheiden und mußte seine Söhne aufgrund seiner Arbeitslosigkeit für drei Jahre zu seiner Schwester Patricia geben.

Dann nahm er sie wieder zu sich, und nachdem er bei der Flugzeugfirma Boeing eine neue Arbeitsstelle gefunden hatte, konnte er sich sogar ein philippinisches Hausmädchen leisten. Doch diesen Job behielt er nicht lange, so daß er 1955 wieder als Gärtner arbeitete, wo er bei einer bezahlten Aufräumarbeit in einer Garage eine unbesaitete Ukulele fand, die er behalten durfte. In der Stadt besorgte er neue Saiten, um die Ukulele seinem ältesten Sohn zu schenken, der schon mit der Nachahmung väterlichen Löffel-Schenkeltrommelns Musikalität bewiesen hatte. Al Hendrix erinnerte sich: »Er spielte die Ukulele mal rechtshändig und mal linkshändig. Ich glaube, daß er sich dachte, daß er sie besser linkshändig spielte, was er dann auch machte. Als er auf dieser Ukulele gut war, kaufte er einem Freund für fünf Dollar eine einfache akustische Gitarre ab. Ich hatte ihm das Geld gegeben, und er ging los und kaufte sie sich. Ich hatte mir zur gleichen Zeit eine Saxophon gekauft, obwohl ich nie vorher eins gespielt hatte. Wir lernten zusammen. Wir machten hauptsächlich eine Menge Lärm. Wir unterhielten uns selber. Ich blieb hinter meinen Zahlungen zurück, so daß ich mein Saxophon wieder zurücktragen mußte. Irgendwann hatte ich dann aber mal so viel Geld zur Seite gelegt, daß ich ihm eine elektrische Gitarre kaufen konnte. Für den Verstärker reichte das Geld aber nicht, so daß er zu Hause übte und dann zu einem Freund ging, der einen Verstärker hatte.«

1958 hatte Jimi dann ein einschneidendes Erlebnis: Seine Tante Patricia holte ihn auf Wunsch seiner mittlerweile wiederverheirateten Mutter in Seattle ab, um ihn zu ihr ins Krankenhaus zu bringen. Sie lag nämlich – wie bereits nach Jimis Geburt – wegen einer wiederaufgebrochenen TBC im Krankenhaus. Als Jimi seine Mutter im Bett liegen sah, kam sie ihm wie eine Fremde vor. Er erinnerte sich an die Ablehnung und die Kälte seiner Mutter, so daß er kaum ein Wort hervorbrachte und sie nur anstarrte. Kurz nach dieser Begegnung starb sie.

Wieder daheim in Seattle wurde die Gitarre zum Fluchtmittel aus der traurigen Realität, nie wahre Mutterliebe empfangen zu haben. Außerdem häuften sich seine Probleme in der Schule, wo ihn seine Mitschüler wegen seiner langen, bis in Kniehöhe reichenden Arme hänselten. Al Hendrix erinnerte sich an Jimis Gitarrenbesessenheit: »Es lag nur an ihm, ob er spielte. Er fühlte das. Es war kein Job, es machte ihm Freude. Er gewöhnte sich an, ganz oft zu üben. Richtige Gitarrenstunden hatte er nie. Wenn ich von der Arbeit kam, dann saß er da, und es ging nur plunk, plunk, plunk. Wenn ich ihn störte, dann ging er ins Schlafzimmer, und von da klang es dann plunk, plunk, plunk. Dann sagte ich: ›Mach den Boden sauber‹ oder irgendwas anderes, und er sagte: ›Okay, Dad.‹ Und machte das auch. Nachdem er fertig war, fuhr er mit plunk, plunk, plunk fort. Ich mußte mich daran gewöhnen, es ständig zu hören.«

Die ganze Zeit, in der Jimi sein Gitarrenspiel verbesserte, kreisten seine Gedanken in musikalischer Hinsicht nur um Rock'n'Roll. Seine Lieblingstitel waren *Sleep Walk* von Santo und Johnny, *Rocking Crickets* von The Hot Toddies, *Cathy's Clown* von den Everly Brothers, *La Bomba* von

The Carlos Brothers und *Summertime Blues* von Eddie Cochran. Aber Jimi wollte diese Titel nicht nur hören, er wollte sie auch selber spielen. Deshalb schloß er sich 1960 der Band The Rocking Kings an, zu deren Repertoire Bobby Freemans *Do You Want To Dance?*, *At The Hoop* von Danny and the Juniors und einige Coasters-Songs wie *Yakety Yak, Charlie Brown, Poison Ivy* und *Along Came Jones* gehörten.

In dieser Zeit machte der schüchterne und meist zurückhaltende Jimi seine ersten Erfahrungen mit dem anderen Geschlecht und mit Drogen. Dies alles blieb nicht ohne Folgen für seine schulischen Leistungen, und als er sich irgendwann den Fehler leistete, einer Lehrerin eine patzige Antwort zu geben, flog er von der Schule. Eine Zeitlang arbeitete er bei seinem Schwager, dann geriet er zunehmend unter den Einfluß einer Jugendclique, mit der er sich seine verrückte Kleidung »organisierte«. Am 2. Mai 1961 machte Jimi seine erste Erfahrung mit der Polizei, als er zusammen mit ein paar anderen jungen Männern in einem gestohlenen Wagen erwischt wurde. Jimi blieb ein paar Stunden im Gefängnis, was ihn aber nicht sonderlich beeindruckt haben muß, denn bereits am 6. Mai wurde er erneut wegen des gleichen Delikts eingesperrt. Dieses Mal sollte seine Inhaftierung sieben Tage dauern.

Als Jimi ein paar Tage später vor dem Richter stand, äußerte er auf dessen Frage nach einem Eintritt in die Armee, daß er gerne zu den Fallschirmspringern wolle. Das stimmte das Gericht milde, so daß Jimi bereits kurze Zeit später die Anmeldepapiere für die Armee unterschreiben konnte. Jimi hatte die Idee des Fallschirmspringens immer schon begeistert, und nun gehörte er selber der 101st Airbone Division an und durfte bald das Screaming Eagle Emblem tragen, das er so bewundert hatte. Voller Elan, der sich u.a. darin ausdrückte, daß er seine Gitarre nicht mitnahm, stürzte er sich in das Abenteuer. Doch die Grundausbildung war grausam hart, und die Bevormundungen der Vorgesetzten nahmen kein Ende.

Nach sechs Monaten schrieb er seinem Vater, daß er ihm seine Gitarre schicken solle. Als er sie bekam, taufte er sie auf den Namen seiner Jugendliebe Betty Jean. Er kratzte diesen Namen auf die Rückseite der Gitarre ein und spielte jede freie Minute am Tag. Nachts nahm er sie sogar mit ins Bett, wodurch er sich den Spötteleien seiner Stubenkameraden aussetzte. Doch Jimi begegnete in der Armee auch Gleichgesinnten wie dem Bassisten Billy Cox und dem Schlagzeuger Charlie Washington, mit denen er eine Band gründete, die jedoch nicht lange bestand. Zusammen mit Billy Cox, der einer seiner besten Freunde werden sollte, gründete er eine Gruppe namens The Casuals, der außerdem noch Gary Gerguson (Drums) und Johnny Jones (Gitarre) angehörten. Mit dieser Band, deren Repertoire aus Coverversionen aktueller Hits bestand, trat er in kleinen verräucherten Clubs in der Nähe der Militärbasen auf, in denen sie stationiert waren.

Außerdem verbrachte Hendrix seine Zeit mit Fallschirmspringen. Das Gefühl des Schwebens, des Einswerdens mit dem Himmel und die ungewöhnlichen Geräusche – all das prägte ihn nachhaltig. Der Promofilm »The Experience« von 1967 zeigt dies sehr deutlich, wenn Szenen von scheinbar schwebenden Fallschirmspringern mit den Klängen von *May This Be Love* (von *Are You Experienced*) unterlegt sind. Doch die Zeit des Fallschirmspringens ging für Hendrix unweigerlich zu Ende, als er sich im Spätsommer 1962 bei seinem fünfundzwanzigsten Absprung den rechten Fußknöchel so unglücklich brach, daß er den Belastungen beim Fallschirmspringen nicht mehr gewachsen war.

Als Hendrix kurze Zeit später zeitgleich mit Billy Cox ausgemustert wurde, entschieden sich die beiden, dorthin zu gehen, wo sie schon während der freien Wochenenden einige schöne Stunden verlebt hatten: nach Nashville. Dort nahmen sie sich eine gemeinsame Wohnung und schlossen sich der Band von Johnny Snead mit dem Namen The Imperials an. Diese Band erspielte sich in den Clubs von Nashville eine kleine, aber treue Anhängerschaft. Doch Jimi sollte in dieser Zeit nicht nur auf der Bühne, sondern auch im Studio aktiv werden, da Billy Cox eine lokale Radiopersönlichkeit namens Bill »Hoss« Allen kannte, der auch Plattenaufnahmen für Starday Records machte.

Bill »Hoss« Allen erinnerte sich: »Ich kannte Billy Cox aus der Zeit, in der er in der Armee war und an den Wochenenden nach Nashville kam, wo ich ihn brauchte. Einige Zeit danach erzählte er mir von einem gitarrespielenden Freund, und ich sagte ihm, er solle ihn mitbringen. Das war Jimi. Ich sagte ihm, daß ich ein New-Orleans-Chink-Chink-Chink-Rhythmusspiel ohne Schnörkel haben wolle. Ich hatte schon eine Leadgitarre, so daß ich nur Rhythmusspiel wollte. Mann, Jimi spielte vielleicht laut! Ich sagte ihm, er solle den Verstärker etwas leiser drehen. Er ruinierte die ganze Sache. Am Ende sagte ich dem Engineer, er solle ihn aus dem Mischpult ausstöpseln. Als wir dann die Aufnahme anhörten, fragte Jimi: ›Wo ist denn mein Part?‹ Ich antwortete: ›Keine Ahnung, Jimi. Da muß irgendwas an deinem Verstärker nicht in Ordnung gewesen sein.‹ Ich sage die

Wahrheit, wenn ich behaupte, daß ich seinen Sound nicht mochte.«

Doch Jimi erlebte in Nashville auch schöne Dinge. So traf er durch Zufall den weißen Gitarristen Steve Cropper, der in der Backing Band von Otis Redding und bei Booker T. and the MG's spielte. Zusammen jammte man ausgiebig, und als Ergebnis dieser Jams ging man ins Studio und nahm ein Acetate auf. Doch noch bevor man das Acetate Plattenleuten vorspielen konnte, wurden die im November 1962 erschienene Debüt-LP von Booker T. and the MG's, *Green Onions*, und ihr Titelsong so populär, daß Steve Cropper mit ihnen auf Tournee gehen mußte.

Mit Steve Croppers Abreise entfiel für Jimi auch der letzte Grund, in der Stadt zu bleiben, die ihm als »abgebranntem« Musiker nicht viel bieten konnte. So zog er nach Vancouver, wo er zu der Twist-Band The Vancouvers stieß, deren Mitglieder Tommie Chong und Bobby Taylor einen Nachtclub namens Dante's Inferno leiteten. Eines Tages saß Little Richard in Dante's Inferno und war von Jimi so begeistert, daß er ihm in seiner Band einen Platz anbot, den Jimi liebend gerne annahm.

Im Herbst 1963 befand sich Jimi schon auf Tournee mit Little Richard, dessen Name, zumindest in Amerika, zu dieser Zeit soweit an Klang eingebüßt hatte – nicht zuletzt durch seine »religiöse Phase« –, daß die Gastspiele in kleinen Clubs stattfinden mußten. Mit der Zeit stellte sich auf den Tourneen heraus, daß Little Richard seinen Sidemen keinen musikalischen Freiraum zugestand. Da Jimi auch auf seine neuen Bühnentricks, die Gitarre hinter dem Kopf oder mit den Zähnen zu spielen, verzichten mußte, stieg er bis ins Jahr 1965 des öfteren bei Little Richard aus.

Während einer der vielen Little-Richard-Konzerte in der Gegend um Los Angeles traf Jimi Arthur Lee, der später die Band Love gründete. Sie wurden Freunde, und nach einigen Jams gingen sie zusammen mit Begleitmusikern und dem Sänger Rosa Lee Brooks ins Studio, um u.a. die Lee-Komposition *My Diary* aufzunehmen. Als dieser Titel kurze Zeit später als Single auf dem lokalen Revis Label erschien, war Jimis Plattendebüt gemacht.

Als er nach diesem Studiojob vergeblich nach Sessionarbeit Ausschau hielt, bekam er von Salomon Burke das Angebot, ihn auf einer Package-Tournee zu begleiten. Die Angaben der meisten Quellen über die folgende Zeit widersprechen sich drastisch. Tatsache ist, daß Jimi in dieser Zeit aus allen erdenklichen Städten Amerikas Postkarten an seinen Vater schickte und somit fast pausenlos unterwegs war. Die unglaubliche Zahl von Musikern, mit denen er zwischen 1963 und 1965 zusammenarbeitete, ließ Jimi die einzelne Abfolge der Bandengagements später selbst durcheinanderbringen. Sicher sind meist nur die Städte, in denen er mit den jeweiligen Musikern zusammentraf. In St. Louis begegnete er z.B. seinem großen Vorbild: dem ebenfalls linkshändigen, unorthodoxen Bluesgitarristen Albert King, der ihm eine Menge Griffe zeigte, bei denen er auch seinen Daumen wirksam einsetzen konnte. Außerdem spielte Jimi eine Zeitlang mit Ike Turner. (Teilweise wird behauptet, daß Jimi nur ein Fan, aber nie ein Mitglied der Ike Turner Band war). Eine weitere wichtige Station in seinem Leben wurde dann die Wiege des urbanen Blues: Chicago. Dort pilgerte er zu den legendären Chess Studios, wo er so lange wartete, bis sich eine günstige Gelegenheit ergab, um in die Studios zu huschen. Dort traf Jimi auf Little Milton, Little Walter, Bo Diddley, Willie Dixon und auch Muddy Waters, der ihm von seinem großen Idol Robert Johnson und von Son House erzählte.

Im Herbst 1964 sahen ihn die Isley Brothers in einem Club in New York. Da sie ohne Gitarristen waren und außerdem zwei Tourneen in Kanada und auf den Bahamas vor sich hatten, ließen sie sich etwas von Jimi vorspielen. Als Jimi ihnen all die Gitarrenparts ihrer eigenen Singles haargenau nachspielte, waren die Isley Brothers begeistert und engagierten ihn. Bei den Isley Brothers blieb Jimi nun ein wenig länger, da er den Freiraum zugebilligt bekam, seine Showeinlagen auf der Bühne zu bringen. In dieser Zeit entstanden vier Singles: *Looking For Love/The Last Girl, Wild As A Tiger/Simon Says, Move Over And Let Me Dance/Have You Ever Been Disappointed?* (auf Atlantic) und *Testify Part 1* und *Part 2* (auf T-Neck). Außer den besagten Tourneen gab es etliche Konzerte in der Region um New Jersey, wo man mit Wilson Pickett auftrat. Bei einem dieser Konzerte machte ihn der Schlagzeuger von Wilson Pickett, Buddy Miles, mit Devon Wilson bekannt, die in den folgenden Jahren in Jimis Leben eine wichtige Rolle spielen sollte. Doch auch die Zeit mit den Isley Brothers ging unweigerlich zu Ende. Curtis Knight berichtete später, daß Jimi ihm erzählt hat, er habe die Isley Brothers verlassen, weil er keine Lust mehr hatte, in der F-Tonart zu spielen.

Nach seiner Trennung von den Isley Brothers stieß er vermutlich zu unzähligen anonymen Backing Bands, die Musiker wie die Supremes, Gorgeous George, B.B. King etc. auf den damals alltäglichen Package-Tourneen begleiteten.

1965 soll Jimi Hendrix auch noch ein letztes Mal mit Little Richard getourt sein. Dabei sind vielleicht die Studioaufnahmen entstanden, die später z.B. auf den LPs *Friends From The Beginning* und *Jimi Hendrix – Little Richard Together* wiederveröffentlicht wurden. Im gleichen Jahr werden wahrscheinlich auch die Aufnahmen mit dem Saxophonisten Lonnie Youngblood stattgefunden haben, die später unter Titeln wie *Roots Of Hendrix* und *Rare Hendrix* erschienen sind. Heute wirkt Hendrix auf diesen frühen Aufnahmen wie jemand, der den ganzen Umfang seines Genies scheinbar in Reserve hält für das, was noch kommen wird.

Und diese Zeit war nicht mehr fern. Kurz vor Weihnachten 1964 besuchte der Bandleader Curtis Knight einen New Yorker Nachtclub, in dem King Curtis mit seiner Band auftrat, zu der an diesem Abend auch Jimi gehörte, der für den fehlenden Gitarristen eingesprungen war. Curtis Knight engagierte Jimi vom Fleck weg für seine neue Squires-Besetzung, die er ohne Pianisten, aber mit zwei Leadgitarristen ins Leben rief. Curtis Knight selber erzählte später eine andere Version über seine erste Begegnung mit Jimi. Er berichtete, daß er Jimi in einer Hotelhalle wegen seiner langen Haare angesprochen hatte. In der kurzen Unterhaltung stellte sich heraus, daß Jimi total abgebrannt war und sogar seine Gitarre versetzt hatte. Curtis Knight holte darauf eine seiner Gitarren, auf der Jimi sein Können demonstrierte. Jimi wurde sofort engagiert. Welche dieser beiden Geschichten auch wahr ist, jedenfalls gehörte Jimi von diesem Zeitpunkt an bis zum Jahr 1966 mit kleinen Unterbrechungen zu Curtis Knights Squires.

In dieser Zeit entstanden etliche Studioaufnahmen und minderwertige Live-Aufnahmen, die später nach Jimis Popularitätsschub aufgrund seines 1965 geschlossenen extrem ungünstigen Vertrags mit Knights Manager Ed Chalpin massenweise den Markt überschwemmten. In der Zeit mit Curtis Knight perfektionierte Jimi seinen Gitarrenstil und seine Art, die Gitarre scheinbar mühelos mit den Zähnen, zwischen den Beinen und hinter dem Rücken zu spielen. Die einzigen Effektgeräte, die Jimi in dieser Zeit nach Angaben von Curtis Knight an seine Fender Stratocaster anschloß, waren ein Wah-Wah-Pedal (was bezweifelt werden muß) und eine primitive Fuzzbox.

Außerhalb der Bühne machte Jimi in dieser Zeit, angeregt durch Devon Wilson, seine ersten Erfahrungen mit Acid. Bereits vorher hatte er die unterschiedlichsten Drogen zum Aufputschen genommen, um das enorme Arbeitspensum, das er sich selbst auferlegt hatte, bewältigen zu können. In den folgenden vier Jahren sollte Jimi eine Menge unterschiedlichster Drogen zur Erweiterung seines Bewußtseins nehmen. Verbürgt ist in diesem Zusammenhang, daß Jimi dabei nie zu Heroin gegriffen hat. Zusammen mit dem Drogengenuß wurden auch seine musikalischen Visionen klarer, zu deren Realisation er, wie er merkte, eine eigene Gruppe brauchte.

Von einem Tag auf den anderen trennte sich Jimi von Curtis Knights Squires, um eine eigene Gruppe zu gründen. Zuerst einmal ging er jedoch mit dem farbigen Tenorsaxophonisten Lonnie Youngblood und den Gitarristen Lee Moses und Herman Hitson in die New Yorker Abtone Recording Studios, um dort einige Sessions aufzunehmen, die nach Jimis Tod veröffentlicht wurden. Dann gründete er seine Gruppe namens Jimmy James and the Blue Flames, deren Stammsitz die in Greenwich Village gelegene Kellerbar Cafe Wha? wurde. In New Yorks berühmtem Musikladen Manny's traf er den 15jährigen Gitarristen Randy Wulfe, den er spontan zu einem Mitglied der Blue Flames machte und nach seiner Herkunft Randy California nannte. Fast drei Monate blieben sie zusammen. In dieser Zeit mauserte sich Jimmy James, wie Jimi sich damals noch nannte, zur größten Attraktion im New Yorker Künstlerviertel Greenwich Village.

Mike Bloomfield, Stefan Grossman und John Hammond jr. besuchen den Club, um den neuen Wundergitarristen zu beäugen, der seine Gitarre in allen möglichen Positionen spielen konnte. Man war begeistert! Mike Bloomfield schilderte seine erste Begegnung mit Jimi wie folgt: »Als ich Jimi zum ersten Mal spielen sah, da war er noch Jimmy James mit The Blue Flames. ... Hendrix wußte, wer ich war, und an dem Tag, vor meinen Augen, *he burnt me to death*. Ich holte auch meine Gitarre nicht raus. Bomben explodierten und Raketen zischten durch die Luft – ich kann die Sounds, die er aus seinem Instrument holte, nicht beschreiben. Er kriegte jeden Sound, den ich von ihm hörte in diesem Raum, mit seiner Stratocaster, einem Twin-Verstärker und einem Maestro Fuzztone zustande, und das war alles – er machte es hauptsächlich mit extremer Lautstärke. Ich wünschte, ich könnte verstehen, wie er das machte. *He just got right up in my face* mit seiner Gitarre, und ich wollte meine Gitarre gleich für ein ganzes Jahr nicht mehr anfassen.«

John Hammonds Begeisterung drückte sich darin aus, daß er Jimi spontan anbot, mit ihm zusammenzuspielen. Jimi sagte zu und nach ein, zwei Wochen Proben traten Jimmy James and the Blues Flames nicht nur im Cafe Wha? auf, sondern auch zusammen mit John Hammond jr. im Cafe au Go Go. Laut Randy California dauerte dieser Zeitabschnitt, in dem sie in beiden Clubs ingesamt acht Sets am Abend spielten, rund drei Wochen. In dieser Zeit drang der Ruf von Jimis außergewöhnlichen Fähigkeiten über die lokalen Grenzen von Greenwich Village. Auch die Rolling Stones wollten den neuen Gitarrenvirtuosen sehen. So besuchten sie das Cafe au Go Go – mit dabei Keith Richards damalige Freundin Linda Keith, die Jimi schon aus den Tagen mit Curtis Knight kannte. Jimi bat sie, ob sie sich nicht einmal nach einem Schallplattenproduzenten umhören könnte.

Einer der Leute, die sie fragte, war Chas Chandler, der vorhatte, seinen Bassistenjob bei den Animals an den Nagel zu hängen und Produzent zu werden. Chas Chandler kam in das Cafe Wha? und war von Jimi begeistert. Er ahnte sofort, daß er auf Gold gestoßen war und schlug Jimi vor, mit nach England zu kommen: »Eine der ersten Sachen, die mich Jimi fragte, war, ob ich Eric Clapton kennen würde. Ich sagte, daß ich ihn natürlich sehr gut kannte und ihn auf einer Menge Gesellschaften gesehen hatte. Er antwortete: ›Wenn du mich mit nach England nimmst, kannst du mich dann mit ihm zusammenbringen?‹ Ich machte ihm klar, daß es im Gegenteil Eric sein würde, der sich, sobald er ihn gehört hätte, danach drängen würde, ihn kennenzulernen, und das machte die Entscheidung perfekt.« Außerdem köderte Chas Chandler den finanziell total ausgelaugten Jimi Hendrix, der von Linda Keith für seinen England-Aufenthalt mit Geld, einem Mantel und einer neuen Stratocaster ausgerüstet wurde, mit Visionen vom Erfolg, der seiner Meinung nach nur in England so schnell zu realisieren war.

Doch nicht nur Jimi war in finanziellen Nöten, auch Chas Chandler hatte Geldsorgen. Deshalb nahm er den potenten Animals-Manager Mike Jeffery mit in den Vertrag, den Jimi schließlich unterzeichnete. Mit diesem Vertrag erklärte sich Jimi damit einverstanden, daß Chas Chandler und Mike Jeffery dreißig Prozent seiner gesamten Einnahmen (fünfzehn Prozent waren damals »normal«) und sieben Prozent seiner Schallplattentantiemen erhielten. Um diesen ausbeuterischen Vertrag unanfechtbar zu machen, schwärmte Chas Chandler aus, um eine Unmenge von Verträgen aufzukaufen, die Jimi in den vergangenen fünf Jahren unterzeichnet hatte.

Im September 1966 war man dann endlich soweit, nach England aufzubrechen. Randy California blieb allerdings in Amerika, was er selbst damit erklärte, daß er mit fünfzehn Jahren einfach zu jung war, um den Sprung über den Atlantik zu wagen. Chas Chandler erzählte dagegen später, daß er ihn nicht in Jimis neuer Band haben wollte, da er ihm zu sehr Down-home-Blues-betont spielte. Wie dem auch sei, klar war, daß Chas Chandler seinen Schützling zum Shooting Star machen wollte. Dazu gehörte u.a. der Namenswechsel von Jimmy Hendrix in Jimi Hendrix. Von diesem Vornamen, den Jimi noch während des Fluges von Amerika nach England erhielt, versprach sich Chandler einen größeren Erinnerungswert.

In England verschenkte Chas Chandler dann keine Minute und ging mit Linda Keith auf die Suche nach Musikern für Jimis neue Band. Chas Chandler erinnerte sich dabei an einen Gitarristen der Band The Loving Kind, der sich gerade ohne Erfolg bei den New Animals beworben hatte. Chas rief ihn an und schlug ihm vor, zu einer der Sessions zu kommen, bei denen Jimi seine potentiellen Mitstreiter im Zusammenspiel unter Augenschein nehmen wollte. Obgleich Noel Redding als Bassist — und in dieser Funktion sollte er kommen — fast gar keine Erfahrungen besaß, nahm er das Angebot jedoch wahr. Zusammen mit Ansley Dunbar (Drums) und Mike O'Neil (Organ) fand eine rein instrumentale Jam statt, in deren Verlauf man Titel wie *Have Mercy* und den von Chandler für die erste Singleveröffentlichung vorgesehenen Song *Hey Joe* spielte. Nach dieser Session wußte Jimi, daß er einen Bassisten gefunden hatte. Nun mußte nur noch ein Schlagzeuger gefunden werden. Als am 6. Oktober Mitch Mitchell, ehemaliger Schlagzeuger von Georgie Fame and The Blue Flames zu ihnen stieß, war auch diese Hürde genommen. Auf Anregung von Noel Redding lud man den Procul-Harum-Bassisten Dave Knights ins Studio ein, damit Noel zur Rhythmusgitarre greifen konnte. Doch Jimi mochte sich mit der Quartettbesetzung nicht anfreunden, so daß man es wie geplant als Trio versuchen wollte. Den noch fehlenden Namen steuerte Mike Jeffery, der sich ansonsten so gut wie gar nicht um die Band kümmerte, durch eine hingeworfene Bemerkung bei. Er sagte nämlich, er hoffe, daß die schlechten Erfahrungen (Experience), die er mit den Animals gemacht hatte, sich nicht wiederholten. Die Band griff die Vokabel Experience auf und machte sie zum Bandnamen. Da Chas der Meinung war, daß der Name des Mannes, der den Leuten im Gedächtnis bleiben soll, im Gruppennamen enthalten sein mußte, wurde die Band Jimi Hendrix Experience (JHE) getauft.

Sie machte sich nun auf den Weg, die Musikgeschichte grundlegend zu ändern. Chas Chandler hatte sein Ziel, den

Erfolg, fest ins Visier genommen. Bereits eine Woche nachdem das Trio erstmals zusammengekommen war und nach Chandlers Angaben fünf Stunden gespielt hatte, befand es sich in Frankreich, um den französischen Rock'n'Roller Johnny Halliday auf einer Tournee als Vorgruppe zu begleiten. Am 13. Oktober 1966 gab die JHE in Evreux ihr erstes, nur zwanzig Minuten dauerndes »Anheizer«-Konzert. Das Repertoire, mit dem sie die Leute begeisterte, bestand aus R&B- und Soul-Standards wie *Have Mercy, Midnight Hour, Everybody Needs Somebody To Love, Respect, Land Of Thousand Dancers* und *Hey Joe*. Doch nicht nur das Publikum war von dieser neuen, unbekannten Gruppe angetan, sie gefiel auch Johnny Halliday, und er nahm sie zu Gigs in München und Hamburg mit.

In England hatte Chas Chandler mittlerweile alles angekurbelt, um der JHE eine konzertreiche Zeit in unzähligen Londoner Clubs zu bescheren. Ihr erster Gig in London fand zusammen mit Cream im Central Polytechnikum statt. Kurz danach folgte ein Auftritt in der populären TV-Musiksendung Ready Steady Go, in der die Musiker ihren ersten Singletitel, *Hey Joe*, vorstellten. Diesen Titel hatte man bereits in einem Londoner Studio aufgenommen, doch erst als man auf der Suche nach einem Toningenieur in den Olympic Studios auf den jungen Eddie Kramer stieß, wußte Hendrix, daß er den Mann gefunden hatte, der den Sound dieses Titels so hinkriegte, wie er es wollte. Für die nächsten knapp vier Jahre sollte Eddie Kramer der neben Hendrix wichtigste Mann am Mischpult werden. In ihm hatte Jimi einen jedem Experiment gegenüber aufgeschlossenen Soundkünstler gefunden, der seine musikalischen Visionen auf den 5-Spur-Maschinen der Olympic Studios, den 12-Spur-Maschinen des Record Plant Studios und auf den 16-Spur-Tonbandmaschinen und Mischpulten des Electric Ladyland Studios umsetzte. Das erste Dokument dieser fruchtbaren Zusammenarbeit erschien am 16. Dezember 1966. Es war die Single *Hey Joe* mit der B-Seite *Stone Free*, die bei Polydor herauskam und am 4. Februar den 4. Platz der englischen Charts belegte.

Daß die Single so schnell die Charts erklomm, lag an Chas Chandlers massiver und geschickter Promotion, die ihn so viel Geld kostete, daß er sogar seine Baßgitarren verkaufen mußte. Darüber hinaus war er eine Unmenge von Konzertverpflichtungen eingegangen, die die JHE in Clubs wie das Speakeasy, das Marquee, den 7 1/2 Club, den Cromwellian Club, den Blaises Club oder den Bag O'Nalis Club führte. Überall begeisterten sie das Publikum und die sehr oft anwesende Musikerprominenz: Mick Jagger, Eric Clapton, Pete Townshend, Jeff Beck und viele andere gleichermaßen. »Ich werde nie den Tag vergessen«, erinnerte sich Peter Townshend, »als ich ihn zum erstenmal gesehen habe. Es war 1967 in London. Sein Manager Chas Chandler hatte ihn für einige der heißesten Clubs in der Stadt gebucht. Ich hatte nicht viel von ihm gehört, außer, daß seine Bühnenshow angeblich ganz schön wild sein sollte. Am Tag seiner ersten Show rief mich Eric Clapton an und schlug vor, wir sollten das mal überprüfen. Es war so etwas, wie ein Auge auf die Konkurrenz zu haben. Wir kamen zu dem Konzert etwas zu spät, weil ich im Studio festgehalten worden war, und gerade als wir eintrafen, kam Jeff Beck aus dem Club. Ich fragte Jeff: ›Was ist mit dir los, Kumpel? Ist er so schlecht?‹ Beck konnte nur noch seine Augen nach oben verdrehen und sagen: ›Nein, Pete, er ist so gut!‹ Als Eric und ich seinen Auftritt sahen, da wußten wir, was Jeff gemeint hatte. Er machte einfach alles – Blues, Rock und Sachen, die ich immer noch nicht benennen kann. Er spielte seine Gitarre mit den Zähnen, hinter dem Rücken und auf dem Boden. Es war unglaublich. Es wird nie wieder jemanden wie ihn geben.« Für ein Konzert im Bag O'Nalis hatte Chandler alle wichtigen Leute aus der Musikbranche eingeladen, um die Einmaligkeit von Jimi Hendrix zu beweisen. Bei diesem Konzert war auch ein Mann anwesend, der für Jimi sehr wichtig werden sollte: Roger Mayer. Er war so begeistert von Jimis expressivem Gitarrenspiel und den Klängen, die er aus seiner Stratocaster holte, daß er zu Jimi in die Garderobe ging und sich als der Mann vorstellte, der bereits für Jeff Beck und Jimmy Page Effektgeräte gebaut hatte. Als Jimi das hörte, war er Feuer und Flamme. Bereits eine Woche später trafen sie sich vor einem Konzert, damit Jimi ein paar Effekt- und Octaviageräte ausprobieren konnte. Er war hingerissen – endlich konnte er einen Teil der Klänge und Sounds produzieren, die er im Kopf hatte. Roger Mayer wurde seine rechte Hand in bezug auf Effektgeräte. Er ersetzte die elektronischen Bauteile in den Vox- bzw. Cry-Baby-Wah-Wah-Pedalen durch bessere Transistoren und Filter, arretierte und fixierte den Tremoloblock und die Saitenlage seiner Standard-Stratocaster-Gitarren optimal und baute eine Unmenge sich in Kleinigkeiten unterscheidender Fuzzboxen und Octavia-Pedale. Durch Roger Mayer wissen wir heute, daß Jimi auf der Bühne nur das Wah-Wah-Pedal und das Arbiter-Fuzz-Pace ständig benutzte. Roger Mayers eigene Fuzzboxen und den Rotationssimulator Univibe benutzte Jimi dagegen laut Roger Mayer live nicht oft. Dafür kamen sie um so mehr im Studio zum Einsatz, wo er auch eine Tape Delay und einen Shadow Box Phaser benutzte.

In diesem Zusammenhang muß betont werden, daß es Jimi wie kein zweiter verstand, diese Effektgeräte in sein Gitarrenspiel zu integrieren. Außerdem war er in der Lage, die Qualitäten der jeweiligen Effektgeräte durch sein Gitarrenspiel optimal zum Tragen zu bringen. Auch Roger Mayer rühmte später Hendrix' Genialität, die Effektgeräte als Mittel zur Erreichung der Sounds einzusetzen, die ihm vorschwebten. Aus diesem Grund wirkte der Einsatz von Effektgeräten bei ihm nie ziellos, maniriert oder aufgesetzt. Effektgeräte wurden unter seinen Füßen zu Erfüllungsgehilfen seiner musikalischen Visionen, seiner Träume von überirdischen Klängen. Darüber hinaus benutzte er z.B. das Wah-Wah-Pedal, das immer am Anfang seiner Effektgeräte-Kette stand, in mehreren Funktionen, wie der Lautstärke-und Klangregulierung sowie zur endgültigen Feedbackkontrolle. Die Homogenität, mit der er die tonverändernden Effektgeräte in seinem Spiel verschmolz, war so grandios, daß es dem Hörer meistens gar nicht auffiel, welches Effektgerät gerade in Betrieb war. Selbst Gitarristen wie Mike Bloomfield beschrieben die Sounds, die Jimi hervorbrachte, mit vergleichbaren Klängen und Geräuschen aus unserer technisierten Umwelt. Jimi erzeugte Klangbilder, die mit nichts zu vergleichen sind. Dafür setzte er alle Möglichkeiten ein, die seine Gitarre hergab. So benutzte er z.B. den Tremolo-Arm wie nie jemand davor oder danach. Bis zu dem Moment, der Jimi zeigte, daß man mit dem Tremolo-Arm Feedbacks unter Kontrolle halten und die Tonhöhe einer angeschlagenen Saite um drei Tonstufen variieren kann, bis zu diesem Zeitpunkt besaß die Tremolo-Mechanik den anrüchigen Ruf, nur von solchen Gitarristen benutzt zu werden, die kein Handvibrato entwickelt haben. Hendrix besaß beides und setzte es optimal ein.

Doch Jimi wußte auch, daß man ein noch so guter Musiker sein konnte – wenn man sein Publikum nicht mit einer visuellen Show zu fesseln vermochte, dann schrumpften die Chancen, seine musikalischen Visionen in die Welt zu tragen, zwangsläufig zusammen. So tat Jimi alles, um das Interesse des Publikums zu fesseln, hüllte sich in Kleidungsstücke, auf denen Farbenexplosionen stattgefunden hatten, trug federgespickte Hüte, spielte die Gitarre in allen erdenklichen Positionen, rieb seine Gitarre an seinen Verstärkern, führte sinnliche Bewegungen auf und erreichte letztlich eine Fusion der visuellen Performance mit der musikalischen Performance. Der Erfolg war duchschlagend. Überall riß er das Publikum zu wahren Begeisterungsstürmen hin. Ob im Vorprogramm der New Animals, zusammen mit The Who im Saville Theatre (am 29. 1. 1967) oder auf dem europäischen Kontinent, wo sie am 4. März 1967 eine Tournee starteten.

Bei einer der ersten Konzerte in der Bundesrepublik wurde Jimi von einigen seiner Fans von der Bühne gezogen. Bevor er die Bühne wieder erklomm, warf er die Gitarre über den Bühnenrand, wobei sie am Hals anbrach. Als Jimi sie aufhob, merkte er es, wurde wütend und zerschlug sie. Das deutsche Publikum jubelte, und Jimi war begeistert von den Tönen, die er damit erreichte. Es sollte nicht die einzige Gitarre bleiben, die Jimi zerschlug. Bezüglich dieser Auto-Destructions-Performance sollte er noch an einer anderen Sache Spaß finden. Am 31. März 1967 fand das erste Konzert einer Package-Tournee der JHE mit Engelbert Humperdinck und den Walker Brothers statt. Da mittlerweile Jimis neuer Song *Fire* zum Repertoire gehörte, brachte der Popkomponist Keith Altham, laut Chandler, Jimi auf die Idee, die Gitarre bei diesem Titel anzuzünden. Jimi ließ Feuerzeugbenzin besorgen und steckte noch am gleichen Abend seine Gitarre in Brand. Das Publikum war begeistert, John Walker von den Walker Brothers allerdings weniger. Er vertrat die Meinung, das ginge zu weit und Jimi solle auf der Bühne etwas kürzer treten. Dennoch wurde die Tournee ein voller Erfolg, und Chandler konnte das erste satte finanzielle Plus verzeichnen.

Von nun an ging es unaufhaltsam aufwärts. Konzerte über Konzerte und drei Fernsehauftritte: einen in der The Simon Dee Show und zwei in Top of the pops. In den Charts wurde *Hey Joe* durch Jimis zweite Single *Purple Haze* abgelöst, die in kürzester Frist auf Rang 3 notiert wurde. Mitte Mai 1967 erschien die dritte Single der JHE, *The Wind Cries Mary*, und das erste Album *Are You Experienced*. Dieses Album hat auch heute, rund zwei Jahrzehnte nach seinem Erscheinen, nichts von seiner Faszination und seiner revolutionären Frische verloren. Von den psychedelischen Klangcollagen von *Are You Experienced* und *Third Stone From The Sun* über die harten, mit sexuellen Zweideutigkeiten gespickten Riff-Rocker *Foxy Lady* und *Fire* zu den Bluesklängen von *Red House* und den sanften Balladenklängen von *May This Be Love* bewies dieses Album schlagend die Genialität des Gitarristen, Arrangeurs, Texters, Komponisten und Sängers Jimi Hendrix. Erstaunlich war vor allem, welchen Nuancenreichtum Jimi seiner Stimme abgewinnen konnte, zu der er noch zu seinen Jimmy-James-Zeiten so wenig Zutrauen hatte. Die unterschiedlichsten Gitarrensounds, die die einzelnen Titel dieses Albums auszeichneten, revolutionierten die Wertigkeit der Gitarre.

Dieses Album erschien in England – wie bereits alle Singles nach *Hey Joe* – auf Kit Lamberts Track Label. Während auch die folgenden Platten der JHE in England auf dem Track Label veröffentlicht wurden, erschien die LP in Amerika bei Reprise, dem Unterlabel von Warner Brothers. Am 21. Mai 1967 hatte Mike Jeffery nämlich einen Fünf-Jahres-Vertrag mit Reprise abgeschlossen, der sich in den Dimensionen von einer Million Dollar bewegte und einen Vorschuß von 150.000 Dollar beinhaltete, von dem Jimis Band allerdings nicht viel zu sehen bekam. Dieser Vertrag war insofern wichtig, als Jeffery unbedingt die LP *Are You Experienced* in den Plattenläden haben wollte, wenn Jimis Auftritt beim Monterey Pop Festival eingeschlagen war.

Auf Empfehlung von Paul McCartney und dem Rolling-Stones-Manager Andrew Oldham hatten die Veranstalter vom Monterey Pop Festival die JHE für den letztenTag ihres Festivals gebucht. Zusammen mit Jimis Freund Brian Jones, der es sich nicht nehmen lassen wollte, die JHE in Monterey anzusagen, flog die Band nach New York. An den ersten beiden Tagen des Festivals war sie nur als Zuschauer anwesend. Am dritten Tag, dem 18. Juni, war es dann soweit: Die JHE spielt ein furioses, fünfunddreißig Minuten dauerndes Set, an dessen Ende Jimi zum letztenmal in seiner Karriere die Gitarre in Brand steckte. Als die letzten Geräusche seiner zerschlagenen Gitarre verstummten, war die Welt nicht mehr so wie vorher. Es dauerte eine halbe Stunde, bis sich das Publikum wieder beruhigt hatte, aber Jeffery hatte laut Chandler »nichts Besseres zu tun, als der

Gruppe Vorhaltungen darüber zu machen, daß sie einen Mikrophonständer für 150 Dollar kaputtgemacht hatte«.

Doch in bezug auf das, was Jeffery unter Management verstand, sollte es noch schlimmer kommen. Nachdem die JHE ein durch Billy Graham vermitteltes Engagement im Fillmore so erfolgreich abgeschlossen hatte, daß Graham jedem Musiker zweitausend Dollar schenkte, verpflichtete Jeffery die Band für eine Amerika-Tournee im Vorprogramm der Teenie-Band Monkees. Schon nach wenigen Konzerten der am 8. Juli in Florida gestarteten Tour zeichnete sich ab, daß sie aufgrund des Teeniepublikums zum Desaster werden würde. Um das Schlimmste noch abzuwenden, sprach Chas Chandler mit dem Promoter der Tour, Dirk Clark, über die Möglichkeit, aus dem Vertrag entlassen zu werden. Die Möglichkeit bestand, und so ließ man eine Alibi-Geschichte verbreiten, der zufolge die Doughters of the American Revolution die Auftritte der JHE wegen Obszönität hatten verbieten lassen.

Doch laut Chandler war Jeffery noch eine Unmenge anderer Konzertverpflichtungen für die JHE in Europa eingegangen. Ehe es jedoch so weit war, absolvierte man etliche Konzerte in Amerika, wo Jimi alte Bekannte wiedertraf. Dazu gehörte auch Curtis Knight, mit dem er zu einer spontanen Jam in ein Studio ging. Die Aufnahmen, die während dieser Session, bei der Ray Lucas den Baß bediente, entstanden, wurden von Curtis Knight auf diversen LPs veröffentlicht, von denen *Get That Feeling* noch 1967 erschien. Wenn Curtis Knight heute leugnet, daß Jimi über die Veröffentlichung dieser Aufnahmen wenig erfreut war, so verdreht er damit offensichtlich die Tatsachen. Jimi bezeichnete das Material, das auf dieser Platte zu finden war, gegenüber dem »Rolling Stone« als kleine Konfettischnipsel der Jam-Sessions, doch durch den unseligen Ed-Chalpin-Vertrag konnte Curtis Knight alles auch unter dem verkaufsfördernden Namen Hendrix verkaufen. Genau das war bei dieser LP der Fall. Ein Foto vom Monterey Pop Festival und der übergroße Name Jimi Hendrix auf dem Cover der Platte suggerierten den Käufern, ein besseres Hendrix-Produkt zu erwerben. Statt dessen erhielten sie tontechnisch mangelhafte Aufnahmen aus den Jahren 1965, 1966 und 1967. Doch daß diese Strategie die richtige zum Plattenverkauf war, zeigt die Tatsache, daß annähernd 100 000 Exemplare in kurzer Zeit verkauft wurden. Noch wichtiger war für Jimi aber die erneute Begegnung mit Devon Wilson, die nun zu einer tiefen, innigen Liebesbeziehung führte, die er musikalisch in Form des Titels *Little Wing* ausdrückte. Diese wunderschöne Liebesballade findet sich auf dem Geniestreich-Album Axis: *Bold As Love*, das zwischen Juni und Oktober 1967 aufgenommen wurde.

Nach diesem Zeitabschnitt, in dem Jimi außergewöhnlich viel Acid konsumierte, brach die Band zu der durch Jefferys Konzertzusagen entstandenen Großbritannien-Tournee auf, die einundfünfzig Konzerttermine in achtzig Tagen umfaßte und Abstecher nach Frankreich, Holland, Dänemark und Schweden einschloß. Welche mörderischen Strapazen diese Tournee nach einer für Hendrix eh schon turbulenten Zeit mit sich brachte, zeigt die Tatsache, daß Jimi am Ende der Tour im schwedischen Gotheburg einen klassischen Tourneekoller bekam. Er betrank sich besinnungslos, zerschlug infolge eines totalen Blackouts die gesamte Einrichtung seines Zimmers im Opelan Hotel und wurde schließlich von der Polizei abgeführt. Die Nacht vom 4. zum 5. Januar 1968 verbrachte Jimi in einem Gefängnis. Nur drei Tage nachdem Jimi von der Leserschaft des »Melody Maker« und von »Disc and Music Echo« zum Musiker Nummer 1 gewählt worden war, hatte die Presse ihre Schlagzeilen. Wahrscheinlich war Jimis Management gar nicht so unglücklich über diese kostenlose Publicity, denn sie stärkte ja Jimis verkaufsförderndes Rebellen-Image. Eines machte das Management ganz gewiß nicht: Es zog aus diesen ersten Anzeichen einer durch Tourneestreß, Superstar-Dasein und dem daraus resultierenden übermäßigen Drogengenuß verursachten seelischen und physischen Krise nicht die nötigen Konsequenzen. Statt dessen schickte es seinen »Schützling« im Februar 1968 erst einmal auf eine dreimonatige Amerika-Tournee. Die JHE wurde als Top-Act herausgestellt, außerdem waren die ebenfalls unter Jefferys Management stehenden Gruppen Soft Machine, Eric Burdon and the New Animals, Alan Price Set und Eire Apparent mit von der Partie.

Im Zusammenhang mit Eire Apparent sollte nicht unerwähnt bleiben, daß Jimi deren erste und einzige LP *Sunrise* produziert hat. Diese LP, die teilweise mit sehr schönen Momenten aufwarten kann, entstand, wie der Eire-Apparent-Gitarrist Michael Cox später erzählte, auch unter Mitwirkung des Gitarristen Jimi Hendrix: »Auf dem gesamten Album sind Sachen und gefüllte musikalische Lücken, die von ihm stammen, wo er mehr oder weniger versucht, mehr nach mir als nach ihm selbst zu klingen. Damit wollte er erreichen, daß die Leute nicht sagen, daß Hendrix auf unserer gesamten LP mitspielt. Er versuchte, meinen Stil zu kopieren und ein klein bißchen besser zu spielen, um mich gut klingen zu lassen.«

Rechtzeitig zum Beginn der Tournee wurde die neue LP *Axis: Bold As Love* und der Promofilm *The Experience* veröffentlicht – *Are You Experienced* war erst drei Monate nach dem Monterey Pop Festival erschienen. *Axis: Bold As Love* mit seiner unfaßbar grandiosen und homogenen Mischung aus Jazz, Rock, Rock'n'Roll, Blues, Psychedelic- und Funk-Elementen gehört auch heute noch zu den schönsten Alben, die die Rockgeschichte hervorgebracht hat. Laut Chandler war er es, der Jimi durch das Buch »Earth Abides«, das er Jimi aus seiner reichhaltigen Sciencefiction-Bibliothek geliehen hatte, zum Fan dieser Literatur machte. Das schlug sich in vielen Texten und ganz besonders in dem Opener der LP, *EXP*, nieder. Von diesem Titel bis zum letzten Stück der LP, dem Titelstück, entrollte Jimi einen musikalischen Teppich, der kaum eindrucksvoller hätte ausfallen können: Kreativität, Ideenreichtum und pure Phantasie quollen aus diesem Album in einem schier unglaublichen Maße. Alles, vom Nuancenreichtum von Hendrix' Gesang und seinem effektvollen Gitarrenspiel bis zu dem ungemein charismatischen jazzigen Schlagzeugspiel von Mitch Mitchell, formte ein Album von unbeschreiblicher Schönheit.

Der Erfolg des Albums *Axis: Bold As Love*, das innerhalb von zwei Wochen in die Top Twenty kam, hatte für die JHE einen ganz üblen Nebeneffekt. Der Roadie von Jimis Vorgruppe Soft Machine beschrieb den Tourneeverlauf wie folgt: »Die Promoter in ganz Amerika rissen sich um die Jimi Hendrix Experience. Was als lockere und vergleichsweise gemütliche Tournee begann, artete schließlich dahin aus, daß jeder ursprünglich freie Tag mit Konzerten in obskuren Nestern vollgestopft wurde. Ein Teil der Tournee, die mir immer in Erinnerung bleiben wird, lief folgendermaßen ab: Philadelphia – über Nacht nach Columbus – über Nacht nach Detroit – nach Toronto – zurück nach Detroit und über Nacht nach Chicago für eine Nachmittags-Vorstellung! Man schaue sich das mal auf der Landkarte an!« Tatsächlich hetzte das Management die Tourneetruppe, vertreten durch den Roadmanager Gerry Stickells, von Konzert zu Konzert. Wie Jimi diese extremen Belastungen ausgehalten hat, darüber kann man nur staunen.

Allerdings vertiefte der fortwährende Tourneestreß die Risse, die sich in den Beziehungen der einzelnen JHE-Mitglieder zueinander abzeichneten. Noel Redding war frustriert, weil Hendrix seine Komposition vom *Axis: Bold As Love*-Album *She's So Fine* live nicht spielen wollte, so daß er ebenso wie Mitch Mitchell daran dachte, eine eigene Band zu gründen. Doch auch Jimi verlor mit der Zeit seinen Spaß am JHE-Konzept. Nach der strapaziösen Tournee, die ihn u.a. nach Seattle geführt hatte, wo er seinen Vater nach sieben Jahren zum erstenmal wiedersah, entdeckte er den New Yorker Scene Club für sich, in dem in der nun folgenden Zeit unzählige spontane Jamsessions stattfanden. Jams mit Johnny Winter, Rick Derringer, Stevie Winwood, seinem alten Freund Buddy Miles, Mick Taylor, Jim Morrison, Larry Coryell, der Jeff Beck Group und seinem alten englischen Jam-Partner Eric Clapton befriedigten seinen unruhigen, nach musikalischen Anregungen dürstenden Geist. Meistens kam er um Mitternacht in den Scene Club und wurde gegen fünf Uhr von Steve Paul, dem der Club gehörte, zum Gehen aufgefordert. Häufig zog Jimi dann mit seinen Jampartnern in das in der Nähe gelegene Record Plant Studio, das er gegen den Widerstand des Managements oft für einige Tage rund um die Uhr buchte, und jammte dort mit ihnen weiter.

Auf diese Art und Weise entstand auch der Titel *Voodoo Chile*, der auf dem Doppelalbum *Electric Ladyland* zu finden ist, dessen hauptsächliche Aufnahmesessions im Sommer 1968 begonnen hatten. Larry Coryell schilderte seine Eindrücke von Jimi bei diesen Aufnahmen: »Ich sah ihn bei einigen Sessions für das Album *Electric Ladyland*. Im Studio war er ein höllisch guter Mann – und das, obwohl er all uns Groupies hinnehmen mußte, all die Kids von Village saßen im Studio herum. Ihn umgab eine christusähnliche Aura. Er war mehr als ein Gitarrist, er war eine Persönlichkeit. Er hatte die Art von Charisma, die ich mir bei Charlie Parker vorstellen könnte. Ich habe Geschichten über Charlie Parker gehört, in denen er den Raum betrat und sich die gesamte Atmosphäre änderte, und genau das war bei Jimi der Fall. Er war gütig und großzügig sowie aufrichtig und demütig, was seinen Erfolg anging.«

Doch zurück zu *Electric Ladyland*. Jimi erzählte in einem Interview aus dem Jahr 1969, daß er für die Aufnahme nur sechzehn Tage Zeit hatte, was nicht stimmen kann, aber seine Unzufriedenheit über die zeitlichen, durch Geld diktierten Kompromisse ausdrückt, die sein Werk nicht so werden ließen, wie er es haben wollte. Tatsächlich legte Jimi während der Arbeiten an *Electric Ladyland* einen ungeheuerlichen Perfektionismus an den Tag, der zeitraubend war und mit noch zeitraubenderen Phasen von Selbstzweifeln einherging.

Noel Redding haßte es, so zu arbeiten, so daß Jimi immer öfters seine Baßparts übernahm. Deshalb verließ er schließlich während der Nachbearbeitungs-Sessions von *All Along The Watchtower* (eine 5-Spur-Originalaufnahme war bereits 1967 in den Olympic Studios aufgenommen worden) das Studio. Er wollte seine eigenen Songs bringen und keinen Baß mehr spielen. Doch auch Mitch Mitchell hatte einen Grund, wütend zu werden. Unter den vielen Studiogästen während der *Electric-Ladyland*-Sessions befand sich immer öfters Buddy Miles, der Mitch Mitchell häufig ersetzte. Angesichts dieser Entwicklungen war es keine Frage, daß das Gerücht entstand, die JHE würde sich auflösen. Das passierte erst einmal nicht, obwohl ein anderer, wichtiger Mann das JHE-Unternehmen verließ. Gemeint ist Chas Chandler, der endgültig von all dem Gerangel und den »Bad Vibrations«, die die JHE umwölkten, genug hatte und seinen Anteil am Management für 300 000 Dollar »Cash« an Mike Jeffery verkaufte.

Im Oktober 1968 erschien die Doppel-LP *Electric Lady-Land*, die ihren Rang als eines der genialsten Werke der Rockgeschichte auch in den kommenden Generationen nicht einbüßen wird. Ihr Cover jedoch, das auf Vorder- und Rückseite insgesamt neunzehn nackte Frauen zeigt, löste in Großbritannien einen Skandal aus. In den USA war das Album schon einen Monat früher in einem unverfänglichen Cover herausgekommen, auf dem Hendrix abgebildet war.

Als das Album am 2. November 1968 auf Platz 1 der LP-Charts stand, spitzte sich die interne Krise in der JHE immer weiter zu. Es hieß, die Band löse sich auf, doch tatsächlich einigte man sich darauf, daß sowohl Mitch Mitchell als auch Noel Redding ihre eigenen Gruppen gründeten, die als Vorgruppen der JHE aktiv werden sollten. Mitch Mitchell begrub seine Bandidee wieder, während Noel Redding das Trio Fat Mattress gründete und mit seinen neuen Musikern den ganzen Dezember hindurch probte.

Am 4. Januar 1969 trat die JHE dann in der populären

Fernsehsendung Lulu Show auf, in der sie *Voodoo Chile, Hey Joe* und *Sunshine Of Your Love(!)* live spielte. Nach diesem Auftritt folgten zwei Tage, die mit Interview-Terminen vollgestopft waren, und dann ging die JHE auf eine sechzehn Tage dauernde Tournee mit insgesamt neunzehn Auftritten. Für den leider nie erschienenen Konzertfilm »Experience« wurde die gesamte Tournee gefilmt. Statt des Filmes wurden aber sinnigerweise zwei sich von den Titeln her überschneidende Soundtrack-Alben veröffentlicht, die Aufnahmen von den letzten beiden Konzerten der Tournee am 24. Februar 1969 in der Royal Albert Hall enthalten. Diese Alben verdeutlichen, was der als Gast bei diesen Konzerten anwesende Chas Chandler später so beschrieb: »Es war nicht die JHE, die ich kannte, die da spielte. Es war, als wenn drei Individuen für sich spielten.«

Tatsächlich hatte der konzertfreie Dezembermonat 1968, in dem sich Mitch und Noel in England und Jimi in Amerika aufgehalten haten, nicht dazu beigetragen, das Bandklima zu verbessern. Ganz im Gegenteil: Durch die äußeren Umstände, die von Streß und Verpflichtungsdruck bestimmt waren, griffen die einzelnen Mitglieder immer unbotmäßiger zu den unterschiedlichsten Drogen, was sie immer mehr voneinander entfremdete. Noel Redding, der während seines ersten Auftritts mit Fat Mattress (als Vorgruppe der JHE) in der Royal Albert Hall betrunken von der Bühne gefallen war, erzählte später, daß er in dieser Zeit literweise Alkoholisches kippte, außerdem Acid und PCP konsumierte und sich mit reichlich Mandrax in den Schlaf »wiegte«. Mit dem Drogenkonsum der anderen sah es nicht viel besser aus. Mit irgend etwas – und in diesem Zusammenhang spielten auch Groupies eine wichtige Rolle –

mußte man ja die deprimierenden Realitäten des Lebens »on the Road« verdrängen.

Doch die mit der Zeit immer stärker werdenden musikalischen und zwischenmenschlichen Differenzen konnten auch mit Auftrittsgagen von 110 000 Dollar nicht aus der Welt geschafft werden. So hoch war z.B. die Gage für ein Wiederholungskonzert im Torontoer Maple Leaf Garden, das Mike Jeffery auf einen der freien Tage der am 11. April begonnenen Amerikatournee gelegt hatte. Dieses Konzert sollte für Jimi verhängnisvolle Folgen haben, denn als er am 3. Mai 1969, am Tag des Konzertes, den Torontoer Flughafenzoll passierte, fand man in seinem Reisegepäck eine Flasche mit einigen Beutelchen Haschisch und Heroin. Jimi war total perplex, bekräftigte, daß es ihm jemand zugesteckt haben mußte, wanderte aber schließlich ins Gefängnis. Später erzählten einige von Jimis Bekannten, er hätte ihnen gegenüber erwähnt, er habe den Verdacht, daß ihn Mike Jeffery in eine Falle gelockt hätte. Tatsächlich geschah dieser Vorfall zu einem Zeitpunkt, als Jimi sich aus den Klauen des Jefferyschen Management-Vertrags lösen wollte und eine ganze Menge anderer Manager angesprochen hatte (u.a. Chas Chandler). Gegen 100 000 Dollar Kaution wurde Jimi am gleichen Tag freigelassen, damit das angekündigte Konzert vor 12 000 Zuschauern stattfinden konnte. Bis zum 19. Juni hing über Jimi das Damoklesschwert der Frage, ob er für Jahre ins Gefängnis mußte. Dann fand die Gerichtsverhandlung statt, und Jimi wurde freigesprochen.

Bereits einen Tag später trat die JHE beim Newport Jazz Festival für die Gage von 125 000 Dollar auf. Während des Konzerts brachen Auseinandersetzungen zwischen der Polizei und einem Teil des Publikums aus, für die sich Jimi irgendwie schuldig fühlte. Deshalb bot er dem Publikum am nächsten Tag eine fünfundvierzig Minuten lange Jam mit Buddy Miles. Seine Freundschaft zu Buddy Miles hatte sich in den letzten Monaten immer mehr vertieft. Durch Buddy Miles hatte Jimi auch zunehmend Kontakt mit Leuten der Black-Panther-Bewegung bekommen, die Noel Redding überhaupt nicht lagen. Noel Reddings Verstimmung erhielt bald neue Nahrung. Denn nach einem von Publikumskrawallen begleiteten Konzert der JHE beim Denver Pop Festival am 29. Juni 1969 erfuhr Noel Redding aus der Zeitung, daß Jimi ein vollkommen neues Gruppenkonzept mit zusätzlichen Musikern plane. Die Gegenreaktion der beiden anderen JHE-Mitglieder folgte auf dem Fuß: Am 2. Juli erklärten Mitch und Noel einem Reporter des »Evening Standard« gegenüber, daß sie von Jimis Plänen total überrascht worden seien und die JHE verlassen hätten. Jimi sagte seinerseits, daß er sie schon Monate vorher über seine Bandpläne informiert hätte. Wie dem auch sei, jedenfalls trat Jimi bereits am 3. Juli in Johnny Carsons Tonight Show auf, um zusammen mit seinem alten Armee-Freund Billy Cox und dem Schlagzeuger der Doc Severinsen's Band den neuen Titel *Lover Man* zu spielen. Jimi widmete diesem Titel seinem am Vortag gestorbenen guten Freund Brian Jones.

Für die nächsten sechs Wochen hatte ihm Mike Jeffery eine Konzertpause eingerichtet, so daß sich Jimi um sein neuestes Projekt, die Electric Ladyland Studios, kümmern konnte. Als Mike Jeffery Anfang 1969 die im Record Plant und in anderen Studios angefallenen Buchungszeitkosten bezahlen mußte, hatte er die stolze Summe von annähernd 300 000 Dollar zu begleichen. Da stellte sich natürlich die

Frage, ob man nicht ein eigenes Studio bauen sollte. Jimi war hellauf begeistert, und Devon Wilson unterstützte ihn bei der Durchsetzung dieser Idee. 1968 hatten Jimi und sein Manager den im Herzen von Greenwich Village liegenden Generation Club gekauft. Nun bot es sich natürlich an, dieses Grundstück für den Bau eines Studios zu benutzten. Im Juni war der Kostenvoranschlag fertig, der sich auf 350 000 Dollar belief. Man gab den Startschuß für die Bauarbeiten, die sich jedoch in den folgenden Monaten immer wieder verzögerten, da der Lärm eines nahe gelegenen U-Bahn Tunnels und eines Filmtheaters kostspielige Schallisolierungsarbeiten erforderlich machte. Außerdem erzwang eine überraschend entdeckte Wasserader zusätzliche Investitionen und Zwangspausen auf dem Bau, dessen Gesamtkosten sich schließlich auf über eine Million Dollar beliefen. Als die Electric Ladyland Studios dann am 27. August 1970 offiziell eröffnet wurden, konnte Jimi Hendrix stolz sein, denn er hatte damit das erste von Plattenfirmen unabhängige Aufnahmestudio geschaffen, dessen Räumlichkeiten auf den Künstler und seine Bedürfnisse zugeschnitten waren.

Doch zurück zur Chronologie der Ereignisse. Anfang August 1969 kam das aus altem Material zusammengestellte Album *Smash Hits* in die Charts. Zu diesem Zeitpunkt bereitete sich Jimi Hendrix bereits mit den Perkussionisten Jerry Velez und Jorma Sutan für den Auftritt beim Woodstock-Festival vor. Mike Jeffery hatte mit den Veranstaltern des dreitägigen Woodstock-Festivals eine Gage von 36 000 Dollar ausgehandelt, die höchste, die für einen der beteiligten Musiker gezahlt wurde. Jimi stellte für diesen Auftritt die Gruppe Gypsys, Sun and Rainbows zusammen, die sich aus den oben genannten Perkussionisten, Mitch Mitchell,

Billy Cox und dem zweiten Gitarristen Larry Lee zusammensetzte. Kurz vor dem Auftritt beim Woodstock-Festival entstanden die auf einem Kassettenrecorder mitgeschnittenen Endlos-Jams, die nach Jimis Tod z.B. als 3-LP-Box-Set *The Jimi Hendrix Story* veröffentlicht wurden und nur aus historischer Sicht von Interesse sind.

Am 17. August war es dann soweit: Nach etlichen schlaflosen Nächten, in denen Jimi die neuen Stücke mit der Band eingeübt hatte, ging er auf die Bühne, um mit seiner Band das Woodstock-Festival zu beenden. Jimi spielte entgegen Jefferys Weisung die durch seine lautmalerische Interpretationsweise zum Protestlied umfunktionierte amerikanische Nationalhymne *Star spangled Banner*, die er während der Konzerte in der Royal Albert Hall zum erstenmal gebracht hatte. Seine kakophonische und lärmende Version, die aus dem Titel einen Abgesang auf den American Way of Life macht, wurde durch den Woodstock-Film zu einer Art Hymne der Woodstock-Generation. Leider ist der hochinteressante, manchmal mit Jam-Charakter behaftete Auftritt beim Woodstock-Festival bis heute nur in Form der übel zusammengeschnittenen Titel auf den beiden Woodstock-Alben »dokumentiert«. Das Besondere dieses Auftritts bestand z.B. darin, daß Jimi in einigen Titeln, wie *Red House* oder *Voodoo Chile*, manchmal minutenlang nur mit seinem Rhythmusspiel glänzte, während Larry Lee die Solos spielte. Darüber hinaus gehörten auch zwei nicht von Jimi gesungene Soul-Titel, nämlich *Master Mind* und *Gypsy Woman*, zu dem gut zweistündigen Set.

Daß die Veröffentlichung des gesamten Woodstock-Auftritts bis heute zumindest offiziell unterblieben ist, hätte Jimi aber vielleicht gar nicht so geschmerzt, da er mit dem

Sound des Konzertmitschnitts sehr unzufrieden war. Angesichts der nur unter Jimi Hendrix firmierenden Titel auf den Woodstock-Alben kann man nur zu gut nachvollziehen, weshalb er sich nach dem Anhören der Bänder gewünscht hatte, daß Wally Heider und seine Crew dieses Konzert aufgenommen hätten. Larry Lees Gitarre und die Perkussion waren weit in den Hintergrund gemischt, und alles klang irgendwie schwammig. Jimi hatte sich die Tapes jedoch erst geraume Zeit nach dem Konzert anhören können, da er nach seinem Auftritt aufgrund von totaler Erschöpfung und Übermüdung zusammengebrochen war und drei Tage lang nur geschlafen hatte.

Sein Auftritt war eingeschlagen wie eine Bombe, doch Jeffery war unzufrieden. Jimi Hendrix war der einzige bei ihm unter Vertrag stehende Künstler, der den von ihm gewünschten Erfolg hatte. Jeffery glaubte zu wissen, daß Jimis Publikum es nicht schätzte, wenn Jimi bis auf Mitch von schwarzen Musikern flankiert wurde, wie eben bei Gypsys, Sun and Rainbows. Doch Jimi hatte noch ganz andere Dinge vor. Noch einmal trat die Gruppe Gypsys, Sun and Rainbows im September bei einem von der Radiostation WWRL organisierten Straßenfest in Harlem auf. Dann schien auch dieses Konzept der Vergangenheit anzugehören. Jimi fühlte sich ziellos, ausgelaugt, und zum erstenmal trug er Jeffery auf, einige Konzerte abzusagen.

Als sich Jimi wieder aufgerappelt hatte, kehrte er zu seiner alten Gepflogenheit zurück, abends im Scene Club zu jammen und dann ins Record Plant zu gehen. Dort nahm er zusammen mit Billy Cox und Buddy Miles einige Stücke wie z.B. *Roomful Of Mirrors, Hootchie Cootchie Man* und die späteren Single-Titel *Stepping Stone* und *Izabella* auf. Diese

Single wurde unter dem Gruppennamen Band of Gypsys veröffentlicht, da sich Jimi mittlerweile entschieden hatte, mit Buddy Miles und dem Bassisten Billy Cox das rein schwarze Trio namens Band of Gypsys zu gründen. Ob Jimi damit nur – wie einige Insider wissen wollen – dem Anliegen der Black Panthers nach einer rein schwarzen Formation nachgab, oder ob er – wie Billy Cox meint – zur erdigeren R&B-Musik zurückkehren wollte, kann heute schwerlich definitiv entschieden werden. Vielleicht spielte auch beides eine Rolle.

Jedenfalls wollte Jimi sich musikalisch verändern, und er war deshalb sehr erfreut, als ihn Devon Wilson mit Alan Douglas zusammenbrachte, der in den frühen 60er Jahren eine Menge Jazzplatten produziert hatte. In ihm sah Jimi jemanden, der ihm bei seinen mittlerweile verfahrenen Sessions für seine nächsten LP-Projekte helfen konnte. Alan Douglas nahm das Angebot an, doch da er zur gleichen Zeit mit dem Jazzrockgitarristen John McLaughlin anderem Album *Devotion* arbeitete, wurde sein Arbeitstag schnell zum 24-Stunden-Tag. Am Tag arbeitete er mit John McLaughlin und nachts mit Jimi, der von McLaughlins Stil so fasziniert war, daß er manchmal mehrere Stunden mit ihm durchjammte. Doch nicht nur in dieser Beziehung hatte Douglas interessante Musiker zusammengeführt. Alan Douglas arbeitete für sein eigenes Label Douglas Records auch mit der jungen Band Last Poets. An einem Abend besuchten Buddy Miles und Jimi Alan Douglas während einer Session mit den Last Poets. Spontan entstand mit dem »Poet« Lightnin' Rod der Rap-Titel *Doriella Du Fontaine*, den Douglas in den 80er Jahren auf einer Maxisingle veröffentlichte.

Mittlerweile ging es auf Weihnachten 1969 zu, und Bill Graham bot Jimi an, am letzten Tag des Jahrzehnts ein Konzert im Fillmore East zu geben. Jimi sagte gegen den Widerstand seines Managers zu. Von nun an übte er in einem Proberaum in Greenwich Village zusammen mit seinen Mitstreitern Billy Cox und Buddy Miles bis zu vierzehn Stunden am Tag. Jimi hatte ein Ziel vor Augen: Er wollte der Welt eine neue Gruppe mit dem Namen Band of Gypsys vorführen, die ganz anders als die JHE sein sollte, aber genausogut. Am 31. Dezember 1969 war es dann soweit. Jimi trat mit seiner Band of Gypsys auf, die eine explosive Mischung aus blues- und soulgetränktem Rock in das Fillmore-Auditorium schleuderte. Wenngleich er beim ersten Auftritt noch etwas nervös war und das durch teilweise wildes Showgebaren übertünchte, so wurden doch alle vier Sets (zwei am 31. 12. 1969 und zwei am 1. 1. 1970) ein voller Erfolg.

Nur Jeffery haßte die Band regelrecht. Kurz nach den Fillmore East-Konzerten unterbreitete er Jimi einen Vertrag, der ihn zu ausgedehnten Tourneen mit seinen ehemaligen JHE-Mitstreitern Noel Redding und Mitch Mitchell durch die USA, Europa und Japan verpflichten sollte. Jimi war entsetzt, verließ wortlos den Raum und suchte sein Heil in Drogen.

Das nächste Konzert, das Jimi geben wollte, war Jeffery ein Dorn im Auge: Jimi wollte am 28. Januar 1970 an der im Madison Square Garden stattfindenden Benefiz-Veranstaltung für das Vietnam-Moratorium-Komitee teilnehmen. Doch der Auftritt, an den das Publikum so hohe Hoffnungen geknüpft hatte — schließlich war es der erste Band-of-Gypsys-Auftritt nach den Fillmore Dates — , geriet zu einem

Desaster. Noel Redding, der zusammen mit Mitch Mitchell während der Konzertvorbereitungen im Backstagebereich war, erzählte später, er habe gesehen, daß Mike Jeffery Jimi etwas Acid zum Aufputschen gegeben hatte. Dieses Acid war aber von so schlechter Qualität, daß es Jimi in tiefste Depressionen stürzte. Der Horrortrip hatte natürlich seine Folgen. Nach knapp zwanzig Minuten verließ Jimi die Bühne des Madison Square Gardens.

Nun hatte Mike Jeffery ihn da, wo er ihn haben wollte. Jimi gab bekannt, daß es die Band of Gypsys aufgrund musikalischer Differenzen nicht mehr gebe. Jeffery nutzte die Gunst der Stunde und unterbreitete Jimi erneut seinen alten JHE-Plan. Jimi ließ sich breitschlagen und unterschrieb zusammen mit Noel Redding und Mitch Mitchell den Vertrag, der sie zu den drei besagten Tourneen verpflichtete. Das geschah Ende Januar. Bereits kurze Zeit später gab das neu formierte Trio aufgrund der »fleißigen« Promotionarbeit von Jeffery ein Interview für den »Rolling Stone«, in dem Jimi bekräftigte, daß er wahrscheinlich noch das eine oder andere mit den ehemaligen Band-of-Gypsys-Mitgliedern aufnehmen, sich aber ansonsten ganz auf die neue Experience konzentrieren wolle. Zeitgleich mit der Veröffentlichung dieses Interviews in der »Rolling Stone«-Ausgabe vom 19. März 1970 kam Noel Redding in New York an, um für die Tournee-Proben bereitzustehen. Doch von Devon Wilson mußte er erfahren, daß sich Jimi in der Zwischenzeit eines anderen besonnen hatte und mit Billy Cox übte. Welche Gründe auch immer dafür ausschlaggebend waren, daß Jimi sich so kurzfristig für Billy Cox entschied, darüber kann man nur spekulieren. Tatsache bleibt, daß Jimi bei dem ersten Konzert seiner Amerikatournee am 25. April

1970 im Los Angeles Forum mit Mitch Mitchell und Billy Cox auf der Bühne stand. Auch für die kommenden, hauptsächlich an den Wochenenden stattfindenden Konzerte der Amerikatournee blieb es bei dieser Besetzung, die sich bis zu seinem Tod nicht mehr ändern sollte.

Zwischen den Wochenenden hielt sich Jimi meistens in seinen Electric Ladyland Studios auf, die am 28. August 1970 offiziell eingeweiht wurden und in denen zumindest das Studio A (nach seinem Tod werden auch Studio B und C fertiggestellt) vollständig eingerichtet war. Dort entstanden unter Mitwirkung von Mitch und Billy die Aufnahmen zu der geplanten Doppel-LP *First Rays Of The New Rising Sun*. Wie bei allen anderen Platten war Jimi auch hier mit den Arbeitsbedingungen, die Manager und Plattenfirma ihm zumuteten, total unzufrieden. In einem Interview sagte er beispielsweise über die projektierte LP: »Ich will eine Doppel-LP machen, aber das ist unmöglich. Wegen der Kosten gibt es Riesendifferenzen, keiner will das machen, der Produzent will es nicht, die Firma will es nicht. Mensch, ich würde da jeden Cent reinstecken, wenn ich davon überzeugt wäre ...«

Jimi Hendrix gehört zu den Künstlern, die im Musikgeschäft eine gnadenlose Ausbeutung erfahren haben. Immer wieder warf ihm das Management zu lange Studiozeiten vor, und er mußte mitansehen, wie seine musikalischen Konzepte mit Füßen getreten wurden. Aufgrund der Profitgier seiner Manager und vieler anderer Faktoren sollte es Jimi nicht vergönnt sein, ein Album zu schaffen, das voll und ganz seinen Vorstellungen entsprach. Ständig mußte er Kompromisse eingehen, die es ihm unmöglich machten, mit den Resultaten seiner Arbeit hundertprozentig zufrieden zu sein.

Auch nach seinem Tod ging der respektlose Umgang mit seinen Werken weiter. Jimis Nachlaßverwalter, insbesondere Alan Douglas, ergriffen nicht die Chance, wenigstens das verbliebene Material gemäß Jimis künstlerischem Willen zu veröffentlichen. Statt dessen bestimmten die Gesetze der Profitmaximierung und der kommerziellen Verwertbarkeit den Umgang mit Jimis künstlerischem Nachlaß. Die posthumen Veröffentlichungen haben Jimis Genialität eher zugeschüttet als offengelegt, sie werden seiner Einzigartigkeit nicht gerecht.

Doch zurück zum Frühjahr 1970. Durch Alan Douglas und John McLaughlin hatte Jimi eine Menge Jazz- und Jazzrock-Künstler wie Tony Williams, den Fusion-Gitarristen Larry Coryell, den Organisten Larry Young und den Trompeter Miles Davis kennengelernt und mit ihnen unzählige Jams gehabt, die seine Liebe zu jazzinspirierter Musik noch gesteigert hatten. Als er eines Tages das Album *Sketches of Spain* hörte, das Miles Davis zusammen mit dem Gil-Evans-Orchester aufgenommen hatte, begeisterte er Gil Evans für den Plan, gemeinsam eine Platte zu machen, auf der Jimi den Miles-Davis-Part übernehmen sollte. Doch noch ehe diese Idee in die Tat umgesetzt werden konnte, starb Hendrix.

Im Juni 1970 kam erst einmal ein *Band Of Gypsys* betiteltes Album auf Capitol heraus, das aus Live-Aufnahmen der Fillmore-East-Konzerte der Band of Gypsys zusammengestellt worden war. Die Umstände, die mit der Veröffentlichung dieses Albums zusammenhingen, waren für Jimi sehr unerfreulich. Ed Chalpin hatte sich nämlich 1969 mit dem alten, in Curtis Knights Zeiten von Jimi unterzeichneten Vertrag zurückgemeldet und einen Rechtsstreit mit Reprise

Duane Allman
„Oh, Mann, Musik ist Spaß. Ich mache mir eine gute Zeit.
Ich hatte genug schlechte Zeiten . . ."

Jeff Beck
„Rock – das ist für mich Energie."

Ritchie Blackmore
„Ich habe jeden Verstärker, den ich je hatte, voll aufgedreht,
weil Rock 'n' Roll voraussetzt, laut gespielt zu werden . . ."

J. J. Cale
„Als ich mein ‚After Midnigth' von Eric Clapton in einer Bar im Radio hörte, ging ich raus – und kaufte mir einen Chevrolet..."

John Cipollina
„Sollte ich jemals lediglich Rhythmus spielen, würde man mich garantiert nach fünf Minuten rausschmeißen."

Jimi Hendrix
„Ich kann wirklich nicht so gut Gitarre spielen,
um all die Visionen, die in mir sind, zum Klingen zu bringen."

Paul Kosoff
„Ich versuche mein Bestes, mich selbst zum Ausdruck
zu bringen und gleichzeitig das Publikum anzurühren . . ."

Albert Lee
„Ich fügte dem amerikanischen Country-Rock britisches Feeling hinzu."

Jimmy Page
„Collagen und Gewebe von Sounds mit emotionaler Intensität will ich hauptsächlich erreichen . . ."

Carlos Santana
„Das sind für mich die schönsten Konzerte, wenn das Publikum hochspringt und sich frei fühlt."

Robin Trower
„Hendrix war es, der die Maßstäbe gesetzt hatte . . ."

Link Wray
„Wenn du Musik liebst – egal, was dir in den Weg kommt,
schieb es beiseite . . ."

Mark Knopfler
„Es ist schwer, über den Stil zu sprechen, er resultiert aus einer Menge von Faktoren . . ."

Keith Richards
„Viele von den englischen Punk-Platten klingen wie unsere ersten Aufnahmen . . ."

Pete Townshend
„Ich werde wahrscheinlich nie in der Lage sein, die Leads zu spielen, die ich will . . ."

und Jimis Management vom Zaun gebrochen. Nach langwierigen Verhandlungen konnte man sich schließlich außergerichtlich mit Ed Chalpin einigen. Eine hohe Abfindungssumme und die Veröffentlichung einer Platte gehörten zu dem Agreement, mit dem sich Ed Chalpin zufriedengab. Die LP *Band of Gypsys* wurde dieses vertraglich zugesicherte Album. Aus diesem Grund war das Endprodukt auch nicht imstande, Hendrix zufriedenzustellen. Die in einem grobkörnigen Fotocover steckende LP besaß zahlreiche Schnitte, und der Käufer erfuhr noch nicht einmal, daß die erste Seite mit dem genialen Anti-Kriegs-Lied *Machine Gun* während der zweiten Show am 1. Januar 1970 entstanden war, während die zweite Seite von der ersten Show am gleichen Tag stammt.

Doch zurück zu Jimis Amerika-Tournee, von der besonders zwei Stationen herauszuheben sind, die auch gefilmt wurden. Zum einen trat Jimi am 30. Mai 1970 in der Universitätsstadt Berkley auf, in der blutige Unruhen zwischen Polizei und Studenten ausgebrochen waren. Jimi kühlte die aufgeregten Studenten mit zwei Auftritten ab und zeigte damit, was man mit Musik alles ausrichten kann. Nach seinem Tod erschien der aus Konzertausschnitten zusammengestellte Film »Jimi plays Berkley«. Genau zwei Monate später folgte er dann dem Ruf des Andy Warhol-Schülers Chuck Wein nach Maui/Hawaii, wo er im Rahmen einer Veranstaltung namens The Rainbow Bridge Vibratory Color Sound Experiment auftreten soll. Jimi gab zwei Konzerte, von denen Ausschnitte mit einer Länge von dreißig Minuten in dem Film »Rainbow Bridge« verwendet wurden.

Am 31. August stand der vollkommen überanstrengte Jimi – die Einweihung der Electric-Ladyland Studios lag ihm – auf der Bühne des Isle-of-Wight-Festivals. Mit diesem Konzert begann für Jimi eine strapaziöse Europa-Tournee, die nach Stationen in Schweden, Dänemark und der Bundesrepublik (4. 9. 1970 Super Concert in Berlin und das von chaotischen Umständen begleitete Isle of Fehmarn Festival am 6. 9. 1970) schließlich unvorhergesehen in Rotterdam endete. Dort hatte jemand dem Acid-abstinenten Billy Cox eine starke Dosis LSD in seinen Drink gekippt, wodurch Billy kollabierte. Der Versuch, ihn mit Thorazin wieder auf die Beine zu bekommen, scheiterte. Jimi ließ die letzten beiden Auftritte in Rotterdam absagen und machte sich mit Billy Cox auf den Weg nach London, wo er sich erholen sollte.

Da Jimi in London viele Freunde und Bekannte traf, weiß man heute ziemlich genau, was er in den letzten Wochen seines Lebens unternommen hat. Vielen erzählte er, daß er aus seinem Vertrag mit Mike Jeffery heraus und musikalisch zu ganz neuen Ufern aufbrechen wollte. Im Gespräch mit englischen Musikkritikern erwähnte er auch sein Mixed Media Projekt, das er bereits vor seiner Europa-Tournee unter dem Arbeitstitel Black Gold in Angriff genommen hatte. Das gesamte Material für dieses Projekt, das sich aus Notizen für einen Zeichenfilm, Tonbändern und geschriebenen Texten zusammensetzte, wurde nach Jimis Tod aus seinem Apartment geklaut. Die Täter, denen Mike Jeffery noch Geld schuldete, benutzten dieses Material als Druckmittel. Da Jeffery sich nicht darum kümmerte, blieben die Materialien lange Zeit verschollen. In einem Sonderheft des »Guitar World« über Jimi Hendrix erzählte Alan Douglas, daß ein großer Teil dieser Materialien wieder aufgetaucht sei und er dieses Material aufkaufe. Dieses Sonderheft erschien im

September 1985. Zu diesem Zeitpunkt war Jimi Hendrix genau 15 Jahre tot.

In der Nacht vom 17. zum 18. September fand seine deutsche Freundin Monika Dannemann Jimi in ihrem Apartment in einem komatösen Zustand vor. Sie war, nachdem sie beide bereits mehrere Stunden geschlafen hatten, noch einmal aus dem Haus gegangen, um sich Zigaretten zu holen. Als sie wiederkam, hatte Jimi offensichtlich neun Vesparex-Schlaftabletten genommen, deren normale Dosierung bei einer Tablette liegt. Monika Dannemann rief Eric Burton an, der ihr auftrug, den Notarzt zu benachrichtigen. Zwanzig Minuten später wurde Jimi lebend auf die Bahre in den Notarztwagen geschoben. Wenngleich die Notärzte Jimi mit aufgerichtetem Oberkörper lagerten und er sich übergab, lebte er doch noch, als der Krankenwagen das Hospital erreichte. Um 11.25 Uhr stellte man im St. Mary's Abbot Hospital seinen Tod fest. Die offizielle Todesursache lautete: Erstickt an Erbrochenem.

In bezug auf Jimis Tod gibt es tausend offene Fragen, die den Spekulationen freien Raum ließen. War es ein Unfall? War es Selbstmord? War es Mord? Für jede dieser Theorien gibt es unzählige Anhaltspunkte, die jedoch in diesem Rahmen nicht erschöpfend und differenziert erörtert werden können. Schlüssige Beweise gibt es jedoch für keine dieser Theorien

Als traurige Tatsache bleibt nur eins: Jimi Hendrix ist tot. Als Eric Clapton, der noch im März 1970 bei den Sessions für die erste Stephen-Stills-LP ausgiebig mit Jimi gejammt hatte, von seinem Tod erfuhr, brach er in Tränen aus und schrie: »Wie kann er einfach sterben und mich verlassen?!« Wie konnte er uns einfach verlassen?

Paul Kossoff: Der Ökonomische

Geb.: 14. September 1950 in London/
Großbritannien
Gest.: 19. März 1976 in USA

Zusammen mit Peter Green gehört Paul Kossoff zu den herausragendsten ökonomischen Gitarristen, die England hervorgebracht hat. Trotz seiner enormen Erfolge als prägender Leadgitarrist der Gruppe Free, die den »New Musical Express« dazu bewog, in Paul Kossoff die »talentierteste Neuentdeckung seit Eric Clapton« zu sehen, ist sein Ruhm heute weitgehend geschwunden.

Dies ist um so mehr zu bedauern, wenn man weiß, daß Paul Kossoff in einem Interview nur ein paar Monate vor seinem Tod u.a. sagte: »Clapton steht für alles, was ich selbst sein möchte!« Nach Meinung vieler hatte er das damals – leider auch in Bezug auf Drogen – erreicht, doch gibt es heute bedauerlicherweise wesentlich mehr Menschen und Musikkritiker, die immer wieder, wenn es um gitarristische Höchstleistungen geht, gerade mal ihren ewig strapazierten »Clapton is God«-Eric herbeizitieren, ohne die nicht minder begabten Jünger Claptons, allen voran Paul Kossoff, wenigstens zu erwähnen. So ist mit Free eine der besten magischen Blues-Hard-Rock-Bands langsam aus den Köpfen des rockinteressierten Publikums entschwunden.

Schon im Alter von neun Jahren interessierte sich Paul

Kossoff für die Musik der Shadows, der er am Radio lauschte, was seine Eltern dazu bewog, ihm klassischen Gitarrenunterricht geben zu lassen. Nach sechs Jahren Unterricht hörte er erst einmal auf, Gitarre zu spielen. Er fing wieder an, nachdem er Eric Clapton mit dem Bluesbreakers in einem kleinen Club gesehen hatte, in dem alle ständig »God, God!« schrien, ohne daß er wußte, warum. Kossoff merkte bald, daß seine klassische Gitarrenausbildung bis auf die Gewandtheit auf dem Griffbrett keine Vorteile hatte.

Angeregt durch Clapton tauchte er vollkommen in die Welt des Blues ein, entdeckte nacheinander Peter Green, B.B. King, Freddie King, Otis Redding und Ray Charles für sich und drang immer tiefer in die Materie der »schwarzen« Musik ein. 1966 stieß er dann auf die Gruppe Black Cat Bones, der er sich anschloß, um zusammen mit ihr und anderen solche Bluesgrößen wie Eddie Boyd und Champion Jack Dupree während ihrer Tourneen durch England als Backing Band zu begleiten. Nebenbei hatte Kossoff während der ersten Zeit bei den Black Cat Bones noch seinen alten Job in einem Musikgeschäft beibehalten.

Eines Tages traten Jimi Hendrix und Chas Chandler dort ein. Kossoff: »Als er hereinkam, konnte man alle Verkäufer aus einem Mund ›Oh, mein Gott‹ sagen hören. Da keine Gitarren für Linkshänder besaitet waren, nahm er eine Rechtshänder-Gitarre und besaitete sie mit einem umgekehrten Saitensatz. Dann spielte er eine Menge Akkordmaterial, und die Verkäufer guckten ihn an und konnten es nicht glauben. Er kaufte nichts, aber ihm zuzusehen, ließ mich völlig ausrasten. Ich habe ihn bis zu seinem Tod geliebt. Er war mein Idol und wird es immer bleiben.«

Nachdem Kossoff bald darauf die Jeff Beck Group mit Rod Stewart live erlebte, war für ihn klar, daß er zusammen mit Simon Kirke, dem Schlagzeuger der Black Cat Bones, eine eigene Band gründen wollte, um den den Chicago Blues imitierenden Stil der Black Cat Bones hinter sich zu lassen. So blieb das kurz vor dem Bandsplit als Backing Band für Champion Jack Dupree eingespielte Album *When You Feel The Feeling You Was Feeling* (wobei nur eine Seite in dieser Besetzung ist) das einzige auf Vinyl verewigte Dokument »dieser« Black Cat Bones. — 1969 belebte der ehemalige Bassist der Gruppe diesen Bandnamen noch einmal durch die mit vollkommen neuen Bandmitgliedern eingespielte, im übrigen phantastische LP *Barbed Wired Sandwich* — Interessanterweise sind Peter Greens Einflüsse auf Paul Kossoff nie stärker hervorgetreten als bei dieser Aufnahme-Session, von der übrigens später noch ein unveröffentlichter Titel auf dem Blue-Horizon-Sampler *In our way...* herausgebracht worden ist.

Schon bald nach dem Split der Black Cat Bones, nämlich im April 1968, fand Kossoff in Paul Rodgers, dem Sänger von The Wild Flowers und Brown Sugar, ein weiteres Mitglied für seine zu formierende Band. Den noch fehlenden Bassisten entdeckte Mike Vernon, den Kossoff von der Dupree-Session her kannte, in Gestalt von Andy Fraser. Fraser, der mit seinen fünfzehn Jahren der Jüngste unter den Jungen war, hatte gerade ein zweimonatiges Intermezzo bei John Mayall hinter sich. Durch die Hilfe des allgegenwärtigen Alexis Korner hatte die Band schon bald ihren ersten Auftritt im Nags Head, Battersea, wo Alexis Korner seinen Geburtstag feierte. An diesem Abend nannten sie sich zum erstenmal Free. Alexis Korner hatte diesen Namen in Anlehnung an eine ehemalige Band mit Graham Bond und Ginger Baker namens Free at Last vorgeschlagen.

Danach ging es erst einmal auf Tournee quer durch Englands Clubszene. Im Sommer 1968 bot Chris Blackwells Island-Label der Gruppe aufgrund der steigenden Popularität einen Plattenvertrag an. Chris Blackwell und Guy Stevens, der später das erste Album produzieren sollte, bestanden aber darauf, den ihnen nicht kommerziell genug erscheinenden Namen Free zugunsten des von ihnen vorgeschlagenen Namens Heavy Metal Kids fallenzulassen, was die Band jedoch trotz der Gefahr, den ihnen unterbreiteten Plattenvertrag zu verlieren, Gott sei Dank standhaft ablehnte. Zuerst sah es tatsächlich so aus, als sei alles geplatzt, doch noch an demselben Abend rief Chris Blackwell an und nahm sie als Free unter Vertrag. Zunächst auf sechs Monate befristet, wurde der Vertrag schon bald nach Erscheinen des erfolgreichen Debüt-Albums *Tons Of Sobs* verlängert.

Schon das erste Album bietet die für Free typische Mischung aus mystischem Bluesrock und der drohenden Kraft urwüchsigsten Rock'n'Rolls. Simon Kirkes schleppendes Schlagzeugspiel sowie Andy Frasers machtvolles Baßspiel erzeugen zusammen mit Paul Rodgers dynamisch rauhem, ausdrucksstarkem Gesang und der vibrierenden Urgewalt von Kossoffs Gitarre eine Atmosphäre, der man sich als Zuhörer nur schwer entziehen kann. Besonders in Songs wie *I'm A Mover*, der eigenständigen Cover-Version des Booker T. and the MG's-Hits *The Hunter* sowie dem achtminütigen Blues *Goin Down Slow*, auf dem Kossoff alle Facetten seines immensen Könnens funkeln läßt, spürt man eine Eigenständigkeit im musikalischen Ausdruck, die alle seinerzeit von der Musikpresse geäußerten Vergleiche mit Gruppen wie Cream, Rolling Stones und vielen anderen ad absurdum führt. Man muß dieses Album schlicht als eine der zehn gelungensten Platten bezeichnen, die der eruptive Blues-Boom in England entstehen ließ.

Im Juli 1969 nahm die Band das Angebot, Blind Faith während ihrer USA-Tournee als Vorgruppe zu begleiten, dankend an. Als die Mitglieder am Kennedy Airport ankamen, wurden sie erstmals wie große Stars behandelt: Übereifrige Zöllner rissen ihre Kleidung in Fetzen, bearbeiteten ihre Koffer einzeln und drückten zu guter Letzt noch die Zahnpastatuben aus. Doch das Schlimmste stand ihnen noch bevor. Lassen wir Andy Fraser zu Wort kommen: »Unser erster Auftritt war in den Madison Square Gardens. Kaum vorstellbar, nachdem man nur in kleinen Clubs aufgetreten war! Es war durchaus ein Ereignis, aber nach einer Weile kamen wir damit zurecht, und es härtete uns für später ab.«

Eines Tages kam plötzlich Eric Clapton nach einem Auftritt von Free auf Paul Kossoff zu und wollte unbedingt wissen, wie Kossoff sein typisches, ganz spezielles und nicht nachahmbares Fingervibrato zustande brächte. Kossoff konnte nur noch »Oh, du machst Witze« antworten, da er allein durch das Studium von Claptons Vibrato in der Lage gewesen war, sein eigenes Vibrato zu entwickeln.

Nach diesem erfolgreich gemeisterten Engagement ging es wieder zurück nach England, wo sie den Ruhm einer phantastischen Live-Band durch zahlreiche Tourneen weiter vergrößerten.

In dieser Zeit erschien auch das zweite Album, schlicht *Free* betitelt, das bis heute nichts von seinem unverwechselbaren Reiz verloren hat. Das ist vor allem in der dunklen, dröhnenden Aura begründet, die die fantastischen, von Andy Fraser und Paul Rodgers gezimmerten Songs verströmen. Erstaunlich sind auf den ersten Eindruck vor allem die scheinbar so gar nicht recht in das harte Bluesrockfundament passenden, stillen folkloristischen Songs wie *Living In The Sunshine, Mouthful Of Grass* und das melodisch melancholische *Mourning Sad Morning*, die aber gerade beim mehrfachen Hören die härtesten Bluesrock-Songs anders und intensiver wahrnehmen lassen. Kossoffs Gitarrenspiel zu beschreiben ist nahezu unmöglich, da es unbeschreiblich intensiv und verzaubernd ist. Die emotionale Kraft eines extrem sparsamen Einzelnotenspiels wird bei Kossoff so meisterhaft zelebriert, daß es einem die Sprache verschlägt.

Man nehme nur Kossoffs Gitarrenspiel bei Songs wie *Songs Of Yesterday, Broad Daylight* und *Free Me*, und man hat Musterbeispiele für die Vielfalt eines ungemein aufregenden, ökonomischen Gitarrenspiels. In der »Illustrated History of Rock'n'Roll« des »Rolling Stone«, einer der wichtigsten Musikzeitschriften Amerikas bis Mitte der 70er Jahre, bezeichnete Harper Barnes Duane Allman als den für ihn größten Gitarristen, »weil er ohne Tricks auskam«. Diese Beschreibung paßt genauso ideal auf Paul Kossoff.

Doch zurück zur Band Free, die im Mai 1970 mit dem in einer Garderobe in Manchester geschriebenen Song *All Right Now* ihren ersten Hit hatte. Er avancierte zum Monster-Hit, nachdem sich die Single allein 400.000mal in Großbritannien verkaufte und überall auf der Welt vergoldet wurde – und noch 1973 und 1978 die Single-Charts eroberte. Wenig später folgte das Album *Fire And Water*, auf dem sich auch die lange Version von *All Right Now* befand und das zum bestverkauften Album Frees wurde. Doch trotz des genial-archaischen Titelsongs und des atemberaubenden *Mr. Big* stand der überdimensionale finanzielle Erfolg der LP leider im Mißverhältnis zur musikalischen Qualität, die von der vorangegangenen Platte weit entfernt war.

Später erinnerte sich Simon Kirke an diese Zeit: »Diese Jahre um das *Fire And Water*-Album waren wahrscheinlich die besten, die wir als Free erlebt haben. Ich werde sie nie vergessen! Wir wollten z.B. zu einem Ort gehen und wurden hineineskortiert, es war unglaublich, als wären all unsere Träume Wirklichkeit geworden.«

Doch nach einer weiteren Hit-Single, *My Brother Jake*, und einem vielbeachteten, gloriosen Auftritt beim Isle-of-Wight-Festival am 30. August 1970 wurde der Druck seitens der Plattenfirma immer größer, Hit-Singles zu produzieren und sich als Super-Gruppe vermarkten zu lassen. Dies hatte zur Folge, daß man nach dem Erfolg der Single *Stealer* und dem unerwarteten Mißerfolg der darauf folgenden LP *Highway* den Boden unter den Füßen verlor. Bis auf Kossoff, der dieses Album als zu steril empfand, war man in fast schon arroganter Weise darüber erbost, daß dieses eher melodiöse Album so wenig Zuspruch erhielt. Da Kossoff erhebliche Drogenprobleme hatte, die sich durch den Streß des Starrummels ergeben hatten, erwog die Gruppe nun eine Trennung. Nach einer Tournee durch Japan und Australien, wurde sie im Frühjahr 1971 tatsächlich vollzogen.

Zu erwähnen ist noch, daß im Sommer 1970 eine LP von Martha Velez erschien, die konträr zu ihrer weiteren Karriere als Singer/Songwriter ausnahmslos Blues-Songs in einer erstaunlichen Qualität präsentierte, die vor allem auf Musikerprominenz wie Eric Clapton, Stan Webb, Jack Bruce und natürlich Paul Kossoff zurückzuführen ist! Kossoff brilliert auf *Swamp Man, A Fool For You* und *Come Here, Sweet Man* auf eindrucksvollste Weise.

Einen Monat nach der Trennung veröffentlichte Island das erste und zugleich einzige Live-Album *Free Live!*, das nicht gerade dazu angetan war, die Trauer der Free-Fans über den Split zu verkleinern. Präsentierte doch die leider nur vierunddreißig Minuten kurze Live-LP, die in einem einfallsreichen, einem Briefumschlag nachempfundenen Gimmick-Cover steckte, mit *Be My Friend, Fire And Water, Mr. Big* und *The Hunter* vollendete Live-Versionen der schon in den Alben-Fassungen überragenden Songs. Zusammen mit den erst 1986 auf dem Paul-Kossoff-Sampler *Blue Soul* veröffentlichten drei Live-Songs ist bis heute nicht mehr an Live-Material erschienen. Diese Songs stammen wie *The Hunter* aus einem Konzert, das 1970 in Sunderland, Mayfair, stattfand. Besonders wenn man die Version des Robert Johnson-Klassikers *Crossroads* hört, auf dem Kossoff, vom imaginären Geist Robert Johnsons besessen, ein wahres Gitarrenfeuerwerk voller Intensität und ungezügelter Lust abbrennt, spürt man die Live-Qualitäten einer Band, die ihre ungemeine Kreativität aus dem effektiven Zusammenspiel der einzelnen Musikerpersönlichkeiten und den instrumentalen Fähigkeiten aller vier Musiker bezog. Das erforderte aber die Bereitschaft jedes einzelnen, Kompromisse einzugehen, die natürlich unter dem enormen Druck, an dem auch die Musikpresse nicht ganz unschuldig war, langsam dahinschwand.

Man muß in diesem Zusammenhang auch bedenken, daß alle vier Musiker zur Zeit ihres ungemein erfolgreichen Songs *All Right Now* zwischen siebzehn und zwanzig Jahre alt und kaum für alle Facetten des Star-Ruhms gerüstet waren.

Doch noch war das Kapitel Free nicht abgeschlossen, da man sich im Februar 1972 noch einmal zusammenraufte. Paul Rodgers hatte nach der Trennung bei der Band Peace mitgemacht und Andy Fraser bei Toby; in der besten Position befand sich zweifelsohne Paul Kossoff, denn er hatte inzwischen zusammen mit Simon Kirke und dem späteren Faces-Bassisten Tetsu Yamauchi sowie dem texanischen Keyboard-Spieler John »Rabbit« Bundrick ein die Gleichberechtigung der Musiker betonendes, *Kossoff, Kirke, Tetsu & Rabbit* genanntes Album eingespielt. Es fand eine ungemein positive Aufnahme, wobei vor allem immer wieder die stille Größe von Kossoffs sparsamem Gitarrenspiel herausgestrichen wurde. Erstmalig vernahm man einen sicher durch Hendrix inspirierten Jazz-Touch und Kossoffs eigene Stimme auf dem konfusen *Colours*.

Obwohl sich Paul Kossoffs Gesundheitszustand, der durch den Drogenkonsum geschwächt war, kurzzeitig gebessert hatte, standen die Aufnahmen zur letzten Free-LP unter noch schlechteren Vorzeichen als die letzten Einspielungen der »alten« Free Band. »Es war das gleiche wie damals, nur schlimmer«, erzählte Kossoff später, »die Spannungen waren noch stärker und die Egos noch größer.« Dies merkte man dem Album auch an. Das Songmaterial hatte Paul Rodgers größtenteils schon mit Peace aufgenommen. (Bis auf den auf *The Free Story* veröffentlichten Song *Lady* ist aus Paul Rodgers Peace-Phase nichts veröffentlicht worden.) Zudem fehlt den Kompositionen bis auf *Travellin' Man, Little Bit Of Love* und dem wehmütigen, melancholischen, biographischen *Goodbye* das gewisse Etwas.

Eigentlich sollten aufgrund der LP längere Tourneen in England und Amerika folgen, doch sehr bald stellte sich heraus, daß Kossoff dazu gar nicht mehr in der Lage war und man die ersten Auftritte in Amerika ohne ihn absolvieren mußte. Die Band legte deshalb eine kurze Pause auf den Bahamas ein, während der Kossoff sich erholen konnte. Kossoff sagte dazu : »Ich wollte touren, und ich wollte auch spielen, doch bei ein paar Gigs bin ich einfach zusammengebrochen.« Da sich Kossoffs Gesundheitszustand rasch besserte, wollte man noch eine Japan-Tournee durchführen, doch nach erneuten Auseinandersetzungen innerhalb der Band stieg Andy Fraser am Vorabend des Tourneebeginns, am 22. Juli 1972, endgültig aus. Um die späten Juli-Gigs in Osaka und Tokio dennoch nicht platzen zu lassen, holte man hastig die ehemaligen Kossoff-Mitstreiter Tetsu Yamauchi (Baß) und John »Rabbit« Bundrick (Keyboards) als frischgebackene Free-Mitglieder, und Paul Rodgers übernahm zusätzlich die Gitarrenarbeit.

Für September 1972 war eine zwanzigtägige England-Tournee geplant, und da Kossoff wieder fit zu sein schien, wollte man es als Quintett wagen. Doch bereits in Newcastle mußten alle weiteren Auftritte auf unbestimmte Zeit abgesagt werden, da Kossoff sich angeblich an Kabeln verletzt hatte. Immerhin wurde in dieser Besetzung im Oktober/November noch ein Album eingespielt. »Es war eine herzzerreißende Erfahrung, das Album aufzunehmen«, sagte Simon Kirke später in Anspielung auf den Titel des Albums *Heartbreaker*.

Im Januar/Februar 1973 gab es dann die bis heute letzte Tournee unter dem einstmals hart erkämpften Namen Free. Zum erstenmal war die Band von vornherein mit einem neuen Gitarristen namens Wendell Richardson von Osibisa unterwegs. Dies und die Tatsache, daß er auf dem letzten Free-Album wie ein Session-Gitarrist verzeichnet war, setzten Kossoff unter anderem so zu, daß er sich nun vollends seiner Drogensucht hingab. Nach Aussagen seines Vaters, des bekannten Schauspielers David Kossoff, rief das wieder einmal eine Menge Schmarotzer auf den Plan.

Trotz allem gab es zu jeder Tages- und Nachtzeit ab und an mehr oder minder lockere Aufnahme-Sessions, aus denen später (1973) Kossoffs erste Solo-LP, *Back Street Crawler* betitelt, zusammengestellt wurde. Die zweite LP ist dabei einem epischen Instrumental vorbehalten, das sein Vorbild in Jeff Becks *Rice Pudding* hat und mindestens ebenso aufregend ist. Auch der Titelsong klingt wie von Jeff Becks *Truth*- und *Beck-Ola*-Phase inspiriert. Überhaupt ist die LP ungemein hörenswert und voller musikalischer und personeller Überraschungen. So ist z.B. auf der überragenden Kossoff-Komposition *Molten Gold* zum letztenmal die einstige Free-Besetzung komplett, und das wunderschöne Instrumental *Time away*, das übrigens mit der Stratocaster gespielt wird, die das Cover ziert, legt beredtes Zeugnis über die fruchtbare Zusammenarbeit mit John Martyn ab.

Doch danach gab es erstmals eine Zeit des Stillstands, in der man von Kossoff allenfalls als Session-Gast hörte. Schon im Dezember 1971 hatte Koss dem Traffic-Schlagzeuger Jim Capaldi bei seinem ersten, leider schlecht produzierten Solo-Album *Oh How We Danced* mit Freude geholfen, so daß er bei den Aufnahmen zu der LP *Short Cut Draw* wieder mit von der Partie war. Daneben gab es nur noch eine Sessionarbeit mit Amazing Blondel und das leider viel zu schnell gescheiterte Rumbledown-Band-Projekt, in dem neben Kossoff Andy Fraser und Frankie Miller mitwirkten. Einzig der phantastische Titel *I Know Why The Sun Don't Shine* zeugt von der anscheinend ungeheuren Kreativität dieser Formation. Er wurde allerdings erst 1986 auf dem Sampler *Blue Soul* veröffentlicht. Im Juli 1974 nahm Kossoff dann ein paar Songs für sein nächstes Solo-Album mit dem geplanten Titel *Love Is The Lord* auf, doch trotz einer Foto-Session für das Cover erblickten diese Aufnahmen – aus welchen Gründen auch immer – nie das Licht der Öffentlichkeit.

Doch im Februar 1975 meldete sich Kossoff plötzlich zurück an die aktive Rockfront. Völlig überraschend kam er gegen Ende von John Martyns Auftritt auf die Bühne und riß zusammen mit diesem das Publikum der Bristol University zu Beifallsstürmen hin. Und schon bald hatte die Musikpresse über Paul Kossoffs neue Aktivitäten eine ganze Menge zu berichten: Paul Kossoff wolle mit einer neuen anglo-amerikanisch besetzten Band, genannt Back Street Crawler, auf eine neun Tage dauernde Tournee gehen und mit ihr als Ergebnis eines frisch unterzeichneten Vertrages mit Atlantic schon bald eine erste Platte veröffentlichen, hieß es. Die Erwartungen des breiten Rockpublikums waren also derart hochgeschraubt, daß angesichts der in ihrer musikalischen Qualität sehr unterschiedlichen England-Tournee im Mai/Juni 1975 Enttäuschungen nicht ausbleiben konnten. (Posthum wurden Live-Aufnahmen, die man während des Auftritts in Croydon machte, der nicht zu den besten dieser Tour zählte, auf diversen Samplern und LPs wie *Koss – Leaves in the wind* und *Croydon: June 15th 1975* veröffentlicht.)

Insgesamt war jedoch ein hoffnungsvoller Neuanfang gemacht, auch hinsichtlich der neuen LP, die im September unter dem Titel *The Band Plays On* erschien. Aufgrund der starken Präsenz von Kossoffs unvergleichlichem Gitarrenspiel und des alles überragenden, autobiographischen Titels *It's A Long Way Down To The Top*, auf dem Kossoff sein musikalisches Vermächtnis mit aller Kraft in einem ultimativen, sich aufbäumenden Gitarrensolo komprimiert, glaubte man allgemein, die Zeit für eine vollkommen neue Phase, in der er sich ohne große Band-Kompromisse hätte entfalten können, sei gekommen. Als dann im September 1975 eine große England-Tournee angekündigt wurde, schien sich die Hoffnung auf eine neu gefundene Vitalität zu bestätigen.

Aber es kam alles ganz anders. Kossoff erlitt kurz vor der Tournee einen mehr als halbstündigen Herzstillstand, der erst im Hospital mit massivsten Mitteln behoben werden konnte. So mußte Kossoff seinen fünfundzwanzigsten Geburtstag im Krankenhaus feiern. Aus tiefer Dankbarkeit für die Rettung entschloß sich sein Vater, alle Einnahmen aus seinem Einpersonen-Stück bis Ende des Jahres karitativen Einrichtungen zu spenden.

Bereits sieben Wochen später wollte Kossoff die abgesagte England-Tournee mit vier großen Auftritten starten. Doch sein Zustand war trotz der in diesem Fall überraschend schnellen Genesung bereits so angegriffen, daß er einige dieser Auftritte kaum bewältigte, während er andere wiederum brillant absolvierte. Kossoff war zum Teil nicht einmal in der Lage, seine Gitarre vor dem Konzert zu stimmen, er konnte sich während des Konzerts kaum noch auf den Beinen halten und spielte unkoordiniert.

Sein ohnehin geringes Selbstvertrauen verflüchtigte sich mehr und mehr, so daß er sich haltlos zwischen neu gefundener Kreativität und wachsenden Selbstzweifeln hin- und hergerissen fühlte und seinen durch Drogengenuß geschwächten Körper selbstzerstörerisch weiteren Torturen aussetzte. Das tragische Ende mußte unweigerlich folgen. Im Januar 1976 flog Kossoff zusammen mit Back Street Crawler nach Amerika, um dort eine neue Platte einzuspielen und eine Tournee zu unternehmen. Sie mußte jedoch abgesagt werden; schon bald darauf wollte man zu einer angekündigten zwanzigtägigen Tournee in England aufbrechen. Doch dazu sollte es nicht mehr kommen, da Kossoff am 19. März 1976 auf einem Nachtflug von Los Angeles nach New York einschlief und nie mehr erwachte.

Im Mai des gleichen Jahres erschien dann noch posthum die aus den wenigen für die geplante LP eingespielten Sessions zusammengestellte, letzte Back-Street-Crawler-LP *Second Street*. In der Verkrampftheit einzelner Songs merkt man ihr jedoch die von Kossoffs schlechtem Gesundheitszustand geprägte Atmosphäre an. Am 27. September gab David Kossoff zu Ehren seines Sohnes eine mit zum Teil unveröffentlichter Musik von Kossoff untermalte Performance in Londons Queen Elizabeth Hall.

Kossoffs Leidensgeschichte und sein tragischer Tod gemahnen, wie so viele andere Todesfälle, an die Vergeudung von Talenten in diesem harten Business. Aber Paul Kossoffs einmaliges, intensives Gitarrenspiel, das bis heute keinen Nachfolger gefunden hat, bleibt unvergeßlich.

Albert Lee: Der Flinke

*Geb.: 21. Dezember 1943 in London/
Großbritannien*

Albert Lee wurde in fünf aufeinanderfolgenden Jahren von den Lesern des führenden amerikanischen Fachmagazins »Guitar Player« zum besten Gitarristen in der Sparte Country gewählt. Wenn man weiß, welchen Stellenwert in den USA diese sogenannten Readers Poll haben, kann man sich von dem Wert dieser Auszeichnung einen Begriff machen. Das Erstaunlichste an dieser Auszeichnung ist aber, daß sie einem britischen (!) Country Picker galt.

Wahrscheinlich erklärt aber gerade der scheinbare Widerspruch, daß ein Brite Country-Rock spielt, einen Teil der Faszination von Albert Lee. Albert Lees eigene Erklärung hebt jedenfalls auf diesen Punkt ab: »Ich füge dem amerikanischen Country-Rock britisches Feeling hinzu«, sagte Albert Lee, um danach britisches Feeling so zu definieren: »Ich glaube, daß die englischen Musiker, die wie ich aus den 60er Jahren hervorgingen, sich eine sehr abwechslungsreiche Auswahl amerikanischer Musik angehört haben. Das hat auch die Beatles so ungewöhnlich gemacht, weil sie sich schwarzen und weißen Rock'n'Roll angehört haben und Country-Music. In diesem Punkt haben die britischen Musiker einen Vorteil, denn die amerikanischen Kollegen sind häufig auf die Gegend, in der sie aufgewachsen sind, und auf die Musik aus dieser Gegend beschränkt. In England haben wir uns dagegen alle Platten gekauft, die wir nur kriegen konnten. All diese Einflüsse haben wir in uns aufgesogen, und so spielt man dann auch.«

Tatsächlich begann Albert Lee schon sehr früh, die unterschiedlichste Musik zu hören, was auf die Klavierstunden, die er seit seinem siebten Lebensjahr erhielt, nicht die besten Auswirkungen hatte. Albert Lee erzählte: »Ich hatte Klavierstunden und übte nie das, was ich sollte. Heute (1986, Anm. d. Verf.) wünsche ich, ich hätte es getan – ich bin heute ein viel größerer Fan klassischer Musik als damals.« Damals hatte Albert Lee nämlich gerade Lonnie Donegan für sich entdeckt, so daß es für ihn nur ein kleiner Schritt war, sein Klavierspiel in den Dienst einer Skiffle-Gruppe zu stellen. Diese Skiffle-Gruppe legte auch den Grundstein für seine Karriere als Gitarrist, wie Albert Lee in einem Interview mit dem Fachmagazin »Musiker« erzählte: »Ein Freund aus der Skiffle-Gruppe besaß eine Gitarre. Wir hatten aber beide keine Ahnung, wie man sie spielte. Eines Tages fanden wir ein Buch mit Akkord-Anleitungen, worauf wir ernsthaft zu üben begannen. Etwa ein Jahr lang lieh ich mir seine Gitarre aus. Er wurde richtig sauer, weil ich danach viel besser als er war. Weihnachten '58 oder '59 konnten es sich meine Eltern endlich leisten, mir eine eigene Gitarre zu kaufen.«

Bereits um 1956 hatte er den Bill Haley-Film »Rock around the clock tonight« gesehen und war, so Lee, »nicht mehr der gleiche.« Zu den Platten von Elvis Presley, Gene Vincent und Ricky Nelson versuchte er nun, wie deren Gitarristen Scotty Moore, Cliff Gallup und James Burton zu spielen. Schon bald wurde ihm klar, daß er sich voll und ganz der Musik und seinem Instrument widmen wollte. So verließ er Weihnachten 1959 mit sechzehn Jahren die Schule, um mit Bugs Waddell (Baß) und Lord Anton (Drums) im Januar des folgenden Jahres als Backing Band für Dickie Pride und Sally Kelly zwei Schottland-Touren zu bestreiten. Man verdiente in zwölf Tagen zwanzig Pfund, ohne jedoch die Kosten für die Hotelübernachtungen erstattet zu bekommen. Dennoch blieb genug Geld für Albert Lee übrig, um seinen verpfändeten Verstärker wieder auszulösen — bei diesen Dance Hall-Tourneen mußte er zusammen mit dem Bassisten über dessen Verstärker spielen.

Im folgenden Jahr nahm er diverse Gelegenheitsjobs wahr, fertigte mal Blaupausen an, bediente die Spritzpistole oder arbeitete in einer Wäscherei. Von dem verdienten Geld kaufte sich Lee, wenngleich er sich eine Fender Gitarre wünschte, eine gebrauchte, fünfundachtzig Pfund teure Grazzioso Gitarre (ein Vorläufer der Hofner Futurrama). Im gleichen Jahr wurde Lee dann Gitarrist bei Bob Xavier & the Jury, die ähnliches Material wie Drifters und Brook Benton spielten. Nachdem Bob Xavier die Band im Sommer 1962 verlassen hatte, wurde The Jury zur House-Band der 21's Coffee Bar, in der sie fünf- bis sechsmal in der Woche auftraten. Dort in Soho begleiteten sie Vince Eager, Keith Kelly und Jackie Lynton, der sie auch zur Aufnahmesession von *All Of Me* engagierte. Als dieser Titel im September 1962 als Single A-Seite veröffentlicht wurde, war damit zugleich zum erstenmal Albert Lees Gitarrenspiel auf Vinyl verewigt.

Von Oktober bis November 1962 gab es ein kurzes Intermezzo von Lee bei der Gruppe The Nightsounds, mit der er nach einem Engagement im Gardenia Club (in der Wardour Street) für drei Wochen nach Hamburg reiste, um dort im Top Ten Club aufzutreten. Albert Lee erzählte: »Es war wirklich aufregend, plötzlich von lokalen britischen Clubs in die Bundesrepublik zu kommen und dann auch noch in den »Red light destrict« von Hamburg, wo jeder trank, Pillen nahm und sich die ganze Nacht um die Ohren schlug. Für siebzehn-, achtzehnjährige Jungen war das eine ziemliche Erfahrung. Es war stark. Die Beatles habe ich allerdings nicht gesehen, obwohl wir zur gleichen Zeit da waren.«

Im Dezember 1962, wieder daheim in England, stieß Lee dann für zwei Monate zur Gruppe Don Adams & the R & B Trio, mit der er erneut in die Bundesrepublik, genauer nach Wiesbaden, aufbrach. Dort spielte die Band jeden Tag in der Woche rund sechs Stunden in einem kleinen Nachtclub alle Rock'n'Roll-Standards rauf und runter und schlief nach dem Auftritt in einem kaum gewärmten (und der Winter '62 war streng!) Lieferwagen. Albert Lee war also froh, wieder in England zu sein, wo er zusammen mit Neil Christian & the Crusaders für fünfzehn Pfund die Woche von Juni bis Oktober 1963 in einer Unmenge Clubs auftrat. Seine nächste Bandwahl, die deutsche Gruppe Mike Warner and the Echolettes, sollte sich im nachhinein nach seinen eigenen Worten als »törichter Wechsel« herausstellen, da Mike Warner Versprochenes nicht einhielt und Lee in der Bundesrepublik festsaß, bis ihn Mike Hurst im Februar 1964 für seine Backing Band The Method engagierte.

Mit Mike Hurst & the Method tourte er in einer Package Tour mit Gene Pitney und Billy J. Kramer & the Dakotas, bis er im Mai 1964 ein Angebot von Chris Farlowe annahm, bei dem er als Gitarrist seiner Band The Thunderbirds genau vier Jahre blieb. In dieser Zeit entstanden die LPs *Chris Farlowe & The Thunderbirds* und *14 Things To Think About*, wobei er allerdings auf letzterer nur bei knapp der Hälfte der Titel dabei war. Außerdem war Albert Lee noch auf folgenden, nur als Single veröffentlichten Aufnahmen zu hören: *Buzz The Fuzz/Your're The One* (Juni 1965), *The Fool/Treat Her Good* (Oktober 1965) sowie den A-Seiten *My Way Of Giving* (Februar 1967) und *Handbags & Gladrags* (Dezember 1967), auf denen Lee allerdings nicht wie auf den anderen Aufnahmen mit seiner damals schon unverkennbar fingerfertigen Gitarrenspielweise zum Tragen kommt. All diese raren Single-Titel erschienen 1983 zusammen mit weiteren raren Chris Farlow-Titeln auf dem liebevoll zusammengestellten Doppelalbum *Hot Property*, dessen Inhalt sich mit den ebenfalls auf Line wiederveröffentlichten Chris Farlowe/Thunderbirds-Original-LPs überschnitt.

Auch die Original-LPs enthielten eine Menge hörenswerter Gitarrenpassagen von Albert Lee. Auf Chris Farlowes erster LP war auch die Single *Stormy Monday Blues (Part 1 & 2)* enthalten, die im August 1965 unter dem Pseudonym Joe Cook erschien, um vorzutäuschen, auf dieser Single sei ein farbiger amerikanischer Bluessänger zu hören. Auf diesem Stück, genauer im zweiten Teil, war ein jazziges Solo von Lee zu vernehmen, das zusammen mit dem brillanten fingerfertigen Gitarrensolo auf Chuck Berrys *Reelin' And Rockin'* einen Eindruck von der Vielfältigkeit der Musik vermittelte, die Albert Lee prägte. Auch Chris Farlowes zweite LP, *14 Things To Think About*, bot mit *Summertime* wieder einen Titel, auf dem Lee jenes jazzige Flair versprühte, das mit den Jahren als reizvoll im verborgenen flackerndes Feuer einen Teil der Faszination seines Gitarrenstils ausmachte. Dieser Gitarrenstil wurde vor allem durch rasante Läufe geprägt, wovon die auf dieser LP zu findenden Titel *Lipsticks Traces, That's No Big Thing, Rockin' Pneumonia* und *My Girl Josephine* bereits ein eindrucksvolles Zeugnis ablegen. Besonders auf dem letzten Titel ist die fehlerfreie Raffinesse bravourös, mit der er die enorme Geschwindigkeit bewältigte.

Die enorme Sicherheit des Spiels hatte er sich während der vielen Tourneen mit Chris Farlowe angeeignet, die allerdings nicht die gewünschte Popularität brachten. Albert Lee meinte dazu: »Ich denke, es war eine großartige Band – die beste in England in dem, was wir machten. ....aber wir haben nie viel Beifall oder Anerkennung geerntet. Es war sehr frustrierend. Wir tourten als Supporting act für Gruppen wie die Animals, die vergleichsweise einfach schrecklich ungehobelt waren, ohne ein bißchen Feeling und Finesse, und sie eroberten das Publikum im Sturm, während wir von den paar Typen, die nicht an der Bar waren, höflichen Applaus bekamen. Wir arbeiteten jahrelang intensiv ... Tourneen, einzelne Abendengagements, zusammenhängende Engagements mit Auftritten jeden Abend in der Woche, zwei Sets am Tag, Reisen nach Deutschland und nach Skandinavien – wir waren einfach überall, aber wir kamen nie über eine bestimmte Stufe hinaus. Ich habe Bänder von einigen unserer Auftritte, und die hauen hin. Einiges von unserem Material war einfach mörderisch! Farlowe war ein ›Dynamite‹-Sänger! Aber da war praktisch keine Publikumsreaktion.«

Wahrscheinlich lag das letztlich doch an Chris Farlowe, über dessen Gesang Clapton seinerzeit sehr kritisch urteilte: »Eine peinliche Imitation der farbigen Soul-Sänger.« Doch auch sein unansprechendes Äußeres und seine nicht gerade souveränen Bühnengebärden verhinderten höchstwahrscheinlich den Erfolg, der sich selbst mit Mick Jaggers kräftiger Unterstützung (als Produzent und Songschreiber) nicht einstellen wollte.

Warum Albert Lee, dessen Talent zwischen den vielen süßlichen Popballaden der zweiten LP fast deplaciert wirkte, im Mai 1968 Chris Farlowe verließ, erzählte er selber so: »Um Ende 1967 hatte sich Farlowe dazu entschieden, die Band zu erneuern, was darauf hinauslief, daß er, von einem Trio begleitet, mit dem Organisten Pete Solley spielen wollte! ... Aber in dieser Zeit begann ich mich langsam mit R & B zu langweilen. Dazu kam noch, daß die Rockszene einen Weg einschlug, der mir gar nicht gefiel: Jeder fing mit großen Marshall Verstärkertürmen und maximaler Lautstärke an, und diese Art von Dingen übte auf mich überhaupt keine Anziehungskraft aus. Ich verbrachte mehr und mehr Zeit mit einer Country Band [The Flintlocks, Anm.d.Verf.] im The Red Cow in Hammersmith, und wir entschieden uns, eine neue Band zusammen zu gründen – Country Fever.«

Ein knappes Jahr blieb diese Band zusammen, in der Lee zum erstenmal seine angenehme Gesangstimme einsetzte. In dieser Zeit begleitete sie u.a. viele amerikanische Sänger und Musiker wie Hamilton IV, Bobby Bare, Skeeter Davis, Connie Smith, Jody Miller, Guy Mitchell und Nat Stuckey auf ihren Tourneen außerhalb von Amerika.

Allein, als Country Fever hatten sie leider nicht sonderlich viel Erfolg, was – und da darf man dem bescheidenen, sympathischen Albert Lee durchaus trauen – daran lag, daß sie ihrer Zeit voraus waren. Albert Lee erklärte: »In Amerika fing das gerade erst mit dem Country-Rock an, und in England hatte man das noch nie gehört, aber wir versuchten es damit. ... mischten Rock'n'Roll und Country & Western, so stark, wie die Flying Burrito Brothers es ein paar Monate später taten, aber keiner wollte etwas davon wissen. Das Publikum wollte nur immer die gleichen Johnny Cash- und Jim Reeves-Imitationen, und normalerweise ernteten wir nur beträchtliche feindliche Reaktionen. Am Ende war das zu frustrierend, und so begann ich mit Sessionarbeit.«

Tatsächlich verließ er Country Fever im April 1969, um zur Steve Gibbsons Band zu stoßen. Da er dort jedoch nur zehn Wochen blieb, ist er allein auf dem Album *Short Stories* zu hören. Darüber hinaus spielte er in dieser Zeit ab und zu mit der Poet & The One Man Band, auf deren gleichnamigen Alben er auch zu hören war. Dieser Band war aber allein schon aus dem Grund, daß ihre Plattenfirma MGM Konkurs anmelden mußte, kein langes Bestehen beschieden. So stiegen alsbald der Gitarrist Jerry Donahue und der Bassist Pat Donaldson (früher bei Country Fever) aus, für die Albert Lee und Chas Hodges einsprangen.

Hodges half Albert Lee auch bei den Arbeiten zu seinem Solo-Album für die Plattenfirma Bell. Sie brachte jedoch nur eine einzige Single heraus, deren A-Seite *That's Allright Mama* relativ originalgetreu (Elvis!), inklusive Sun Sound aufgenommen war. Diese Single mit der kompositorisch besonders hörenswerten B-Seite *The Best I Can*, markierte Lees Plattendebüt als Sänger.

Mit den beiden personellen Neuzugängen startete im Juli 1970 das Bandunternehmen Heads, Hands & Feet, dem mit

Pete Gavin (Drums), Ray Smith (Gitarre), Mike O'Neill (Keyboards) und Tony Colton (Vocals) – bis auf die genannten Abgänge – die komplette Poet & The One Man Band-Besetzung angehörte. Tony Coltons und Albert Lees Name tauchten 1968 auf dem vierten *Blues Anytime*-Sampler von Immediate auf. Zwei Titel dieser Platte, *The Next Milesstone* und *Water On My Fire* (beides Colton/Smith-Kompositionen), stammten von ihnen und sind durch ihre starke Bluesfärbung und Lees brillante Soli sehr hörenswert.

Bei Heads, Hands & Feet konnte Lee nun seiner Liebe zum Country-Rock frönen, was das grandiose *Country Boy* von der ersten, im Mai 1971 erschienenen LP *Heads, Hands & Feet* schlagend bewies. Dieser Titel, der später noch einmal in Ricky Skaggs Version bekannt wurde, bot die idealen Bedingungen dafür, daß Albert Lee zu einer Tour de force auf der Gitarre abheben konnte. Und genau dies tat er. Noch heute dürfte dieses Stück eines der besten Beispiele für die phantasievolle Raffinesse seines Finger-Picking-Spiels sein, wenngleich Lee diese Version des Titels, den sie vor der Aufnahme noch nicht allzuoft live gespielt hatten, heute nicht mehr für optimal hält. »Heute finde ich, daß die damalige Version zu langsam war. Es ist ein merkwürdiger Song: Er fällt mir um so leichter, je schneller er ist.« (Albert Lee)

Zwar wurde das Debütalbum *Heads, Hands & Feet*, auf dessen Cover sich die einzelnen Mitglieder mit nicht gerade symphatischen, im Zwielicht fotografierten Konterfeis vorstellten, ganz eindeutig von der alles überragenden Klasse von *Country Boy* überschattet – dennoch enthielt das stilistisch zwischen Country, Country-Rock und Rock abwechslungsreich gestaltete Album mit dem traditionalistischen Country-Song *Tryin' To Put Me On* (mit Country Fiddel) und den Rocktiteln *Send Me A Wire* und *Pete Might Spook The Horses*, die durch Albert Lees Gitarrenstil einen reizvollen Country-Touch bekamen, weitere Höhepunkte. Außerdem vernahm man Albert Lees angenehme Gesangstimme nicht nur auf *Country Boy*, sondern auch auf der teilweise viel zu orchestral arrangierten Ballade *Delware*. Insgesamt war das Debütalbum das in den USA mit mehr Titeln als Doppel-LP erschien, trotz kleinerer musikalischer Schwächen durchaus gelungen, wozu – und das betraf auch die beiden folgenden LPs – Peter Gavins einfallsreiche Rhythmusarbeit und Lees flüssige Gitarrenarbeit nicht unerheblich beitrugen. In den besten Momenten verschmolzen sie die relaxte Westcoast-Stimmung mit englischen Folkklängen auf einem kräftigen Rock'n'Roll-Fundament und gelangten zu einem eigenen typischen Ausdruck. Meistens wurden die einzelnen musikalischen Komponenten dieses Stilgemischs allerdings nur in jeweils einem Song verarbeitet, was vielleicht daran lag, daß in der Band eine undemokratische Grundstimmung herrschte, die ein optimales Aufeinanderwirken und Zusammenarbeiten der allesamt instrumental sehr begabten Bandmitglieder verhinderte. Diese undemokratische Grundstimmung veranlaßte auch Lee und Chas Hodges, die in Amerika ganz erfolgreiche Gruppe im Dezember 1972, also noch vor dem Erscheinen der letzten, dritten LP, zu verlassen; Mike O'Neill war bereits nach dem ersten Album gegangen.

Im März 1972 kam jedoch erst einmal das zweite Album, *Tracks*, heraus, auf dem auch Albert Lee-Kompositionen zu finden sind, auf denen er zudem selbst singt. Da sich Albert Lee selber für einen »langsamen Songschreiber und einen noch langsameren Texter« hält, ist dies durchaus bemerkenswert. Interessant ist aber auch, daß diese drei Titel sehr unterschiedlicher Natur sind. Während *Roadshow eine* schmerzerfüllte Klavierballade ist und *Rhyme And Time* einen folkgefärbten Song mit akustischer Gitarre darstellt, präsentiert *Song And Dance* schleppende Rockrhythmen, auf denen sich Albert Lee zum Ende hin in ein immer temporeicheres Solo erster Güte hineinsteigert. Doch auch Lees Soli in den erstklassigen Rock-Titeln *Hot Property* und *Safety In Numbers* stehen dem in nichts nach. Zusammen mit dem The-Band-artigen *Jack Daniels (Old No. 7)* wären damit alle hervorragenden Titel genannt, die immerhin sechzig Prozent des Albums ausmachen.

Dennoch verhinderte das ungleiche Verhältnis zwischen Hervorragendem und weitaus weniger Gelungenem den ungetrübten Spaß beim Anhören der Alben von Heads, Hands & Feet; auch das im Januar 1973 erschienene letzte Album, *Old Soldiers Never Die*, machte da keine Ausnahme. Da gab es auf der einen Seite Erstklassiges, wie die wilden Rock'n'Roll-Titel *Men Ticket One Woman* und *Another Useless Day* sowie den von Albert Lee ausdrucksstark gesungenen, kreativ von The Band inspirierten Song *Just Another Ambush*. Auf der anderen Seite bot die LP geradezu unverständliche musikalische Entgleisungen, die darin bestanden, daß man auf den eh schon konventionellen Balladen *Jack Of Trades, Soft Word Sunday Morning* und *Stripes* vordringlich schwülstige Orchesterarrangements und weibliche Chorgesänge vernahm, die, zusätzlich noch schlecht produziert, jeden Fan abschrecken mußten. Doch außer Lees ausgezeichnetem Klavierspiel (z.B. auf *Just Another Ambush* und *Another Useless Day*) besaß die LP mit dem wunderschönen

Country-Rock-Titel *Taking My Music To The Man* von Colton/Smith einen weiteren Glanzpunkt.

Das Interessante an diesem Titel ist, daß die Mitglieder von H, H & F im Erscheinungsmonat ihres letzten Albums auf den Londoner Sessions von Jerry Lee Lewis mitwirkten und eben dieses Stück dem Titel entsprechend an Jerry Lee Lewis »herangetragen« und aufgenommen wurde. Auf diesem großartigen Doppelalbum von Jerry Lee Lewis, das durch das optimale Einbringen der Fähigkeiten der vielen außergewöhnlichen englischen Musiker zu einem späten Meilenstein des Rock'n'Roll wurde, konnte man eine Unmenge schöner Gitarrensoli von Albert Lee ausmachen, die er auf diesen Sessions nicht immer mit einer Fender Telecaster schuf, die während der H, H & F-Jahre zu seinem favorisierten Gitarrenmodell geworden war, was sie auch bis Mitte der 80er Jahre blieb. Die Fotos auf den aufwendig gestalteten Innenhüllen zeigen Albert Lee völlig ungewohnt mit einer Gibson SG, aber die andere Gitarre schlug sich erstaunlicherweise nicht stark im charakteristischen Albert Lee-Sound nieder.

Dieses Doppelalbum dokumentiert die erste Sessionarbeit von Albert Lee mit einem seiner Idole. In der folgenden Zeit sollte er immer öfters mit seinen musikalischen Vorbildern, wie z.B. Lonnie Donegan (auf den LPs *Puttin'on The Style* und *Sundown*), Bo Diddley (auf *The 20th Anniversary Of Rock'n'Roll*) und den Crickets (auf *Remnants* und *Long Way From Lubbock*), zusammenarbeiten. Daß Albert Lee auch auf zwei Alben der Crickets zu hören war, lag daran, daß er mit ihnen in den Jahren 1973 und 1974 zwei England-Tourneen unternommen hatte. Danach half er Don Everly bei den Sessions für die LP *Sunset Towers*, nach deren Fertigstellung er zusammen mit ihm touren wollte.

Doch kurz vor der Abreise erreichte ihn in Los Angeles der Hilferuf des neuen Managers von Joe Cocker, Reggie Locke: Kurz vor einer sechswöchigen Nord-und Südamerika-Tournee stand Joe Cocker durch Jimmy Karsteins Unfall und Henry McColloughs Ausstieg ohne Schlagzeuger und Gitarrist da. Albert Lee und Peter Gavin sprangen tatsächlich kurzfristig ein und absolvierten ohne Proben am 30. August 1974 als Mitglieder der Cock'n'Bull Band den ersten Auftritt in El Paso. Zwar hatte Joe Cocker gravierende Alkoholprobleme, doch die Tournee wurde, letztendlich vor allem aufgrund der Professionalität der einzelnen Bandmitglieder, vertragsgenau erfüllt. Nach dieser Tournee mußte sich Joe Cocker jedoch bis auf Lee und Gavin eine vollkommen neue Band zusammensuchen, mit der er dann Anfang 1975 eine Australien-Tournee unternahm. Außerdem entstand das Album *Stingray* für die Plattenfirma A & M, die Albert Lee bei dieser Gelegenheit gleich einen Vertrag über ein Soloalbum anbot.

Zusammen mit Peter Gavin stieg er deshalb bei der chaotisch musizierenden Joe-Cocker-Band aus, um die Chance eines Soloalbums wahrzunehmen. Doch sollte das Projekt ziemliche Probleme bereiten, wie Lee ehrlich zugab: »Ich arbeitete wieder und wieder für den Rest des Jahres 1975 an meinem Album, für das ich Chas Hodges (Piano) und Dave Peacock (Baß) einfliegen ließ, und ich arbeitete mit ihnen und mit Pete Gavin und J.D. Maness (Steelgitarre), doch es lief einfach nicht in der Art ab, in der ich es mir wünschte..., was völlig mein Fehler war: Ich hatte mich nicht wirklich gründlich vorbereitet und machte außerdem den Fehler, den Versuch zu unternehmen, es selber zu produzieren. Die Resultate wurden bis 1978 links liegen gelassen, als ich das meiste nochmals aufnahm – mit Brian Ahern als Produzenten. Allein zwei Stücke von den früheren Sessions blieben, der Rest ist neu.« Letztlich kam die Solo-LP dann im Februar 1979 heraus und soll deshalb in der Chronologie der Ereignisse behandelt werden. Nur soviel: Die beiden aus den 75er Sessions übriggebliebene Titel, nämlich *Now And Then It's Gonna Rain* und das herrliche J.J. Calesche *Come Up And See Me* (mit relaxtem Sprechgesang und Wah-Wah-Gitarre) fügt sich nahtlos in eine in der Gänze gelungene Platte ein.

1975 war aber auch das Jahr, in dem es am 28. Juli und 6. August zwei Konzerte (im Marquee und Lyceum) der Chris Farlowe Band gab, zu der auch Albert Lee gehörte. Aus diesen Konzerten wurde dann das Album *The Chris Farlowe Band Live* zusammengestellt, mit dem sich Chris Farlowe nach drei Jahren selbstverordneter Musikabstinenz zurückmeldete. Das ausgezeichnet produzierte Album enthielt mit den Titeln *Hot Property* und *Rhyme And Time* auch zwei ehemalige H, H & F-Songs, die jedoch schon aufgrund des manirierten Gesangs von Farlowe dem Vergleich mit den Originalversionen in keinster Weise standhielten. Im ganzen war die Platte — bis auf eine rasante und druckvolle Version des J.J.Cale-Titels *After Midnight* mit einem »Albert Lee at his best«-Solo — nicht sonderlich aufregend. Allerdings sollte Albert Lees mit Wah-Wah-Pedal (!) wirkungsvoll verfremdetes Gitarrensolo auf dem rüde geschnittenen Blues *Peace Of Mind* nicht vergessen werden, das einmal Lees nicht so flinke, aber genauso aus- und eindrucksvolle Gitarristenseite zeigte. Um dieses Album zu promoten, tourte Lee von November bis Dezember mit der Chris Farlowe Band durch England.

Das nächste Jahr brachte für Albert Lee die Mitgliedschaft in Emmylou Harris' Hot Band, nachdem er nach einem Auftritt von Emmylou Harris & The Hot Band hinter die Bühne gegangen war, um mit den Musikern zu plaudern. Dort fragte ihn Emmylou Harris, ob er nicht in ihre Band einsteigen wolle. Albert Lee: »Es war für mich sehr aufregend, in der Hot Band den Platz von James Burton einzunehmen, der mich mit seinem Südstaaten-Blues-Stil mit Saitenziehen stark in meinem Spiel beeinflußt hatte.«

Parallel zu dem Eintritt in die Hot Band fiel nach Angaben von Lee auch die endgültige Entscheidung, sich in Los Angeles niederzulassen. Albert Lee erklärte: »Ein Grund, warum ich nach Los Angeles gehen wollte, lag darin, daß viele meiner Idole dort lebten – die Crickets, die Everly Brothers, James Burton. Das Wetter ist immer toll.«

Zusammen mit der, wie er stolz meinte, besten Besetzung der Hot Band, der auch z.B. Ricky Skaggs (Mandoline, Vocals), Hank de Vito (Steelgitarre) und zeitweilig auch Rodney Crowell (Gitarre, Vocals) angehörten, unternahm er zwei Europatourneen, auf denen er sein ganzes Können als begnadeter Country-Rock-Gitarrist zeigen konnte. Außerdem entstanden in exakt zwei Jahren, in denen er mit der Hot Band spielte, die zwei hervorragenden Emmylou-Harris-Alben *Luxury Liner* (Dezember 1976) und *Quarter Moon In A Tencent Town* (Januar 1978). Doch auch nach seinem Ausstieg im Februar 1978 war Albert Lee auf allen nachfolgenden Emmylou Harris-Alben mit von der Partie.

Während der Periode mit Emmylou Harris & The Hot Band begleitete Albert Lee im Dezember 1978 Joan Armatrading auf einer England- und Amerika-Tournee. Danach vergrößerte er seine Routine als Sessiongitarrist auf einer ganzen Reihe von Sessions, an denen er im allgemeinen die Gelegenheit, »Geld zu verdienen und gleichzeitig sehr oft mit interessanten Musikern zusammenzuspielen« (Albert

Lee), schätzte. Und die Möglichkeiten, Sessionsjobs zu erhalten, waren für einen Musiker von Lees Kaliber natürlich in Amerika unbegrenzt.

Im Dezember 1978 kam er jedoch nach London, um Weihnachten in England zu verleben. In dieser Zeit nahm er an Marc Bennos Session für das Album *Lost In Austin* teil, die für ihn schicksalsträchtig werden sollte. Denn dort traf er Eric Clapton, der ihn im Februar 1979 in seine Band holte. Albert Lee berichtete über seinen Entschluß: »Für mich war das eine schwere Entscheidung, da meine erste Solo-LP *Hiding* gerade erschienen war. Ich mußte mir die Frage stellen: Was soll ich machen? Soll ich solo durchs Land ziehen und in kleinen Clubs auftreten? Oder soll ich mit Eric touren und pro Nacht vor 15.000 Leuten spielen? – Ich habe mich für Eric entschieden.«

Das bis auf die besagten Titel, die aus den Sessions von 1975 stammen, mit Hilfe von befreundeten Musikern aus Los Angeles eingespielte Solo-Album hatte in seiner unprätentiösen, relaxten Country-Rock-Stimmung eine Menge zu bieten. Zwar stammte kein einziges Stück von Albert Lee, doch hatte er fast ausnahmslos hervorragende Songs aufgenommen, mit denen er es sich leisten konnte, als Gitarrist in den Hintergrund zu treten. Dennoch war auch etwas für die enthalten, die von Lees Fast Pickin' nie genug kriegen können. Die Rede ist von einer neuen, natürlich schnelleren Version von *Country Boy*, auf der er durch den Einsatz seines Lieblingseffektgerätes, eines Delay, mit sich selbst um die Wette spielt. Neben vielen wunderschönen Laid Back-Songs, wie *Billy Tyler, Are You Wastin' My Time, Ain't Livin' Long Like This* und *Hotel Love*, gibt es noch ein Stück, auf dem er seine Fähigkeit als Gitarrist wirkungsvoll einsetzt.

Gemeint ist die grandiose Coverversion des Dire Straits-Titels *Setting My Up*, die in einer Live-Version auch auf Eric Claptons Live-Doppel-LP *Just One Night* enthalten ist.

Dieses Album präsentierte eine Zusammenstellung der Konzerte der Eric Clapton Band, die am 3. und 4. Dezember 1979 in Tokio stattfanden. Mit den Titeln *If I Don't Be There By Morning, Cocaine* und *Further On Up The Road* waren auf diesem Album weitere Stücke enthalten, auf dem Albert Lee solistisch glänzen konnte.

Das ungemein Faszinierende an der Paarung der beiden Ausnahmegitarristen Clapton und Lee war nicht nur der, wie Clapton meint, »unterschiedliche musikalische Blickwinkel«, der Clapton zu seinen besten Studio-Alben seit einem Jahrzehnt inspirierte, sondern die sich ideal ergänzenden Spielweisen von beiden. Während Clapton das Schwergewicht auf lang aushaltende, »string bending« – Einzeltöne legte, befriedigte Albert Lee das Publikum mit rasanten Läufen. Diese optimale Gitarrenharmonie stand leider auf den beiden Studioalben *Another Ticket* (Februar 1981) und *Morney And Cigarettes* (Februar 1983) – die dafür subtile Qualitäten en masse bieten – nicht annähernd so stark wie auf der Bühne im Vordergrund. Die einzige Ausnahme bildete das wunderbare *The Shape You're In*, das sich auch während der Europa-Tournee von 1983 zum Gitarrenduell-Titel entwickelte. Eric Clapton sagte über ihre Zusammenarbeit: »Er [Albert Lee, Anm.d.Verf.] war ungemein fähig, das war es, was die Zusammenarbeit mit ihm so spannend gemacht hat. Wenn er zu einem Solo ansetzte und ich ihm zu folgen hatte, dann mußte ich schon sehr gut sein, um ihm das Wasser reichen zu können.«

Während der Zeit mit Clapton entstand auch Albert Lees

zweites Solo-Album, das im Februar 1982 mit dem schlichten Titel *Albert Lee* veröffentlicht wurde. Dieses von seinem ehemaligen Hot Band-Mitstreiter Rodney Crowell produzierte Album kann man ohne Übertreibung als den überaus gelungenen Versuch bezeichnen, ein zeitgemäßes Rock-a-billy-Album ohne billige Anachronismen zu produzieren. Bis auf einen Titel hat Albert Lee auf Fremdkompositionen so namhafter Songschreiber wie John Hiatt, Don Everly, Rodney Crowell und Hank Devito zurückgegriffen, die allesamt erstklassig sind und durch die einfühlsame Handhabung seines Gesangs und seiner Telecaster Gitarre noch zusätzlich eine Qualitätssteigerung erfahren. Mit *Sweet Little Lisa* und *Pink Bedroom* enthält die LP auch zwei einprägsame Rock'n'Roll-Stücke, die Einzug in das Live-Repertoire der Eric Clapton Band fanden. Vollkommen zu Recht!

Doch wie fruchtbar und kreativ diese Zusammenarbeit von Clapton und Lee auch war, im Oktober 1984 gehörte Albert Lee der Clapton Band bereits nicht mehr an. Laut Albert Lee war dafür Claptons Angewohnheit verantwortlich, »gern regelmäßig seine Musiker zu wechseln«. Clapton behauptete dagegen, »daß Albert Lee mit den Everly Brothers spielen wollte«.

Eindeutig war dagegen aber, was Clapton in einem Interview aus dem Jahr 1985 sagte: »Ich denke, es ist gut möglich, daß wir in der Zukunft zusammen spielen werden.« Da kann man nur sagen: Hoffentlich!

Jedenfalls wechselte Albert Lee danach tatsächlich zu der Backing Band der Everly Brothers, mit denen er bereits auf ihrem legendären Reunion-Konzert vom 23. September 1983 in der Royal Albert Hall gespielt hatte, aus dem auch ein Doppelalbum zusammengestellt wurde. Albert Lee sagte zu dem Wechsel: »Ich strebte schon lange danach, mit ihnen zu spielen, aber ich hatte keine Ahnung, daß sie sogar touren wollten.« Außer auf den Tourneen wirkte Albert Lee auch auf den »Comback«-Alben der Everly Brothers, *E B 84* und *Born Yesterday* (1986), mit.

Zwischen den Tourneen fand Albert Lee außerdem noch Zeit für unzählige Sessionarbeiten und eine Amerika-Tournee mit seinem Idol Duane Eddy im Vorprogramm (!) der Gruppe Huey Lewis & The News. Das war im Jahr 1986, in dem auch seine neue Solo-LP, die sinnigerweise *Speechless* getauft worden war, erschien. Albert Lee erzählte über die Entstehungsgeschichte: »Tony Bowen, ein alter Freund von mir, mit dem ich früher bei Emmylou Harris gespielt habe und der heute für MCA Records arbeitet, und Jimmy Bowen von MCA hatten die Idee, ein Label mit dem Namen MCA Master Series zu starten. Sie wollten damit Musikern Gelegenheit geben, Instrumental-Platten aufzunehmen. Ich hätte nie daran gedacht, eine solche LP zu produzieren, aber als mich die beiden fragten, ob ich Lust hätte, sagte ich zu.« Leider wurde diese LP durch die sterile Aufnahmetechnik mit anschließender digitaler Mischung und Mastering nicht nur »sprachlos«, sondern – was ja sowieso schon die Gefahr eines Instrumentalalbums im allgemeinen darstellt – auch recht ausdruckslos. Da Albert Lee seinem Mitspieler, dem gefragten Sessionsmusiker Billy Cox, mit seinen jazzigen Pianoeinlagen viel Platz einräumte, zeigte das Album zum einen, daß er nach wie vor eine kleine Affinität zum Jazz verspürte. Zum anderen bewies es aber auch, mit welcher immensen Geschwindigkeit er über das Griffbrett seiner Gitarre oder auch Mandoline huschen konnte, wobei es allerdings manchmal so schien, als wäre Albert Lee auf den Wege, das amerikanische Leistungsprinzip zu verinnerlichen. Im Falle von *Bullish Boogie, Arkansas Traveler* und besonders seiner Version des Duane Eddy-Titels *Cannonball* wäre ein bißchen *weniger* in bezug auf Geschwindigkeit *mehr* gewesen.

Manchmal wirkte Albert Lee dann wie eine Kopie seiner selbst. Zusammen mit den synthetischen Keyboardklängen von Billy Cox und dem von Chad Wackerman wacker geschlagenen Schlagzeug war die LP nicht dazu angetan, das Herz vor Freude hochspringen zu lassen.

Leider erschien ein Jahr später eine weitere Solo-LP mit dem Titel *Gagged But Not Bound* auf dem MCA Master Label. Leider, weil es damit wieder eine Instrumental-LP wurde, auf der man den sympathischen Gesang Albert Lees noch mehr vermißte als schon auf dem vorhergegangenen Album. Leider aber auch, weil sie dem Ruhm des — mittlerweile auf die von ihm mitentwickelte Silhoutte Gitarre von Music Man umgestiegenen — »Masters« so gar nicht förderlich war. Diese Platte war eindeutig das Werk eines durch zuviel Sessionarbeit musikalisch nicht mehr stilsicheren Gitarristen. Amerika und sein Musikbusiness hatten eindeutig ihre Spuren in Albert Lees empfindsamer Musikseele hinterlassen.

Zwei Stücke, *Schön Rosemarin* (!) und *Tiger Rag*, waren mehr als peinlich und erinnerten in ihrer Gefühlsarmut an die »Werke« von Ricky King. Neben den gelungenen Instrumentals *Don't Let Got* und *Fun Ranch Boogie*, die auf einer überzeugenderen LP noch überzeugender gewirkt hätten, fand man auf dieser LP mit *Oklahoma Stroke* vielleicht das beste Beispiel für die These, daß man auch Musik machen kann, bei der überhaupt nichts mehr »rüberkommt«. Dieser Titel stammte übrigens von Jim Cox, der mit seinen Keyboardklängen sowieso die – vornehm ausgedrückt – unglaublichsten Geschmacksverirrungen an den Tag legte, aber er war ja auch schon mehrere Jahrzehnte Sessionmusiker.

Es ist zu hoffen, daß Albert Lee nicht Ähnliches widerfährt – geben doch hochsensible englische Gitarristen wie Eric Clapton, Kim Simmonds und Jeff Beck mahnende Beispiele dafür ab, wie stark sich das Leben in Amerika und in Amerikas Aufnahmestudios mit all seinem Perfektionismus und seiner Gefühlskälte negativ auf die Kreativität und den eigenen musikalischen Willen auswirken kann.

1987 tourte mit Unterstützung des Fachmagazins »Musiker« eine Band namens Biff Baby's All Stars durch die Bundesrepublik, die sich aus Spaß am Spielen zusammengefunden hatte. Dabei war auch Albert Lee, der eine gehörige Portion Spielfreude erkennen ließ und sein *Country Boy* noch schneller spielte als je zuvor.

Jimmy Page: Der Effektbesessene

Geb.: 9. Januar 1944 in Heston/Großbritannien

Selbst die wenigen Rockinteressierten, die vielleicht noch nie ein einziges Stück von Led Zeppelin gehört haben, gehören ganz sicher zu denen, die schon einmal Jimmy Pages Gitarre vernommen haben! Das hat einen ganz einfachen Grund: Jimmy Page war über drei Jahre lang, von 1963 bis 1966, ein Sessiongitarrist, der dank seines vielseitigen Könnens angeblich auf fünfzig bis neunzig Prozent aller im genannten Zeitraum erschienenen englischen Singles zu hören ist.

Doch seine Popularität kam natürlich nicht durch die anonymen Sessionarbeiten, bei denen er Innovatives wie kaum ein zweiter leistete, sondern als Kopf, Leadgitarrist, Komponist und Produzent der Hardrock-Formation der 70er Jahre: Led Zeppelin. Wenn es vielleicht eine Aufnahme gibt, auf der Page alle Facetten seines Könnens als Gitarrist demonstriert, so ist es die fast halbstündige Live-Version von *Dazed And Confused* auf *The Song Remains The Same*.

Die Soundexperimente mit diversen Effektgeräten, das Streichen der Gitarre mit dem Geigenbogen, sein einzigartiger Wah-Wah-Klang, blitzschnelle, Otis-Rush-ähnliche Gitarrenläufe, Powerakkorde und kraftstrotzende Rhythmusarbeit — sie sichern Jimmy Page seinen Eintritt in die Walhalla der Rockgitarristen, und mit ihnen hat er einen neuen Typus des effektreichen (ob effektiven, muß dahingestellt bleiben) »Flash«-Rockgitarristen aus der Taufe gehoben.

James Patrick Page, wie sein vollständiger Name lautet, entdeckte seine Liebe zur Musik wie viele andere künftige Musiker seiner Generation durch die Programme amerikanischer Radiostationen. Little Richard, Chuck Berry, Eddie Cochran und viele andere Rock'n'Roll-Stars hatten es ihm angetan. Doch noch heute weiß er genau, welche Aufnahme es war, die den Wunsch auslöste, Gitarre spielen zu können: *Baby Let's Play House* von Elvis Presley. Zwar hatte er schon mit zwölf Jahren eine uralte spanische Gitarre »bearbeitet«, doch die richtige Begeisterung für das Instrument kam erst mit diesem Titel und »all seiner Energie und Vitalität« (Page). So war es logisch, daß Page bereits mit vierzehn Jahren seine erste elektrische Gitarre, eine Stratocaster-Kopie namens Grazzioso, besaß. Auf dieser Gitarre versuchte Page, Rock'n'Roll-Soli seiner Idole Scotty Moore, James

Burton, Cliff Gallup (Blue Caps-Gitarrist) und Johnny Weeks nachzuspielen. Da seine Fähigkeiten auf der Gitarre mit der Zeit immer größer wurden, kaufte er sich eine bessere Gitarre. Diese, eine Fender Stratocaster, mußte allerdings wenig später einer Gretch Atkins Gitarre weichen, mit der Page im Sommer 1959 zu der ersten Band stieß, an die er sich später noch mit Namen erinnern konnte: The Crusaders.

Jimmy Page erinnerte sich: »Das war noch vor den Rolling Stones, und wir spielten hauptsächlich Chuck Berry-, Gene Vincent- und Bo Diddley-Titel. In dieser Zeit richtete sich der Geschmack des Publikums nach den Top Ten, so daß es ein kleiner Kampf war. Aber immer gab es auch einen kleinen Teil des Publikums, der das mochte, was wir machten.« Angeblich verließ Jimmy Page die Band im Oktober 1962, wobei bis heute nicht eindeutig geklärt ist, ob Jimmy Page noch vor seinem Weggang an den Aufnahmen für die Single *The Road To Love/Big Beat Drum* beteiligt war.

Jimmy Page war jedenfalls bei den Crusaders ausgestiegen, um in Sutton auf das Art College zu gehen und sich dort in seiner Freizeit, wie er sagte, »mehr auf das Blues-Gitarrenspiel zu konzentrieren«. Ein Jahr lang blieb er dort, unternahm jedoch ständige Abstecher nach London. Jimmy Page erzählte: »Jeden Dienstag erklomm ich dort im Marquee die Bühne und jammte mit [u.a. mit Cyriel Davies, Anm.d.Verf.]. Eines Nachts kam dann jemand [der Produzent und Arrangeur Mike Leader, Anm.d.Verf] zu mir und fragte: ›Würde es dir Spaß machen, auf einer Plattenaufnahme mitzuspielen?‹ Und ich sagte: ›Yeah, warum nicht?‹ Es klappte ganz gut ... Von diesem Punkt an bekam ich all diese Sessionjobs. Dann hatte ich mich irgendwann zu entscheiden: Kunst, Karriere oder die Musik.«

Page entschied sich natürlich für die Musik und die Sessions. In den folgenden Jahren, zwischen 1963 und 1966, soll Page wie schon erwähnt als Sessiongitarrist an fünfzig bis neunzig Prozent aller in England veröffentlichten Platten beteiligt gewesen sein. Diese auf den ersten Blick unglaublichen Prozentzahlen entsprechen wahrscheinlich der Realität, da es in England zu dieser Zeit bis auf Jim Sullivan »keine anderen Studiogitarristen gab, die Blues und Rock'n'Roll spielen sowie Musik ›lesen‹ konnten« (Jim Sullivan). Daß Page Musik »lesen« konnte, hatte übrigens auch mit Jim Sullivan zu tun, denn er war es, der ihm die wichtigsten Basiskenntnisse vermittelt hat.

In seiner Zeit als Sessiongitarrist konnte er genau das verwirklichen, was er sich von dieser Arbeit erhofft hatte, und zwar das Arbeiten auf musikalisch vollkommen unterschiedlichen Gebieten. »An einem Tag spielte man morgens auf einer Soundtrack-Session, mittags auf einer Rock-Session und abends auf einer Jazz-Session. Man wußte nie, was als nächstes kommt« (Jimmy Page). Einem Interviewer sagte er sogar einmal: »Sie haben vielleicht gehört, daß ich auf einer Burt Bacharach-Platte mitspiele. Es ist wahr. Ich wußte nie, was ich tun sollte. Du wurdest einfach für einen Studiojob zwischen 2.00 und 5.30 Uhr gebucht. Manchmal war da jemand, den du gern gesehen hast, manchmal stand die Arbeit aber auch unter dem Motto: ›Was mache ich hier bloß?‹«

Dennoch machte ihm die Sessionarbeit noch Anfang 1965 so viel Spaß, daß er Giorgio Gomelskys Angebot ablehnte, zu den Yardbirds zu stoßen. Diese Entscheidung fällte er jedoch auch deshalb, weil Page durch seine Freundschaft mit Eric Clapton wußte, daß dieser zu dem damaligen Zeitpunkt noch gar nicht ans Aussteigen dachte. Wahrscheinlich wollte Gomelsky mit Page wahrscheinlich einen Leadgitarristen gewinnen, der seine Popambitionen leichter verschmerzt hätte als Eric Clapton.

Im Februar 1965 erschien dann Jimmy Pages erste und bis auf den Soundtrack *Death Wish II* (von 1982) einzige in Vinyl gepreßte Soloaktivität. Auf dieser Single *She Just Satiesfies/Keep movin* spielt Jimmy Page bis auf das Schlagzeug (das von Bobby Graham gespielt wird) alle Instrumente inklusive Mundharmonika selber. Auf der A-Seite der an die Aufnahmen der Yardbirds erinnernden Single ist Jimmy Page sogar als Sänger zu hören!

Diese äußerst rare Single, die zeigt, daß Page schon einige musikalische Ideen hatte, als Led Zeppelin noch in weiter Ferne lag, erschien zusammen mit sechsundzwanzig seltenen Singletiteln, auf denen Page als Gitarrist zu hören war, Ende der 70er Jahre noch einmal auf dem leider nicht offiziellen Doppelalbum *James Patrick Page Session Man*. Die Singletitel von Künstlern und Gruppen wie Jet Harris & Tony Meehan, The First Gear, Mickie Most, The Brooks, Pat Wayne & the Beachcombers, Brenda Lee, Lulu & the Luvvers, Neil Christian & the Crusaders und vielen anderen decken den Zeitraum von 1963 bis 1968 ab. Besonders die frühen Titel zeigen, wie innovativ Page seinerzeit war. Verzerrung (mit oder ohne Fuzzbox), wah-wah-ähnliche Sounds, Feedback und rasante Läufe – all das war mehr als revolutionär! Jimmy Page erzählte allerdings später, daß er die Anregung für die oben beschriebenen Sounds z.B. durch alte Les Paul-Aufnahmen bekommen hat. In einem »Guitar player«-Interview sagte er z.B., daß er auf der Bing Crosby/Les Paul-Trio-Single *It's Been A Long, Long*

Time aus den 40er Jahren zum erstenmal ein Feedback gehört hätte.

Legt Page bezüglich der Feedback-Innovation eine grundehrliche Haltung an den Tag, so sind bei den populärsten Arbeiten seiner Sessiontätigkeit, seiner Mitwirkung bei den Gruppen Them, The Kinks und The Who, durch die Äußerungen der betroffenen Gitarristen einige Zweifel an der Richtigkeit so mancher seiner Angaben aufgetaucht. In bezug auf seine Arbeit mit Them ist die folgende Aussage von Page überliefert: »Auf den Them-Sessions war es sehr unangenehm, weil man mitbekam, daß nach jeder Nummer ein anderes Bandmitglied durch einen Sessionmusiker ersetzt wurde. Da gab es Zeiten, da wünschte ich mir, gar nicht engagiert worden zu sein ... Ich spielte auf all den Klassikern, auf *Here Comes The Night, Baby, Please Don't Go*.« Die Vehemenz, mit der er das vertreten hat, spricht dafür, daß Page wirklich auf den meisten Klassikern von Them zu hören ist.

Was jedoch die zwei großartigsten »Punk«-Singles der Beat-Ära, nämlich *You Really Got Me* (August 1964) von den Kinks und *Can't Explain* (Januar 1965) von den Who, angeht, so kann man nur die wenig bekannten Tatsachen für sich sprechen lassen.

Zwar haben sowohl Dave Davies als auch Pete Townshend später geleugnet, daß Page auf diesen Titeln die Leadgitarre spielt, doch Tatsache ist, daß Shel Talmy, der diese beiden Singles produzierte, ein guter Freund von Jimmy Page war. Dies bestätigte auch Dave Davies! Geht man nun davon aus, daß Shel Talmy genau wußte, welchen Sound er haben wollte, dann ist auch anzunehmen, daß er Page, mit dem er zu diesem Zeitpunkt schon andere Titel gemacht hatte, sozusagen als Soundgaranten mit ins Studio brachte.

Dies bestätigte Townshend sogar selber, wobei er hinzufügte, daß er deswegen »schrecklich wütend« war, weil er die Gitarrenparts selber spielen konnte und wollte. Etwas Licht kam in die mysteriöse Geschichte, als John Entwhistle im Februar 1987 die Covernotes für den Who-Sampler *Who's Missing* verfaßte. In ihnen war zumindest schwarz auf weiß zu lesen, daß Jimmy Page auf der B-Seite der Single *Can't Explain*, auf dem Titel *Bald Headed Woman*, zu hören ist, »da er«, so Entwhistle, »der einzige war, der zu dieser Zeit in England eine Fuzzbox besaß!« Doch Pages gesicherte Mitwirkung auf der B-Seite dieser Single sagt natürlich nicht viel über die A-Seite aus.

Wie dem auch sei, wenn Townshend angab, er wäre auf *Can't Explain* zu hören, so war das, da er rockhistorisch weniger zu verlieren hatte, glaubwürdiger als Dave Davies' Verlautbarung, er spiele auf *You Really Got Me*. Zum einen ist nämlich belegt, daß seine Live-Soli zu dieser Zeit auf diesem Titel nie so ausfielen wie auf der Studioaufnahme, und zum anderen – was noch viel wichtiger war – bestätigte Ritchie Blackmore die Version, daß Page auf dem Titel zu hören war. Jon Lord, der für diese Sessions als Pianist engagiert worden war, hatte Blackmore erzählt, daß »von Dave Davies im Studio keine Spur zu sehen war«. Da man Page auch zumindest auf einem Kinks-Titel, nämlich *I Need You* (Mai 1965) mit einem Feedback-Vorspann eindeutig identifizieren kann, muß man davon ausgehen, daß Page sowohl auf *You Really Got Me* als auch auf dem Nachfolgehit *All Day And All Of The Night* zu hören ist.

Im Endeffekt zeigten die Vehemenz, mit der Dave Davies die Urheberschaft dieses Gitarrensolos verteidigte, und die Beharrlichkeit, mit der die Rockpresse bei diesem Thema immer nachhakte, wie revolutionär das eigentlich war, was Page im Studio leistete. Angesichts der Angewohnheit vieler Rockjournalisten, Jimmy Page fast ausschließlich für seine Arbeit mit Led Zeppelin zu würdigen, soll hier nun einmal vor allem seine Zeit als Studiogitarrist gewürdigt werden, die leider durch die Schwierigkeit, exakt zu ermitteln, wo er denn nun wirklich mit von der Partie war, meistens einfach links liegen gelassen wurde.

Dabei waren bereits zu diesem Zeitpunkt, also noch vor den Yardbirds, seine Qualitäten als unkonventioneller und experimenteller Gitarrist, der seine Anregungen aus allen musikalischen Gebieten bezog, voll entwickelt. So hatte er z.B. auf der Ventures-Single *2000 Pound Bee* zum erstenmal bewußt ein Fuzztone gehört und wollte nun auch einen solchen Sound bekommen. Roger Mayer, der für die Elektronik-Abteilung der British Navy arbeitete und später viele Fuzzpedale für Jimi Hendrix baute, entwickelte für ihn eine der ersten Fuzzboxen in England. All das, was Page später an Soundexperimenten mit Echoplex, Delay und unzähligen Effektpedalen veranstaltete, hatte bereits während der Studiozeit seinen Anfang genommen.

Sogar die in der Zeit mit den Yardbirds erstmalig angewendete Live-Technik, die Gitarre mit einem Geigenbogen zu streichen, entstand während einer dieser Sessions. Jimmy Page erzählte, wie es dazu kam: »Es war ein Sessionviolinist, der mich dazu anregte. Anfangs hielt ich es nicht für machbar, ein flachhalsiges Instrument mit dem Bogen zu spielen, aber ich beherzigte seinen Rat, unternahm einen Versuch und erkannte die positiven Möglichkeiten dieser Technik.«

Page konnte während einer seiner Sessions überhaupt auf einen Violinisten stoßen, weil in zunehmendem Maß soulgefärbte Singles im Stax-Sound produziert wurden. Jimmy Page berichtete: »In meinen ersten Jahren als Sessiongitarrist gab es eine Menge Gitarrensoli im Vordergrund, aber als die Gitarren durch Orchester und Bläser ersetzt wurden, fing ich an mich zu langweilen ... Am Ende fühlte ich mich eingerostet, und, ›zum Teufel‹, das Geld war ohnehin nicht so wichtig. Es war eine Art Anreiz, aber ich hatte nicht einmal die Gelegenheit, es auszugeben.«

Nach rund drei Jahren Sessiontätigkeit, die er übrigens fast ausschließlich mit einer damals in England recht seltenen Gibson »Black Beauty« Les Paul Custom Gitarre bestritten hatte, fand er »die Sessionszene nur noch öde« (Page). In dieser Zeit hatte er, um noch einmal ein paar Namen zu nennen, u.a. bei folgenden Künstlern (Titel in Klammern) mitgespielt: P. J. Proby *(Together)*, Billy Fury *(Ain't Nothing Shakin' But The Leaves)*, Brian Poole & the Tremeloes *(Candy Man)*, Tom Jones *(It's Not Unusual)*, Dave Berry *(This Strange Effekt)*, David Bowie & the Mannish Boys *(I Pity The Fool)*, Nico *(I'm Not Saying)*, Donovan *(Sunshine Superman)*. Außerdem erinnerte er sich später noch an Sessions mit Cliff Richard, Petula Clark, The Dubliners, The Pretty Things, Creation, The Bachelors, Paul Anka und den Rolling Stones (u.a. *Out Of Time*). Darüber hinaus war er jedoch in dieser Zeit nicht nur als Gitarrist tätig, sondern komponierte mit Jackie DeShannon eine ganze Reihe von Titeln, die von Judy Smith, Marianne Faithful und P.J. Proby aufgenommen wurden.

Mit Jimmy Page Music besaß Page sogar einen kleinen Musikverlag, in dem Titel der Gruppen The Outsiders und The Quik verlegt worden sind. Des weiteren war Page zeitweilig auch als Produzent tätig. Im März 1965 hatte er nämlich aufgrund seiner Freundschaft mit Eric Clapton, den er bereits während seiner Besuche im Marquee kennengelernt hatte, die Bluesbreakers-Titel für das *Blues Anytime*-Set produziert. Jimmy Page: »Ich produzierte mit Eric Clapton und John Mayalls Bluesbreakers die Titel *Telephone blues, On Top Of The World* und *I'm Your Witchdoctor*. Auf diesem Titel benutzte Eric Feedback, und der Engineer, der das noch nie gehört hatte, schrie: ›Das ist total unaufnehmbar!‹ ... Ich genoß die Arbeit als Produzent von Eric. Es waren gute Sessions, und *Telephone Blues* enthält eines seiner besten Soli auf Platte.«

Außer diesen Aufnahmen entstanden noch eine Reihe weiterer Eric-Clapton-Titel wie *Snake Driver, Tribut To Elmore, West Coast Idea, Draggin' My Tail, Freight Loader, Choker* und *Miles Road*, wobei die letzten vier als Clapton & Page-Titel ausgegeben werden. Über ihre Entstehung erzählte Jimmy Page folgendes: »Eric kam zu mir, als ich in Epsom lebte. Wir machten einige Aufnahmen auf einem alten Stereo-Tonbandgerät. Ein paar Instrumentals mit Verzerrung und ähnlichem.«

Ursprünglich waren diese Aufnahmen gar nicht zur Veröffentlichung bestimmt. Doch da sie in der Zeit des Immediate-Vertrages erschienen, beanspruchte diese Plattenfirma die Aufnahmen für sich. Page konnte aber zumindest verhindern, daß sie in der Originalform erschienen: »Wir fügten einige Instrumente hinzu, und dann war am Ende auf dem *Blues Anytime*-Album der Etikettenschwindel vollzogen, daß mein Name zu lesen war. Wir beide, Eric und ich, wollten uns den Verdienst teilen, aber ich habe nie einen Penny gesehen. Ich weiß nicht, ob Eric sein Geld bekommen hat.«

Um von diesem »Ausflug« wieder zu der Chronologie der Ereignisse in Pages Leben zurückzukehren, ist es gar kein weiter Weg. Denn auf dem dritten Album der *Blues Anytime* Serie finden sich auch Aufnahmen, auf denen die ehemalige Begleitband von Cyril Davies zusammen mit Jimmy Page und eben mit Jeff Beck spielt. Dies war kein Zufall, denn die Freundschaft zwischen Page und Jeff Beck hatte sich nach dessen Einstieg in die Yardbirds immer mehr intensiviert. Mitte 1966 besuchte Page ein Konzert der Yardbirds, das für ihn und seine weitere Karriere sehr wichtig werden sollte: »Es war ein Auftritt in der Universität in Oxford, und die Band war da in ihrer Pinguin-Kleidung, als Keith Relf total betrunken ›Fuck you!‹ ins Mikro schrie und ins Schlagzeug fiel. Es war eine großartige anarchistische Nacht, und ich ging in den Umkleideraum und sagte: ›Was für eine grandiose Show.‹ Darauf sagte Paul Samwell-Smith aus einer Stimmung heraus: ›Gut, ich verlasse die Band, und wenn ich an deiner Stelle wäre, Keith, würde ich das auch tun‹.«

Keith Relf verließ die Band natürlich nicht, doch als Paul Samwell-Smith seine Drohung wahr machte, stieg Jimmy Page für ihn im Juni 1966 ein. Page hatte zwar so gut wie keine Erfahrung im Baß-Spiel, doch eine Sessionarbeit für Johnny Halliday war für ihn den letzten Stein des Anstoßes gewesen, seine reine Sessiontätigkeit aufzugeben. Nach Pages Einstieg las sich die Besetzungsliste der Yardbirds wie folgt: Keith Relf (Vocals, Mundharmonika), Jim McCarty (Drums), Chris Dreja (Rhythmusgitarre), Jeff Beck (Leadgitarre) und Jimmy Page am Baß. Über Pages Qualitäten als frischgebackener Bassist berichtete Jeff Beck: »Er war sehr gut. Ein guter Trashing-Baß-Sound, aber ich merkte, daß alles darauf hinauslief, daß er zum Leadgitarristen wurde.«

Pages Wechsel zur Leadgitarre vollzog sich nach seinen eigenen Angaben während eines Konzertes im Carousel Ballroom am 25. August 1966. Die Ironie des Schicksals wollte es, daß Page, der seine Tätigkeit als Sessiongitarrist auch wegen seiner Krankheitsanfälligkeit gewählt hatte, den durch Krankheit ausgefallenen Jeff Beck an der Leadgitarre ersetzen mußte. Jimmy Page brachte dann Chris Dreja, dem »schrecklichen Rhythmusgitarristen« (Jeff Beck), die wichtigsten Baß-Kenntnisse bei, und als Beck wieder gesund zurückkehrte, war die legendär werdende Zwei-Leadgitarren-Besetzung geboren.

Jimmy Page berichtete: »Jeff und ich, wir beide haben ein paar Workouts bei mir zu Hause gehabt, die sehr erfolgreich verliefen. Wir haben ein paar Freddie King-Soli Note für Note gelernt, und wenn wir sie gleichzeitig spielten, klang das gut.«

Wie kreativ und progressiv diese Besetzung mit zwei Leadgitarristen dieses Formats war, davon künden heute nur noch die folgenden Aufnahmen: *Happenings Ten Years Time Ago, Psycho Daisies* (1966 als Single erschienen), *Stroll On* (auf dem Soundtrack des Filmes »Blow up«) und ein Coca Cola Jingle namens *Great Shakes American*. Ob Beck und Page auch, wie es teilweise zu lesen ist, auf dem Titel *Hot House Of Omargarashad* gespielt haben, kann nicht eindeutig beantwortet werden. Klar ist jedoch, daß die Monomischung dieses Titels ein langes ausschweifendes Solo enthält, das für Page weitaus typischer ist als für Beck.

Außerdem soll Jimmy Page, wenngleich er dies nie bestätigt hat, noch zu einer Zeit, als er bis zu zwölf Sessions in der Woche absolvierte, auch Zeit gefunden haben, die Sitar auf der originalen *Heartful Of Soul*-Version der Yardbirds zu spielen. Diese Version wurde jedoch im Februar 1965 aufgrund der bekannten Gitarren-Sitar-Version von Jeff Beck verworfen und erschien erst 1984 auf der Yardbirds-Kassette *Shapes Of Things*. Wer anhand seines eigenen Gehörs heraushören will, ob Jimmy Page auf dieser Version die Sitar spielt, der sei auf die John Williams-LP *The Maureeny Wishfull* als Referenz-Platte verwiesen, auf der Page bei zwei Titeln das Sitarspiel beisteuerte.

Vor allem − um wieder auf die Yardbirds zurückzukommen − die drei erstgenannten Titel, also *Happenings Ten Years Time Ago, Psycho Daisies* und *Stroll On*, zeigen, welch unbändige Energie diese Doppel-Leadgitarren-Besetzung freisetzte. Kreischende Gitarren, Rückkopplungen, zerfetzte Rockrhythmen − kurzum, Aggressionen aus jeder Pore der schweißtreibenden Rock'n'Roll-Maschine namens Yardbirds. Auch live muß diese Formation Geniales geleistet haben, wenngleich es auch Abende gab, an denen nichts lief. Doch lassen wir Chris Dreja zu Wort kommen: »Wenn es zwischen Beck und Page funktionierte, dann waren sie Dynamit, doch wenn es nicht klappte, war es auch wie Dynamit[Lachen]. Als Page zum zweiten Leadgitarristen geworden war, fand das Beck, so denke ich, ein bißchen einschüchternd. Ich meine, Jimmy war immer schon ein wirklicher Professional, wohingegen Jeff immer schon mehr ein Mann der Gefühle war. So muß das Ganze für Jeff härter gewesen sein, weil er dazu neigte, aus der Situation heraus und entsprechend seinen Empfindungen zu spielen, wohingegen sich Jimmy immer danach richtete: ›Wir sind professionelle Entertainer, wir müssen herausgehen und angemessen spielen.‹« Was Page später über die Zusammenarbeit mit Beck sagte, bestätigte Drejas Ausführungen: »Wenn du duale Leadgitarren-Riffs und Muster spielst, dann hast du die gleichen Sachen zu spielen. Jeff Beck hatte gelegentlich Disziplin, aber er war ein inkonsequenter Gitarrist in dieser Funktion; er ist wahrscheinlich der beste Gitarrist, den es gibt, aber in dieser Zeit und der Phase danach hatte er keinen Respekt vor seinem Publikum.«

So lag die ungeheure Energie dieser Paarung letztlich in dem, was sie auch schlußendlich im November 1966 auseinanderbrachte: Auf der einen Seite stand Becks mangelnde Disziplin, mit der die Zwei-Gitarren-Idee schwer realisierbar war, auf der anderen Pages – nennen wir es mal – Sessionjob-Mentalität. Zum einen gab es den emotionalen Gitarrenvirtuosen Beck, zum anderen den »Performance«-Virtuosen Page. Aus diesen Gegensätzen bezog das Duo seine schier grenzenlose Kraft. An den Abenden, an denen die Balance zwischen den kreativen Individualisten im Gleichgewicht war, verströmten die beiden Yardbirds-Köpfe »absolute Magie« (Dreja). An den Abenden, an denen sich Beck allerdings dazu hinreißen ließ, dieses Gleichgewicht zugunsten eines »Sich-Messens« mit Page aus dem Lot zu bringen, gestalteten sich die Konzerte zu »kleinen Kakophonien«, so Dreja, »mit einer Ich-bin-lauter-als-du-Attitude aus Becks Lager.«

Hört man die besagten Aufnahmen dieser Formation und sieht zudem auch den kurzen Ausschnitt aus einem Yardbirds-Konzert in dem Film »Blow up«, (*Train Kept A-Rollin'* ist der gespielte Titel) so kann man sich sowohl von der »absoluten Magie« der Band als auch von den selbstzerstörerischen Spannungen, die auf der Bühne manchmal alles bestimmten, ein Bild machen. Ohne Übertreibung kann man die Tatsache, daß von dieser genialischen und sich zu neuen musikalischen Ufern aufschwingenden Yardbirds-Besetzung kein Live-Dokument existiert, als eine der traurigsten Tatsachen der Rockgeschichte charakterisieren. Deshalb können die von Glück reden, die diese Band auf ihrer einzigen Tournee zusammen mit den Rolling Stones und Ike und Tina Turner, die vom 23. September bis 9. Oktober 1966 dauerte, live im Konzept erleben durften. Vielleicht gibt es unter ihnen ja sogar jemanden, der ein Tonbandgerät mit dabeihatte. Doch das wäre fast zu schön, um wahr zu sein. Vielleicht erscheint wenigstens irgendwann einmal, solange sich die Betreffenden nicht dafür zu schämen brauchen, das Jingle *Great Shakes American* auf Vinyl!

Doch genug der Spekulationen. Als Beck die Yardbirds nach dem zweiten Gig ihrer am 19. Oktober 1966 begonnenen Amerika-Tournee verließ, hatten die Yardbirds noch vier Wochen ihrer strapaziösen Tournee vor sich. Nach Becks Ausstieg blieb den Yardbirds keine andere Wahl als weiterzumachen. Jimmy Page beschrieb die Strapazen der Tournee: »Das war die schlimmste Tournee, die ich je unternommen habe, sie ging bis zur totalen Erschöpfung. Es war ein Leben im Bus, mit dem wir Hunderte von Meilen zurücklegten. Wir spielten vier Wochen jeden Tag Doppel-Gigs, so daß wir nicht mehr wußten, wo wir waren und wer wir sind.«

Leider waren die Verhältnisse, mit denen sich das Yardbirds-Quartett im Studio »dank« seines neuen Produzenten Mickie Most, für den Page in seinen Sessiontagen als A & R-Mann gearbeitet hatte, abfinden mußte, auch nicht besser. Jimmy Page erzählte: »Es waren chaotische Aufnahmesessions. Ich meine, wir spielten ein Stück und wußten eigentlich gar nicht, was es war. Wir hatten Ian Stewart von den Stones am Klavier, und wenn wir einen Take gerade beendet hatten, dann sagte Mickie Most schon – ohne daß wir es uns noch einmal anhören konnten: ›Das nächste.‹ Ich sagte: ›Ich habe noch nie in meinem Leben so wie hier gearbeitet.‹ Und er sagte: ›Mach dir darüber keine Sorgen.‹ Alles wurde so schnell gemacht, daß es dann auch so klang.«

Insofern war es kein Wunder, daß sich die letzte LP der Yardbirds, *Little Games*, die 1967 zwar in Amerika, aber nicht in England erschien, in keinster Weise mit den Plattenwerken der Jeff Beck/Yardbirds-Ära messen konnte. Zwar enthielt die LP zumindest einiges Hörenswerte von Page wie akustische Gitarrenexkursionen *(White Summer)*, Geigenbogen-Gitarrenarbeit *(Glimpses, Tinker Tailor Soldier Sailor)* und effektvolle Gitarren-Splitter *(Smile On Me)*, doch insgesamt schlug sich die von Mickie Most zu verantwortende Produktionsweise in der Unausgegorenheit der Arrangements und der Ideenlosigkeit des Albums nieder.

Nach Page ging es Mickie Most sowieso nicht um die Qualität der LP – er wollte sich vielmehr auf Singles konzentrieren. Um von den Yardbirds das vermeintliche Hitmaterial für die Singles zu bekommen, wandte er zumindest für die Single-A-Seiten *Ha Ha Said The Clown* und *Ten Little Indians* einen üblen Trick an, wie Jimmy Page beschrieb: »Beide Titel entstanden durch Manipulationen von Most. Es geschah so: Er sagte: ›Warum versuchen wir nicht *Ha Ha Said The Clown* [damals gerade ein Hit für Manfred Mann, Anm. d. Verf.], aber im Stil der Yardbirds?‹ Und wir antworteten: ›Sei bitte nicht albern.‹ Aber er erwiderte: ›Kommt, laßt es uns probieren, es wäre ein interessantes Experiment. Wenn es nicht klappt, löschen wir es.‹ Natürlich wurde es, sobald wir es aufgenommen hatten, veröffentlicht – obwohl es schrecklich war. Und dann – um allem die

Krone aufzusetzen – gingen wir bei *Ten Little Indians* von Harry Nilsson in die gleiche Falle. Das waren Sachen, die zu einem Mangel an Selbstvertrauen führten und die letztlich für den Split verantwortlich waren. Ich habe versucht, die Band zusammenzuhalten, aber es war aussichtslos.«

Doch bis sich die Yardbirds im Juli 1968 trennten, bewiesen sie zumindest live, was in ihnen steckte, oder besser gesagt, was in Jimmy Page steckte. Denn während im Studio Mickie Most regierte, realisierte Page live auf der Bühne seine musikalischen Visionen mit Hilfe der Yardbirds. Und diese Visionen hatten bereits einiges mit dem zu tun, was Page später mit Led Zeppelin noch radikaler verwirklichen wollte und konnte. Insofern war es nur konsequent, daß die Yardbirds auch ihre Live-Seite dokumentieren wollten. Der Versuch dazu, der am 30. März 1968 im Anderson Theatre unternommen wurde, mißlang jedoch nach Pages Meinung gründlich: »...das wurde von einem Typen aufgenommen, der nur Orchester, aber noch nie eine Rock'n'Roll-Band aufgenommen hatte. Er hatte – was undenkbar ist – nur ein Mikro fürs Schlagzeug installiert. Außerdem nahm er die falschen Boxen ab, so daß der Fuzztone, der uns all das Sustain gab, nicht zu hören war.«

Es war deshalb nur logisch, daß diese Live-Aufnahmen nicht veröffentlicht werden sollten. Dennoch erschien 1971 ein Zusammenschnitt dieser Aufnahme, nachträglich mit Publikumsgeräuschen und Beifallsrufen versehen, als *The Yardbirds Live At The Andersen Theatre Featuring Jimmy Page*. Page setzte eiligst alles daran, diese Plattenveröffentlichung per Gerichtsbeschluß zu untersagen, was ihm auch gelang. Dennoch gelangten einige Exemplare in den Handel, die heute gesuchte Sammler-Raritäten darstellen. Fünf Jahre später sollte die LP dann noch einmal erscheinen, was Page jedoch erneut zu verhindern wußte, wenngleich die Bootlegger eifrig zur Stelle waren, um die Platte zu kopieren.

Inwieweit man den Vorwurf gelten lassen kann, daß Page zwar alles getan hat, um das Erscheinen dieser Live-LP zu verhindern, es jedoch versäumt hat, eine Yardbirds-Live-LP nach seinem Geschmack zu veröffentlichen, muß angesichts der Unklarheit über die rechtliche Lage und das Vorhandensein von Bändern aus dieser Zeit dahingestellt bleiben. Klar ist dagegen, daß dieses Album der tatsächlich vorhandenen Kreativität der letzten Yardbirds-Besetzung mehr Gerechtigkeit widerfahren läßt als das Album *Little Games*. So finden sich auf diesem Album z.B. kraftvolle brachiale Live-Versionen von *The Train Kept A Rollin'*, *Heartful Of Soul* und *Shapes Of Things* sowie mit *I'm Confused* (später *Dazed And Confused)* und *White Summer* (aus dem später *Black Mountain Side* wurde) sogar späteres Led Zeppelin-Material.

Diese LP (oder der identische Bootleg *Last Hurrah In The Big Apple*) zeigte sehr deutlich, daß die Gruppe Yardbirds Jimmy Pages musikalischer Prototyp für seine spätere Band Led Zeppelin war. Hier probierte er zum erstenmal die unterschiedlichsten Soundexperimente auf der Bühne mit seiner von ihm selbst bemalten Telecaster aus, die ihm Jeff Beck geschenkt hatte. Er experimentierte mit Fuzzbox, Wah-Wah-Pedal, Geigenbogen und den Treble Boostern auf der Rückseite seines Vox AC 30 Verstärkers. Außerdem spielte er auf der Bühne für das Stück *White Summer* sogar eine sitarähnlich gestimmte Danelectro Gitarre.

Doch die Tage der Yardbirds waren aus den schon erwähnten Gründen gezählt. Nach einer letzten Amerika-Tournee im Mai/Juni 1968 trennte man sich im Juli 1968 nach einem Konzert im Luton College of Technology. Bereits vorher hatte Jimmy Page an einer Aufnahmesession seines Freundes Jeff Beck teilgenommen. Das Resultat hieß *Beck's Bolero*. Außer Beck und Page wirkten noch Keith Moon, Nicky Hopkins und John Paul Jones mit.

Da diese Aufnahmesession bis auf das plötzliche Verschwinden des Produzenten Simon Napier Bell (der später durch Peter Grant ersetzt wurde) so problemlos und harmonisch vonstatten ging, stellte man recht konkrete Überlegungen an, ob man nicht zusammen mit Stevie Winwood oder Steve Mariott eine neue Band gründen sollte. Als jedoch Steve Marriott mit den Worten: »Was haltet ihr von einer Band ohne Sänger?« absagte und zudem Keith Moon seinen Enthusiasmus für die Idee verlor, war dieses Projekt gestorben.

Jetzt aber, nach dem endgültigen Split der Yardbirds erinnerte sich Page wieder an John Paul Jones, mit dem er bereits vor der *Beck's Bolero*-Session mehrfach zusammengearbeitet hatte. Jener Paul hatte nämlich nach dem gescheiterten »Supergroup«-Projekt Page gegenüber noch einmal betont, daß er gerne zu seiner neuen Band gehören würde, falls er eine gründen würde. Nun war es soweit, und John Paul Jones wurde der erste Mitstreiter in Pages projektierter Band. Als Sänger hatte Page an Terry Reid gedacht, der jedoch ablehnte, ihm aber zugleich den Sänger Robert Plant empfahl. Nachdem Peter Grant ihn für Page aufgespürt hatte, schaute Page sich ihn im Konzert an. Jimmy Page: »Ich sah Robert als Frontsänger der Band Hobbstweedle auf einem Lehrerausbildungs-College außerhalb von Birmingham. Abgesehen davon, daß gerade mal zwölf Leute bei dem Gig waren – einschließlich mir –, gefiel mir das Programm der Band nicht, denn Robert war ein absoluter Moby Grape-

Fan, und sie brachten Westcoast-Sound. Aber ich hielt Robert sofort für einen phantastischen Sänger.«

Jimmy Page hatte seinen Sänger gefunden und mit ihm gleich seinen neuen Schlagzeuger. Denn Plant kannte einen hervorragenden Schlagzeuger aus seiner Zeit mit der Band Of Joy: John Bonham. Jimmy Page beschrieb seinen Eindruck wie folgt: »Als ich sah, was für ein ›Trasher‹ Bonzo [Spitzname für John Bonham, Anm. d. Verf.] war, da wußte ich, daß er unglaublich sein würde. Er mochte genau das gleiche Zeug wie ich.«

Die Besetzung für die Band, die etwas später mit dem Namen Led Zeppelin Rockgeschichte schreiben sollte, war also komplett. Doch zunächst einmal muße man sehen, wie man zusammen harmonierte. John Paul Jones erinnerte sich: »Page führte uns in einen kleinen Raum, der mit einer Unmenge von alten und uralten Musikinstrumenten vollgestopft war. Dann sagte er: ›Jetzt sind wir alle da und sollten mal etwas zusammen spielen.‹ Ich antwortete, daß ich nicht so recht wüßte, was alle vier beherrschten. Page meinte, wir sollten es mit *Train Kept A Rolling'* versuchen, das wäre ein schönes und einfaches Stück. Er zeigte uns ein paar Takte, erklärte ein paar Griffe, und wir sagten okay. Das Ding klappte auf Anhieb. Schon bei den ersten Passagen und nach den ersten Blick-Kontakten zwischen uns wußten wir, wir würden uns optimal verstehen und ergänzen.«

Wie hervorragend die Gruppenharmonie war, konnten sie schon bald auf einer Skandinavien-Tournee unter Beweis stellen, die aufgrund von Konzertverpflichtungen der »alten« Yardbirds absolviert werden mußte. Aus diesem Grund traten sie auch als The New Yardbirds auf. Doch der neue Name ließ nicht lange auf sich warten, denn als die Bandmitglieder im Herbst 1968 nach England zurückkehrten, hatten sie eine ganze Reihe Namen, wie Whoople Cushion, The Mad Dogs, The Vegetables, The Potatoes und Lead Balloon, ausgetüftelt. Auf einem Treff mit Jimmy Page & Co. machte dann Keith Moon – nachdem er sich über die in Erwägung gezogenen Namen köstlich amüsiert hatte – Vorschlag Lead Ballon aus dem den Namen Led Zeppelin (was angeblich soviel bedeutet wie Bleiente). Bei diesem Namen sprang der Funke über, so daß nun endlich alles beisammen war, was man für die Erfolgsgeschichte einer Band brauchte.

Nach zwei Konzerten am 18. und 19. Oktober im Marquee und in der Liverpool-Universität unter dem Namen New Yardbirds konnte man sich dann am 9. November 1968 erstmalig im Middle Earth Club in London unter dem neuen Namen vorstellen. Led Zeppelin hatte abgehoben, um in kürzester Zeit in die Regionen absoluter Superlative zu schweben. Eine wichtige Rolle spielt dabei der Mann im Hintergrund: der Manager Peter Grant.

Dieser hatte sich als Metallarbeiter, Kellner, Busfahrer, Filmstatist, Bote und angeblich sogar als Catcher durchs Leben geschlagen. Schon aus diesem Grund war er für den Job des Roadmanagers wie geschaffen. Doch erst in der Funktion als Manager von Led Zeppelin sollte sein wahres Talent aufblühen. Ohne daß die amerikanische Plattenfirma Atlantic jemals ein Demoband von Led Zeppelin zu hören bekam, handelte er mit ihr einen aufsehenerregenden Fünf-Jahres-Vertrag aus, der den vier Musikern eine Mindestgarantie von 200 000 Dollar einbrachte. Daß dieser Vertrag mit der amerikanischen Plattenfirma Atlantic geschlossen wurde, hatte einen ganz einfachen Grund: Peter Grant war schlau genug, um sich auszurechnen, daß ein Erfolg auf dem amerikanischen Markt weitaus lukrativer sein würde als einer in der Heimat der Musiker, in England. Zudem schuf der Erfolg der Yardbirds-Konzerte in den USA dort auch günstigere Voraussetzungen.

Deshalb kam auch das in dreißig Studiostunden entstandene Debütalbum *Led Zeppelin* am 21. Januar 1969 in Amerika heraus, mitten in der ersten großen USA-Tournee, während es in Europa erst etwa zwei Monate später veröffentlicht wurde. Dank der enorm erfolgreichen Tournee durch Amerika sprach der amerikanische Markt blitzschnell an. Schon am 22. Februar stieg das Album in die LP-Charts und blieb dort insgesamt 140 Wochen lang. Allein von März bis Juli verkaufte sich das Album eine halbe millionmal, und bis heute ist die Zahl der verkauften Exemplare auf sechs Millionen angestiegen. Doch nicht nur die Verkaufszahlen waren bombastisch, auch die Musik von Led Zeppelin war es. Es wird oft behauptet, die erste LP von Led Zeppelin enthalte Bluesrock der härteren Gangart, doch das ist schlicht und einfach falsch. Zwar finden sich auf der LP mit den beiden Willie Dixon-Kompositionen *I Can't Quit You Baby* und *You Shook Me* sogar zwei Bluesstücke im oberflächlichen Sinne, doch bieten diese Stücke nur eine Parodie auf das, was den Blues auszeichnet.

Hinter der Fassade des Blues gibt es bei Led Zeppelin nur maßlose Übertreibungen und kein echtes Gefühl. Robert Plants entsetzlich manieristischer Gesang übertreibt, wie Don Heck seinerzeit im »New Yorker« richtig bemerkte, die schwarze Passion bis zu den Belanglosigkeiten von Plastik Sex. Hätte allein Plants Gesang, der leider viele angehende Hardrock-Sänger beeinflußt hat, schon gereicht, die Blueselemente in der Musik von Led Zeppelin zur plumpen Karikatur verkommen zu lassen, so trugen Jimmy Page und John Bonham auch noch dazu bei. Page benutzte die genannten Bluestitel – vor allem live – dazu, sein fingerfertiges Können, nicht aber die Fähigkeit zur gefühlsintensiven Gitarrensprache zu demonstrieren, während John Bonham mit seinem unverkennbar donnernden Schlagzeugspiel, das für Hardrock ideal sein konnte, dem Blues seine letzte Raffinesse austrieb und durch Grobschlächtigkeit ersetzte.

Interessant ist in diesem Zusammenhang der Vergleich zwischen dem Debütalbum von Led Zeppelin und dem Debütalbum von Pages ehemaligem Kollegen Jeff Beck, *Truth*. Dieser Vergleich bietet sich auch aufgrund des Covertitels *You Shook Me* an, der auf beiden Alben zu finden ist und den Page nach eigenen Angaben mit Led Zeppelin eingespielt hat, ohne die Version von Beck zu kennen. Jimmy Page erzählte: »Jeff Beck und ich kommen von den gleichen Wurzeln her. Mit den Yardbirds damals funktionierte das nicht immer, denn wenn man Stücke kennenlernt, die man wirklich gerne mag, dann will man sie auch selber machen. Das führte zu dem schrecklichen Punkt, als wir für unsere erste LP *Led Zeppelin* den Titel *You Shook Me* aufnahmen und ich danach hörte, daß er ebenfalls *You Shook Me* veröffentlicht hatte. Ich war total erschrocken, weil ich dachte, sie würden gleich sein.«

Das waren sie jedoch ganz und gar nicht, denn während sich Jeff Beck mit seiner Version – wie im übrigen auf der ganzen LP – bravourös auf dem schmalen Grat zwischen der Respektierung und der Suche nach neuen Ausdrucksmöglichkeiten des Blues bewegte, war die Page/Led Zeppelin-Version seltsam leer und ohne Gespür für diesen Grat. Der Unterschied zwischen den Versionen war gar nicht so groß, doch er betraf Entscheidendes, da es um die gefühlsmäßige Komponente ging, die beim Blues nun einmal alles entscheidend ist.

Doch bei dem ersten *Led Zeppelin*-Album drängt sich noch ein weiterer Vergleich auf. Er betrifft das Stück *How Many More Times*, in dem nicht nur Becks oder Pages *Beck's Bolero*-Idee wieder aufgegriffen, sondern auch das Booker T. & the MG's-Stück *The Hunter* angespielt wird. (ohne daß es jedoch in den Credits auftaucht). Dies in der Version der Bluesrockgruppe Free so packende Stück wird hier auf seine gröbsten Züge reduziert und besitzt dadurch nicht annähernd die Intensität der Free-Version. Vielleicht ist aber auch der Anspruch an Gefühlstiefe bei einer Band, die als Gründungsvater von schwerem Hardrock und Heavy Metal gefeiert wird, vollkommen verfehlt.

Wie dem auch sei, Led Zeppelin kann man ohne Übertreibung als die Band bezeichnen, die wie keine zweite die 70er Jahre symbolisiert: Die ursprünglichen Aggressionen und die unmittelbare Wucht des Rock'n'Roll verkamen durch sinnlose Übertreibung zur Posse. Gigantomanie allenthalben – größere Hallen und Stadien, längere Tourneen, stärkeres Merchandising und natürlich vor allem höhere Gewinne. Das Busineß, das sich bis Ende der 60er Jahre etwas beschämt im Hintergrund hielt, entfaltete in den 70er Jahren seine wahre Größe. Es ging ums Geld. Natürlich war das in der Rockmusik immer schon so, doch erst in den 70er Jahren ließ es sich nicht mehr übersehen. Gruppen wie Led Zeppelin waren Paradepferde der Industrie, mit denen sich beweisen ließ, daß geschickte Marketing-Strategien gleichbleibend hohe und sogar steigende Plattenverkäufe über einen Zeitraum von fast zehn Jahren erreichen konnten. Peter Grants fast schon geniale Anti-Publicity-Politik, die nach dem Motto »Schweigen bildet Legenden« funktionierte und bewußt mit Gerüchten über Sexorgien und Pages mystisch umnebelte Seele arbeitete, hatte daran einen nicht zu unterschätzenden Anteil.

Die Geschäftspolitik wird hier deshalb so ausführlich besprochen, weil Led Zeppelin noch in dem Jahr des Erscheinens ihres Debütalbums das Album mit dem einfallsreichen Namen *Led Zeppelin II* nachschob, mit dem die Band sich nur rund ein Jahr nach ihrer Gründung in den Regionen absoluten Startums befand.

Dieses Album prägte für viele Rockhörer den typischen Led Zeppelin-Sound, an dem nicht selten die späteren Werke gemessen wurden. Page legte meistens verschiedene Gitarrenparts übereinander, nicht selten setzte er, wie schon auf dem Plattenvorgänger, geschmackvoll gestrichene Akustikgitarren mit brummenden elektrischen Riffgitarren in Kontrast. John Bonhams machtvolles Bassdrumspiel und das perfekt damit harmonierende grummelnde Baßspiel von John Paul Jones dienten ihm dabei als kräftiges Fundament. Schrille Gitarrensoli mit Verspielfehlern, die Page aber absichtlich nicht eliminierte, um die Spontaneität zu erhalten, komplettieren den dichten »klassischen« Led-Zeppelin-Sound, dessen markanteste Eigenschaft es war, gleichermaßen klar und wuchtig sowie raffiniert und »simple« zu sein.

Mit dem nächsten, 1970 erschienenen Album *Led Zeppelin III* irritierte Led Zeppelin viele Kritiker, die den phänomenalen Erfolg dieser Band in der Ausnutzung eines einmal gefundenen Hardrock-Konzeptes sahen. Denn obwohl sich das Album stark folkgefärbt und mit vielen ruhigen, akustischen Gitarrenpassagen präsentierte, erreichte es die erwarteten Verkaufszahlen, die bei Led Zeppelin immer sehr hoch angesetzt waren.

Led Zeppelin konnte es sich sogar leisten, eine LP zu veröffentlichen, auf deren Cover mit keiner Silbe zu lesen war, von wem sie überhaupt stammte. Das geschah bei der folgenden LP, *Led Zeppelin IV* (auch als *Runen*-LP bezeichnet), die mit *Stairway To Heaven* ein wahrliches Meisterwerk von Jimmy Page enthielt. Live spielte er es mit einer Double Neck Gibson SG, die man fortan mit ihm identifizierte. Daß Page für diesen – live schon mal auf zwanzig Minuten ausgedehnten – Titel, den er im Studio jeweils mit einer sechs- und einer zwölfsaitigen Gitarre aufgenommen hatte, überhaupt eine Doppelhals-Gitarre auf der Bühne brauchte, lag an der Struktur des Songs, der mit einer zarten Stimmung beginnt, bis sich im Mittelteil eine immer bedrohlichere Atmosphäre breitmacht, die durch ein hartes Rockriff entfesselt und mit einem ekstatisch züngelnden Solo gekrönt wird. Mit diesem Titel, »in dem ein perfekter Ausgleich zwischen einem fast kindlichen Text und einem prahlerischen Getöse gelingt« (Jim Miller), hatte Led Zeppelin den künstlerischen Zenit erreicht.

Page schien das selber so zu empfinden, denn es dauerte fast zwei Jahre, ehe die nächste Led Zeppelin-LP, *House Of The Holy*, erschien. Nach den Höhen von *Stairway To Heaven* signalisierte sie eine erschreckende künstlerische Talfahrt. Doch wenngleich diese LP selbst von den amerikanischen Kritikern fast einhellig verrissen wurde, so beliefen sich die Gesamteinnahmen von Led Zeppelin, die u.a. aus dem Verkauf dieser LP, den Konzert-Tourneen und dem kräftig betriebenen Merchandising resultierten, am Ende des Jahres 1973 auf angeblich 60 Millionen Dollar!

Auf einem Konzert der Tourneen des folgenden Jahres entstanden die Live-Aufnahmen für den erst 1976 erschienenen Konzertfilm »The Song Remains The Same«, der mit Spielszenen angereichert war, in denen Pages Vorliebe für keltische Mythen und seine Verehrung für den Satanisten Aleister Crowley auch visuell deutlich wurden. Der Konzertfilm an sich, dessen Soundtrack auch als Doppel-LP erschien, machte deutlich, daß Pages gitarristische Soundexperimente die bis zu drei Stunden langen Konzerte sehr oft mit avantgardistischen Elementen anreicherten. Erstaunlich war daran vor allem, daß das Publikum sich zu großen Teilen damit anfreunden konnte.

1974 gründeten die Mitglieder von Led Zeppelin nach dem Auslaufen ihres Fünf-Jahres-Vertrages mit Atlantic das eigene Plattenlabel Swan Songs, für das sie z.B. Bad Company verpflichten konnten und auf dem außerdem alle weiteren LPs von Led Zeppelin erschienen. Das erste Album auf dem neuen Label wurde das Doppelalbum *Physical Graffiti* (Februar 1975), das zum größten Teil aus neubearbeiteten Stükken der vorangegangenen Zeit bestand; seiner Qualität hätte es sicher keinen Abbruch getan, wenn man daraus ein Einzelalbum (natürlich mit dem Titel *Kashmir*) gemacht hätte.

Die nächsten beiden Studioalben von Led Zeppelin *Presence* (April 1976) und *In Through The Out Door* (August 1979), machten auf erschreckende Weise klar, daß Led Zeppelin in den Tiefen konstanten Selbstplagiats dümpelte. All das, was früher schon leicht gleichförmig gewirkt hatte, wurde auf diesem Album nochmals zitiert und dadurch nicht besser. Erschreckend war die Qualität dieser Alben vor allem deshalb, weil Jimmy Page in dieser Zeit in diversen Interviews betonte, daß er sich – angeregt durch exotische Musikformen — auf dem Weg zu neuen musikalischen Horizonten befand. Diese suchte man auf den neuen Alben jedoch vergeblich, und so ist anzunehmen, daß Pages Bemerkungen nur die Fluchtwege signalisierten, die sich der an einer Identitätskrise leidende Musiker geschaffen hatte.

Nach diesen Alben, die den kreativen Nullpunkt der Band festhielten, sowie Robert Plants Autounfall im August 1975 und den Tod seines fünfjährigen Sohnes verstummten die Gerüchte, die Band wolle sich auflösen, nicht mehr. Sie bewahrheiteten sich jedoch erst im September 1980, als John Bonham ein Opfer seines exzessiven Alkohol- und Rauschgiftkonsums wurde. Am 26. September hatte John Bonham in seiner Stammkneipe schon am Mittag neben zwei Käsebrötchen vier oder fünf vierfache Wodka-Orange zu sich genommen. Danach ließ er sich zu Proben in Jimmy Pages Haus fahren, wo er bis Mitternacht stündlich zwei bis drei sehr große Wodka-Orange trank. Dann nachdem er noch Chips und Pastete gegessen hatte, schlief er ein und wachte nie mehr auf. Sein Tod bedeutete den endgültigen Schlußstrich unter das Kapitel Led Zeppelin, da Jimmy Page nur zu genau wußte, wie entscheidend John Bonhams charismatisches, bassdrumlastiges Schlagzeugspiel für die Magie der Band gewesen war.

Um Page wurde es nach der Auflösung von Led Zeppelin erst einmal ruhig. Da die Band das Vehikel für seine musikalischen Ideen dargestellt hatte, nutzte er die Zeit nach der Trennung dazu, sich darüber klarzuwerden, was er nun machen wollte.

Dennoch ließ er die Zeit nicht inaktiv verstreichen, denn als sich sein langjähriger Nachbar, der Filmregisseur Michael Winner, an ihn wandte und ihm anbot, innerhalb von acht Wochen einen Soundtrack für seinen Charles Bronson-

Film »Death Wish II« zu machen, sagte er spontan zu. Er nutzte die Gelegenheit, um erstmalig intensiv mit dem Roland Gitarrensynthesizer zu experimentieren, und als der Soundtrack im Februar 1982 auf Vinyl erschien, gab es nicht wenige, die meinten, Page hätte es als erster verstanden, den Gitarrensynthesizer optimal einzusetzen. Wie man die Arbeit mit solch sterilen Synthesizerklängen einstuft, muß jedem selbst überlassen werden. Page schreckte jedoch nie davor zurück, die neuesten Effektgeräte zu benutzen, so daß dieser Schritt nur konsequent war.

Im gleichen Jahr, genauer im November 1982, erschien auch die von Page aus altem unveröffentlichtem Led-Zeppelin-Material zusammengestellte LP *Coda*, die wir hier aber angesichts ihrer Qualität lieber übergehen wollen. Auf der Bühne sah man Page in den ersten drei Jahren nach der Auflösung von Led Zeppelin so gut wie gar nicht. Spontane Auftritte wie am Ende eines Clapton-Konzerts in Guildford am 24. Mai 1983 bildeten die Ausnahme.

Doch als am 20. September 1983 das erste Ronnie Lane/ARMS Benefiz-Konzert stattfand, gehörte auch Jimmy Page zu der Schar der berühmten Musiker wie u.a. Eric Clapton, Jeff Beck und Bill Wyman. Von diesem Konzert, auf dem Jimmy Page in seinem Set auch eine instrumentale Version von *Stairway To Heaven* präsentierte, wurde ein Filmmitschnitt gemacht, der später als Video herauskam. Dieses Video dokumentiert, daß Page mittlerweile von seiner 58er Gibson Les Paul, die er in den Led Zeppelin-Zeiten fast ausschließlich benutzt hatte, auf eine spezielle braune Fender Telecaster umgestiegen war.

Diese Gitarre war auch für Pages neuen unorthodoxen Gitarrenstil und Sound mitverantwortlich, der im Kontrast zu den Spielweisen von Beck und Clapton noch exotischer wirkte. Sie war nämlich mit einem sogenannten Gene Parsons/Clarence White B String Bender ausgerüstet, dessen Mechanismus durch den Druck, der vom Gitarrengurt ausgeht, aktiviert wird. Drückt man nämlich die Gitarre vom Körper weg, so wird die zweite hohe Saite der Gitarre »gezogen« und erzeugt einen steelgitarrenähnlichen Sound. Dieser Klang mußte Page, der sich schon 1969 auf den Sessions für die P.J. Proby-LP *Three Weeks Hero* zum erstenmal mit der Steelgitarre vertraut gemacht hatte, zwangsläufig faszinieren. Zum erstenmal hatte er den Sound eines String Benders auf der Byrds LP-*Untitled* gehört, ohne jedoch zu wissen, daß der Byrds-Gitarrist Clarence White diesen Sound mit einer speziellen Vorrichtung erzielte. Page unternahm nun Versuche, diesen Sound auf seiner Gitarre zu erzeugen, was jedoch wegen der fehlenden Spezialeinrichtung, von der er bald hören sollte, zum Scheitern verurteilt sein mußte.

Page bekam dann irgendwann die Gelegenheit, die Byrds live im Konzert zu erleben, und nutzte die Chance, Gene Parsons nach dem Konzert danach zu fragen, ob er ihm auch einen String Bender bauen könnte. Da Parsons natürlich einverstanden war, hatte Page schon bald darauf eine Fender Telecaster mit einem String Bender, mit dem er nur noch umzugehen lernen mußte. Nach seinen eigenen Angaben war das gar nicht so einfach und dauerte länger als ein ganzes Jahr. Dann wurde es aber zum markanten Soundmerkmal seiner neuen Gruppe Firm.

Zur Gründung dieser Gruppe war es gekommen, als die kleine ARMS-Amerikatournee Page wieder mit dem ehemaligen Free- und Bad Company-Sänger Paul Rogers zusammengeführt hatte. Zusammen mit Tony Slade (Drums) und Tony Franklin (Baß) wollten beide ihre Kräfte in einer neuen Gruppe vereinen, die sie Firm nannten. Die ersten beiden LPs dieser Formation, *The Firm* (1985) und *Mean Business* (1986), hatten zwar ihre schönen Momente, meistens wenn alte Free- und Led Zeppelin-Versatzstücke auftauchten, doch insgesamt merkte man den Alben genau das an, wonach man die zweite LP genannt hatte: Mean business. Doch wie dem auch sei, der Gitarrist Jimmy Page hat nach wie vor Momente absoluter Genialität.

Das zeigte sich z.B. auf dem Rolling-Stones-Album *Dirty Work* von 1986. Der Opener dieser LP, *One Hit To The Body*, enthielt eines der vielleicht schönsten kompakten Soli Jimmy Pages. Hier setzte er den String Bender, der schon auf *Sea Of Love (The Honeydrippers-LP)* für reizvolle Effekte gut war, optimal ein. Wenige Noten, die aber so kunstvoll und harmonisch aneinandergebunden waren, daß sie von der Könnerschaft eines Meisters kündeten. Im gleichen Jahr erschien mit der LP *Strange Land* der Gruppe Box of Frogs, die sich aus der ehemaligen Rhythmusgruppe der Yardbirds rekrutierte, ein weiteres Album, auf dem Page als Session-Gast zugegen war. Zwar spielte Jimmy Page nur auf einem Titel, auf *Asylum*, doch dieser ist aus einem bestimmten Grund sehr hörenswert. Jeff Beck, der ebenfalls bei den Sessions zugegen war, erzählte später, daß Jimmy mit seinem alten Equipment aus Yardbirds-Tagen ins Studio kam und einen einzigartigen Wah-Wah-Sound erzeugte.

Mit den Aufnahmen zu diesem Titel hatte sich der Kreis geschlossen. Rund zwanzig Jahre nach seinem Einstieg bei den Yardbirds und nach einer erlebnisreichen, über zehnjährigen Reise durch die Unwägbarkeiten des Startums mit

Led Zeppelin hatte Jimmy Page wieder mit seinen alten Yardbirds-Mitstreitern gespielt. Welche musikalische Reise wird Jimmy Page nun anstreben? – Man darf gespannt sein.

P.S. Wer von der fruchtbaren Zusammenarbeit der musikalischen Paarung Jimmy Page und Jeff Beck nicht genug hören kann, der sei an dieser Stelle auf die 1970 veröffentlichte LP *Lord Sutch & Heavy Friends* hingewiesen, die später als *Smoke And Fire* wiederveröffentlicht wurde. Der zweite Titel war nicht nur deshalb richtiger, weil Lord Sutchs Gesangspart im Overdubverfahren nachträglich hinzugefügt wurde, sondern auch, weil die Gitarren von Beck und Page tatsächlich voller Feuer und qualmender Heißglut agierten.

Carlos Santana: Der Temperamentvolle

Geb.: 20. Juli 1947 in Autlan deNovarro/Mexiko

Der Name von Carlos Santana steht nicht nur für einen außergewöhnlichen Gitarrenstil, in dem sustain-starkes Einzelnoten-Spiel mit rasanten Gitarrenläufen harmonisch verschmolzen wird, sondern darüber hinaus für eine bestimmte Art Musik, die nur grob mit dem Begriff Latin Rock umschrieben wird. Zusammen mit seiner Gruppe Santana hat er wie kein zweiter diesen neuen Rockstil geformt, zu dem der brodelnde lateinamerikanische Rhythmusteppich ebenso gehört wie das unverwechselbare glasklare energiegeladene Gitarrenspiel Santanas. Besonders eindrucksvoll ist Santanas Verwendung des Feedbacks zur Erreichung möglichst unverändert lang anhaltender Einzeltöne. Zudem ist er auch ein Meister fließender und atemberaubend schneller Gitarrenläufe.

Carlos Santana wurde 1947 als Sohn des Mariachi-Musikers José und seiner Frau Josefina in Autlan deNovarro in Mexiko geboren. Dort wuchs er zusammen mit seinen sechs Brüdern und Schwestern auf. Sein Vater brachte ihm schon sehr früh das Geigenspielen bei, worüber Santana später sagte: »In Mexiko spielte ich sechs Jahre Geige. Ich habe dabei gelernt, wie man Noten halten kann, wenn jemand anderer spielt, wann man spielt und wann man nicht spielt, was zu spielen ist und was nicht.«

Im Alter von zehn Jahren fing Santana dann an, Gitarre zu spielen. »Zuerst begann ich Top-40-Material zu spielen – die alten R&B-Titel wie *Blue Moon*. Dann fing ich mit B. B. King an«, beschrieb Santana seine Anfänge. Zusammen mit seinen Freunden trat er in den Clubs und Bars von Tijuana auf und verdiente damit sein erstes Geld. 1960 zog die Familie nach San Francisco. Carlos Santana folgte jedoch erst etwa ein Jahr später, da er weiterhin in den Bars Musik machen wollte.

1966 gründete er in San Francisco die Santana Bluesband, von der leider keine Plattendokumente existieren. Nach einigen Umbesetzungen nannte sich die Gruppe im Juni 1967 nur noch schlicht Santana. Wie schon bei der Santana Bluesband gehörte auch wieder ein Perkussionist der Band an. Zu dieser Zeit wurde die Band langsam bekannter, da Bill Graham, der sie fördern wollte, ihnen regelmäßig Auftritte im Fillmore West vermittelte. Dort sprang Carlos Santana während der Live-Aufnahmen für das *Live Adventures*

Of Mike Bloomfield And Al Kooper-Album für Mike Bloomfield ein, der wegen seiner Schlaflosigkeit ins Krankenhaus eingeliefert werden mußte.

Mit dem Titel *Sonny Boy Williamson* dieses Albums erfolgte Santanas Plattendebüt als Gitarrist. B. B. Kings Einflüsse auf Santana sind hier noch ebenso deutlich zu spüren wie auf dem Titel *As The Years Go Passing By*, der jedoch erst auf dem 1987 erschienenen Album *Historic Santana* herauskam. Dieses Album enthält die vierzigminütige Sessionaufnahme Santanas, die die Band machte, bevor sie ihren Vertrag mit Columbia unterschrieb. Unter den Aufnahmen, die 1968 in den neueröffneten Pacific Recording Studios eingespielt wurden, waren mit *Jingo* (zehn Minuten lang) und *Persuation* bereits atemberaubende Versionen von Songs enthalten, die auf dem im August 1969 erschienenen Album *Santana* zu finden sind.

Dieses Album verkaufte sich dank des medienträchtigen Auftritts von Santana beim Woodstock-Festival schon erstaunlich gut, doch es sollte dem LP-Nachfolger *Abraxas* vergönnt sein, mit weit über zwei Millionen verkaufter LPs die bis heute erfolgreichste Platte Santanas zu werden. Dieser Erfolg geht sicher im starken Maße auf das geniale Santana-Instrumental-Titel *Samba Pa Tie* zurück, das sich so in den Windungen des Gehörgangs einnisten konnte, daß man das Album einfach zur Befriedigung der Hörgelüste brauchte. Das Gitarrensolo auf diesem Titel ist eine eigene Komposition in der Komposition und ein Paradebeispiel dafür, wie man mit viel Gespür für die richtige Note an der richtigen Stelle emotionale Höhepunkte aufbauen kann. Doch auch die restlichen Titel von der relaxten jazzigen Version der Peter-Green-Komposition *Black Magic Woman* über das lateinamerikanische *Oye Como Va* bis zu den gekonnten Rocknummern *Mother's Daughter* und *Hope You're Feeling Better* sind mehr als gelungen, so daß dieses Album bis hin zur Abfolge der Titel erstklassig ist.

Auf dem nächsten Album spielten zwei neue Mitglieder mit, der Gitarrist Neal Schon und Coke Escovedo (Percussion); Neal Schon inspirierte Santana zu vielen hervorragenden Gitarreneinlagen. Santana meinte zu dem neuen Gitarristen: »Neal ist mein zweiter Lieblingsgitarrist, Neal und Mahavishnu, Neal ist soulful, Mahavishnu ist deep.«

Mit Mahavishnu ist natürlich der Jazzgitarrist John McLaughlin gemeint, der Santana nicht nur dazu bewegte, zu einem Jünger der Lehren Sri Chinmoys zu werden, sondern ihn auch für indische und komplexere Jazz-Musik begeisterte. Der von Sri Chinmoy gegebene Name »Devadin« war jedoch nur das äußere Zeichen einer geistigen und seelischen Verwandlung, die Santana in einem Interview so schilderte: »Als ich ihn (McLaughlin) zuerst traf, da hatte ich gerade Dope aufgegeben, Fleisch aufgegeben, eine ganze Reihe von anderen Sachen aufgegeben, trug meine Haare aber noch lang und war auch noch hinter Frauen her. Aber er sah, daß ich hungrig nach etwas anderem war. Ich bin ihm wirklich dankbar. (...) Ich brauche einfach einen Guru, der mich zu dem führt, was ich wirklich brauche. Was ich will und was ich brauche, das sind zwei verschiedene Sachen. Ich brauche noch einen geistigen Führer, weil mein Verstand noch sehr stark ist und ich sonst das Produkt meiner Umgebung werde.«

Die Hinwendung zu Jazz und indischer Musik schlug sich auf dem Album *Caravanserai* von 1972 deutlich nieder. Das 1973 mit John McLaughlin eingespielte Album *Love, Devo-*

tion & Surrender besticht trotz seiner strapaziösen Mischung aus Free- und Modern-Jazz-Elementen mit Latin- und Jazzrock durch die technisch hochwertigen Gitarren-Monologe. Doch das ein Jahr später erschienene Werk *Illuminations,* auf dem Santana mit der Avantgarde-Musikerin Alice Coltrane zusammenarbeitete, bietet statt der Farbe und Energie brasilianischer Musik nur blassen, uninspirierten Jazzrock. Daß er aber auch das Feuer und die Körperlichkeit der brasilianischen Musik mit der meditativen Kraft der indischen Musik unverkrampft zusammenbringen konnte, zeigt das inspirierte Werk *Welcome* (1973).

Doch da sich »Greg Rolie nicht mit dieser Musik anfreunden konnte« (Santana), hatte er schon vor den Aufnahmen zusammen mit Neal Schon die Band verlassen. Für sie waren neben dem farbigen Soulsänger Leon Thomas noch Tom Coster (Keyboards), Richard Kermode (Keyboards) und Armondo Pereza zur Band gestoßen. Doch auch diese Besetzung, die dritte seit der Veröffentlichung von *Caravanserai*, hielt nicht lange. Zwar erschien in dieser Besetzung im Mai noch ein in Japan aufgenommenes Triple-Album namens *Lotus*, das die unbändige Spielfreude der Band und Carlos Santanas belegte, doch danach drehte sich das Personenkarussell immer schneller, bis schließlich jedes Santana-Album mit einer zum Teil neuen Besetzung aufgenommen wurde. Die wesentlichen konzeptionellen Änderungen der Musik der Band Santana gingen jedoch immer von Carlos Santana aus; aus diesem Grund tauchen die personellen Umbesetzungen hier nur am Rande auf.

Konzeptionelle Änderungen zeigen sich auf den folgenden Platten. Das 1975 erschienene Album *Borboletta* präsentiert noch den ehemaligen mitreißenden Latin Sound, den Santana live trotz Carlos' Vorliebe für John Coltrane, der seiner Meinung nach den Gehalt indischer Musik besitzt und für Chick Corea nie abgelegt hat. Doch das Album *Amigos* von 1976 wirkt bis auf das Klimax-Instrumental *Europe (Earth's Cry Heaven's Smile)* erstaunlich schwachbrüstig, ja geradezu belanglos und langweilig. Das Album *Festival* von 1977 gelang dann wieder überzeugender, wobei sich allerdings abzuzeichnen begann, daß die einstmals so erfrischende Latin-, Rock-, Jazz-Kombination durch kommerziell bedingte Verwässerungen einiges von ihrem natürlichen Charme verloren hatte. Vielleicht hing dies auch mit der Tatsache zusammen, daß Santana 1975 trotz nicht mehr so großer Verkaufszahlen den seinerzeit höchstdotierten Vertrag der Rockgeschichte unterschrieben hatte und deshalb ein gewisser Erfolgszwang bestand. Die kommerziell geschickte Kopplung von hervorragenden Live- und Studioaufnahmen auf dem Doppelalbum *Moonflower* (1977) und das allzu geglättete Popwerk *Inner Secrets* sprachen auf jeden Fall eine eindeutige Sprache.

Während es zu Beginn der 70er Jahre noch die komplette Santana-Mannschaft war, die die Musik ihren emotionalen Höhepunkten entgegentrieb, waren es auf *Inner Secrets* nun ganz allein Santanas Gitarrensoli, die einem wie bei dem Buddy-Holly-Titel *Well Allright* (der der Blind-Faith-Version glich) das Blut in den Adern gefrieren ließ.

Mit den folgenden Alben *Marathon* (1979), *Zebob* (1981) und *Shango* (1982) verstärkte sich die kommerzielle Ausrichtung bis zu dem Punkt, an dem der Latin-Rock-Blues-Sound, also die Wurzeln von Santanas Musik, gänzlich einer amerikanischen »middle of the road«-Popmusik gewichen war, die in den meisten Fällen ebenso von anderen

Gruppen hätte stammen können, wären da nicht die unverkennbaren Gitarrentöne von Carlos Santana gewesen. Über die Gründe für die Wendung von den einstmals ebenso komplexen wie aufwühlenden farbenfrohen Santana-Klängen zu blassen, perfekt auf das Pop-Publikum abgestimmten LP-Produktionen kann man nur spekulieren: Bewirkten die nicht so erfolgreichen Jazzexperimente (zu denen man mit Abstrichen auch die ersten beiden Solo-LPs von Carlos Santana, *Oneness* (1979) und *Swing of Delight* (1980) zählen könnte), daß Santana nun ins andere Extrem fiel, oder wollte Santana mit der vornehmlich in den frühen 70er Jahren erfolgreichen »Fusion«-Musik nicht den Anschluß verlieren, so daß er sie immer mehr aktualisierte, bis nichts mehr davon da war? Oder lag es an dem nach kommerziellen Erfolgen ausgerichteten Management Bill Grahams, der die Band seit Anfang der 70er Jahre managte? Alles in allem steht jedoch fest, daß diese Musik nicht gerade das Ergebnis einer spirituellen Erleuchtung Carlos Santanas gewesen sein kann.

Zwar gab es auf *Shango* mit dem Titelstück, *Nueva York* und dem gelungenen Poptitel *Oxun (Oshun)* durchaus Lichtblicke, doch erst das mit Hilfe der R&B-Gruppe Fabulous Thunderbirds und Booker T. Jones eingespielte Solo-Album von Carlos Santana, *Havana Moon* (1983), konnte mit seiner dichten Bluesstimmung vollständig überzeugen. Überraschenderweise brillierte Carlos Santana hier auf einem Gebiet, auf dem man ihn nach den musikalischen Verirrungen der vergangenen Jahre gar nicht vermutet hätte. Das Album war zwar »modern« produziert, enthielt aber doch viel Atmosphäre. Songs von Bobby Parker, Bo Diddley, Booker T. Jones und Chuck Berry garantierten zudem für die Güte der Kompositionen. Mit *They All Went To Mexico,* auf dem Willie Nelson stimmungsvoll als Sänger fungiert, ist sogar ein countrygefärbter Song enthalten, auf dem Carlos Santana seiner Gitarre ein paar typische Clapton-Licks entlockt. Außerdem gibt es auf dem Lightnin' Hopkins gewidmeten Titel *Lightnin'* ein Gitarrenduell, das seine Faszination aus der Spannung zwischen der Einfachheit von Jimmie Vaughans kantigem Gitarrenspiel und der flüssigen Eleganz von Santanas Gitarre bezieht. Von besonderer Klasse ist auch das jazzig-melancholische *One With You*, das von Booker T. Jones stammt, aber ganz einfach grandios ist der düstere Blues *Mudbone*, der von der Stimmung her Ähnlichkeiten mit Jimi Hendrix' *Voodoo Chile* aufweist.

Übrigens erwies Santana Hendrix, den er seit jeher stark verehrte, bei dem Live-Aid-Konzert von 1985 seine Reverenz, indem er ein T-Shirt trug, auf dem Hendrix abgebildet war, und damit ein Millionen-Publikum an den legendären Musiker erinnerte.

1985 folgte dann mit *Beyond The Appearences* eine neue LP. Doch erst die bisher letzte Santana-LP *Freedom* (1987) wies wieder einfallsreiche Kompositionen auf. An dieser Platte wirkte Buddy Miles mit, mit dem Carlos Santana schon 1972 das ungestüme, fast chaotische Album *Live* aufgenommen hatte. Buddy Miles' kräftige Soulstimme und eine Menge »singender« Gitarrenpassagen von Carlos Santana bürgten für die Qualität der Platte. Doch dafür, daß man zwanzig Jahre Santana feiern konnte, war das Album insgesamt eher enttäuschend.

Live sah es jedoch ganz anders aus! Die anschließende Freedom-Concert-Tournee bewies, daß Santana seine frühere Livemagie nach wie vor mit geballter Kraft entfalten konnte. So wurde der vielschichtige Rhythmusteppich ausgerollt, auf dem sich Santanas Gitarrenspiel mit wilden Stakkatobeiträgen austobte. In den bis zu vier Stunden langen Konzerten konnte sich jedes einzelne Mitglied solistisch profilieren, und Santana verströmte die fröhlich stimmende Wärme, die ein Santana-Konzert weit über den musikalischen Genuß wertvoll macht. Santana beschreibt seine Absichten wie folgt: »Das sind für mich die schönsten Konzerte, wenn das Publikum hochspringt und sich frei fühlt. Ich möchte die Freude in ihren Gesichtern sehen, wenn sie tanzen. Ich bemühe mich mit den wenigen Sachen, die ich kann und kenne, andere Menschen zu inspirieren, andere durch Musik zu inspirieren und glücklich zu machen«, und genau das sind die »Vibrations«, die Santana im Konzert meisterhaft und scheinbar ohne Kraftanspannung freisetzen kann. Deswegen wird Santana geschätzt, und deswegen kann man dem technisch hochversierten Gitarristen, aber musikalisch auf Irrwege geratenen Musiker Carlos Santana viel verzeihen.

Robin Trower: Der Geschmähte

Geb.: 9. März 1945 in Southend/Großbritannien

An Robin Trower scheiden sich die Geister. Leider gehört dies zu den wenigen Dingen, die man mit Bestimmtheit über die Musik Robin Trowers sagen kann. Für die einen ist er nur einer der vielen Gitarristen, die die Lücke füllen mußten, die durch den Tod von Jimi Hendrix entstanden war, und die dies ausnutzten, indem sie Hendrix' Sound kopierten. Für die anderen ist er der Hendrix-Schüler, der konsequent seine schwer beschreibbare atmosphärische Blues-Rock-Mischung weiterentwickelt hat. Auf jeden Fall beziehen sich sowohl die anerkennenden als auch die ablehnenden Argumente auf die Musikerpersönlichkeit Hendrix, die auch tatsächlich in Trowers Leben eine ganz entscheidende Rolle gespielt hat.

Gesehen hat Trower Hendrix allerdings erst am 4. September 1970 während eines Festivals in Berlin mit Gruppen wie Ten Years After, Canned Heat und Procol Harum, bei der Robin Trower damals Leadgitarrist war. Später erzählte er Curtis Knight über diesen Abend: »Es war das erste Mal, daß ich ihn je hatte spielen sehen. Bis dahin war ich ihm irgendwie aus dem Weg gegangen, weil ich immer das Gefühl hatte, wenn ich ihn erlebte, würde ich das Gitarrenspielen aufgeben wollen. (...) Und genau das passierte: Ich sah ihn und hatte das Gefühl ›Vergiß es‹. Ich war ein paar Monate richtig niedergeschlagen, ganz besonders, als er nur eine Woche [zwei Wochen, Anm. d. Verf] später starb. Das wirkte auf mich ganz besonders seltsam. (...) Ich glaube nicht, daß die Band besonders gut zusammen spielte, aber ich fühlte, er war der erste wirkliche Maestro, dem ich jemals begegnet bin – ein wirklicher Meister des Instruments (...). Ja, und dann lief ich vor seiner Garderobe auf und ab, nachdem er abgetreten war, und ich sagte mir, soll ich hineingehen, soll ich lieber nicht? – und dann platzte ich plötzlich in die Garderobe und sagte: ›Ah – ich muß dir einfach sagen, es war das Beste, was ich je erlebt habe‹ – das war es wirklich – und er sagte ›Uh, danke, aber uh naw!‹ Und ich war ganz weggetreten, das kann man sagen, und ging wieder heraus. Das war also das erste und einzige Mal, daß ich ihn getroffen habe.«

Soweit Robin Trower über Jimi Hendrix, dem er posthum den *Song For A Dreamer* widmete, der auf der letzten mit Robin Trower eingespielten Procol Harum-LP *Broken Barricades* enthalten ist. Zu der Kritik, er kopiere den Sound von Hendrix, meinte Trower selber: »Bullshit, diese Leute haben Hendrix nicht gehört und mich ebensowenig, sonst würden sie so etwas nicht behaupten. *Er* veränderte und erneuerte die Sprache der elektrischen Gitarre von Grund auf. Ich fühlte, wer weiß, ob richtig oder falsch, daß es keinen Weg gibt, sich weiterzuentwickeln, ohne sich wenigstens einen Teil dessen anzueignen, was Hendrix erschaffen hat.«

Nach Trowers eigenen Angaben wechselte er auch nicht wegen Hendrix, der meistens, vor allem auf der Höhe seines Ruhmes, Statocaster-Modelle bevorzugte, von Gibson-Gitarren zu Fender-Stratocaster-Gitarren. Es lag vielmehr daran, daß er eher zufällig die Stratocaster des Jethro-Tull-Gitarristen Martin Barre ausprobierte: Während einer Tour mit Jethro Tull kam Trower sehr früh zum Soundcheck und fand Barres Gitarre, die dieser am Verstärker stehen gelassen hatte. Trower nahm sie in die Hand, steckte den Stecker ein und rief mit einer im ganzen Saal widerhallenden Stimme aus: »Das ist es!« Und damit wechselte er von Les Paul zu der oftmals auch von Hendrix bevorzugten cremeweißen Stratocaster, von der Trower sagt, daß nur sie diesen speziellen »kreischenden« Akkord habe.

Doch nun erst einmal zurück zu den Anfängen Robin Trower, der als vierzehnjähriger Elvis-Fan für acht Pfund seine erste Gitarre kaufte.

Die erste Gruppe, in der er mitspielte, waren die Shadows, die sich später in die Paramounts verwandelten. Jedes Mitglied erhielt damals pro Auftritt zwei Shilling. Live verfügte die Band über ein reines R&B-Programm mit Titeln von James Brown, Bobby Bland und Ray Charles, aber bei der Plattenfirma hatte sie ein halbes Dutzend Pop-Singles aufgenommen. 1965 begleitete sie u.a. die Beatles auf ihrer Großbritannien-Tournee. Zur Besetzung der Paramounts gehörten neben Trower Gary Brooker (Keyboards, Vocals), B. J. Wilson (Drums) und Chris Copping (Baß), der allerdings schon 1963 durch Diz Derrick ersetzt wurde. 1966 ging die Gruppe auseinander.

Robin Trower hatte mittlerweile ein immer größeres Interesse am Blues bekommen und gründete nach der Trennung das kurzlebige Trio Jam. Auf die Frage, welches Album ihn in dieser Zeit am meisten beeinflußt habe, nannte er B.B. Kings *Live At The Regal*, das ihn nach eigenen Aussagen noch heute mehr als fesselt. Da Robin Trowers Band Jam nur in lokalen Clubs auftrat, war ihr natürlich leider kein überregionaler Erfolg beschieden. Deshalb folgte Robin Trower im Juli 1967 dem Ruf seines früheren Paramounts-Mitstreiters Gary Brooker und stieß zu der Band Procol Harum, die vom Erfolg ihres Songs *A Whiter Shade Of Pale* völlig überrascht worden war. Gleichzeitig mit Robin Trower kam auch noch das ehemalige Paramount-Mitglied B.J. Wilson dazu. Beide zusammen ersetzten die nur kurzfristig eingesprungenen Bobby Harrison (Baß) und Ray Royer (Gitarre).

In der Formation Gary Brooker (Piano, Vocals), B.J. Wilson (Drums), Matthew Fisher (Keyboard, Orgel), Dave Knights (Baß) und natürlich Robin Trower (Leadgitarre) spielte die Band bis zum Juli 1969 drei LPs ein, die sich zwar in den USA, aber nicht im Heimatland der Gruppe gut verkauften. Auf der ersten LP, schlicht *Procol Harum* getauft, finden sich auf Titeln wie *Cerdes, A Christmas Camel, Kaleidoscope* und *Repent Walpurgis* Gitarrensoli, die Trower selbst als seine besten bezeichnet, da sie seiner Meinung nach reinem Gefühl ohne große technische Kenntnisse entsprungen sind. Auf der 1969 erschienenen LP *Shine On Brightly* sind für den Trower-Fan vor allem die Titel *Wish Me Well, Ramblin'on* und das *Grand Finale* von *In Held Twas In I* hörenswert, die alle mit den für Trower so typischen extremen ökonomischen Gitarrensoli aufwarten. Auf der nachfolgenden LP *A Salty Dog,* ebenfalls von 1969, findet man zum erstenmal gleich zwei reine Trower-Kompositionen, wobei man es bei dem Titel *Juicy John Pink* mit einem ohne großen Aufwand produzierten Blues zu tun hat, der sichtbar macht, wo Trowers eigentliche musikalische Vorlieben liegen.

Im März 1969 gab es wieder eine Umbesetzung. Matthew Fisher tauschte den Orgelhocker gegen den Produzentensessel, und Dave Knights wurde durch Chris Copping ersetzt, der außerdem noch die Orgel bediente. In dieser Besetzung, die der ersten Paramounts-Formation entsprach und die bis zum Juli 1971 bestand, wurden zwei LPs eingespielt, *Home* und *Broken Barricades*. Sie fallen dadurch auf, das Trowers Gitarrenarbeit einen immer größeren Raum einnimmt und daß sich bei seinen Eigenkompositionen ein eigener Stil abzeichnet, der sich dann auf seinen Solo-LPs voll entfaltet.

Im Juli 1971 stieg Trower bei Procol Harum aus und gründete eine Band namens Jude, die jedoch nur bis zum April 1972 zusammenhielt und bis zu diesem Zeitpunkt nur ein paar Auftritte absolvierte. Frankie Miller (Vocals) und Clive Bunker (Drums) verließen Jude enttäuscht, doch Robin Trower lernte mit James Dewar (Baß, ehemals Stone the Crows) einen Musiker kennen, der mit seiner »eigentümlichen Art zu singen« (Trower) nach Trowers eigenen Angaben ideal zu der besonderen Art Musik paßt, die die Robin-Trower-Band zu bieten hat. Zusammen mit Reg Isidore (Drums) war das Trio komplett, das schon auf seiner ersten LP *Twice Removed From Yesterday* den zukünftigen Kurs festlegte.

Den Stil zu beschreiben, der von nun an mit Robin Trower identifiziert wird, haben schon Legionen von Kritikern versucht, es aber so gut wie nie geschafft. Tatsache ist, daß man diese Art der Verschmelzung von härterem Rock mit Blues entweder mag oder total ablehnt. Ganz sicher aber gelingt der Einstieg in Robin Trowers musikalische Welt am besten über das 1975 erschienene Live-Album *Robin Trower Live!*, von dem Trower meint, es dokumentiere eins seiner besten Konzerte überhaupt. Zu dieser Zeit spielte er bereits mit Bill Lordan (Drums), mit dem er auch schon sein drittes Soloalbum *For Earth Below* eingespielt hatte. An den enormen Erfolg des zweiten Albums *Bridge Of Sight*, das sich in den USA über 200.000mal verkauft hatte, reichte es zwar nicht heran, doch es erntete bei Kritikern großes Lob.

Doch an diesem Punkt seiner Karriere begann das Interesse an Trower zu erlahmen. Der Begriff »Gitarren-Hero«, mit dem man ihn lange gepusht hatte, verlor an Wert, und seine LP-Produktionen entzogen sich immer mehr griffigen Vermarktungsbeschreibungen. Erst Anfang der 80er Jahre trat er für das Gros der Rockmusikkäufer wieder ins Scheinwerferlicht. Zusammen mit dem Cream-Bassisten Jack Bruce brachte er zwei LPs heraus, die die beiden Musiker mit der Musik präsentierte, mit der sie berühmt geworden waren. Die beiden LPs, *B.L.T.* (L. steht für Bill Lordan) und »Truce« (mit Reg Isidore), die aus dieser Verbindung resultierten, bieten kraftstrotzenden Bluesrock, aber besonders dem zweiten Album fehlte das gewisse Etwas, das früher bei beiden unzweifelhaft vorhanden war. Danach besann sich Trower auf seinen ehemaligen Mitstreiter James Dewar und spielte mit ihm sowie mit Bobby Clouter (Drums) und Dave Bronze (Baß) das Album *Back It Up* ein. Es schließt sich nahtlos an seine alten Alben mit James Dewar *Long Misty Days* (1976), *In City Dreams* (1977), *Caravan To Midnight* (1978) und *Victims Of Fury* (1980) an und wurde deshalb von den Kritikern als anachronistisch abgetan. Nach *Back It Up* lief auch der Plattenvertrag bei Chrysalis ab, bei denen er seit seinem ersten Soloalbum erschienen war. Seine nächste Solo-LP kam erst 1985 mit dem programmatischen (?) Titel *Beyond The Mist* heraus. Sie erschien auf dem kleinen Label Roadrunner und enthält zwei Studio-Titel und fünf Live-Songs.

Da der Name Robin Trower in den wenigen noch guten Musikmagazinen nur noch im Zusammenhang mit Vorurteilen und Fehleinschätzungen auftaucht, die um Hendrix kreisen, blieb sein letztes Album *Passion* auf dem Mini-Label GMP Crescendo von der Kritik gänzlich unbemerkt. Nicht daß es außergewöhnlich wäre – leider präsentiert es ganz im Gegenteil ohne Dewars charakteristische Stimme nur durchschnittliches, angeglichenes Rock-Material.

Heute ist Robin Trower, der mittlerweile seit über zwanzig Jahren Musik macht, nur noch einem kleinen Teil von Rockliebhabern ein Begriff, der es noch zu schätzen weiß, wenn jemand die Möglichkeiten einer einzelnen Note auslotet, anstatt das Griffbrett hinunterzujagen.

Link Wray: Der Revolutionäre

Geb.: 2. Mai 1929 in Fortbragd/USA

Ähnlich wie Roy Buchanan wurde auch Link Wray zu Beginn der 70er Jahre durch prominente Gitarristen, die immer wieder betonten, welch wichtigen Einfluß er auf sie ausgeübt hatte, allgemein »wiederentdeckt«. In seinem Fall war es vor allem Peter Townshend, der die Neugier des breiten Rockpublikums weckte, indem er sagte, »daß es Wray gewesen sei, der ihn u.a. mit dem Instrumental *Rumble* zum Gitarrenspielen brachte«.

Zu diesem Zeitpunkt hatte sich der Halbindianer Link Wray bereits seit rund acht Jahren frustriert aus dem aktiven Musikleben auf die fünf Morgen große Farm seiner Familie in Accokeek, Maryland, zurückgezogen. Begonnen hatte seine Musikleidenschaft, als er acht Jahre alt war und die alte Mabel-Gitarre seines Bruders Ray für sich entdeckte. Schon bald gelang es ihm, Titel seiner großen Vorbilder Les Paul, Chet Atkins und Hank Williams nur nach dem Gehör nachzuspielen. 1947 sattelte er dann mit einer alten, jazztypischen Vega-Gitarre auf das elektrische Gitarrenspiel um.

Sechs Jahre später erwarb er eine Gibson Les Paul und einen Premier-Verstärker, mit denen er angeblich schon 1954 das Instrumental *Rumble* eingespielt haben soll, das dann 1958 auf dem Cadet Label erschien und mit über einer Million verkaufter Singles den 16. Platz der amerikanischen Charts erklomm. Daraufhin schickte man Wray auf eine sechsmonatige Promotiontour, der dann eine doppelt so lange dauernde Junior-Highschool-Tour folgte.

In der Zwischenzeit hatte er mit dem auf Epic erschienenen Instrumental *Rawhide* einen weiteren Millionenseller. Bei dieser Nummer benutzte er neben der Danelectro-Gitarre wieder seinen Premier-Verstärker, dessen Membrane er, um einen verzerrten Gitarrensound zu bekommen, durchlöchert hatte (eine weitere Parallele zu Roy Buchanan). Doch dieser Premier-Verstärker hatte noch eine weitere Besonderheit, die er ausgiebig nutzte – und zwar einen fabrikmäßig eingebauten Tremolo-Effekt, der das interessante Dynamik-»wabbern« auf *Rumble* und *Rawhide* verursachte. Doch im Gegensatz zu der häufig geäußerten Meinung, Link Wrays Status als Kultfigur beruhe auf der nur aus historischer Sicht nicht banalen Tatsache, daß er »als erster den Vibrato-Hebel an seinem Instrument benutzt« oder »mit einem selbstgebastelten Wah Wah-Pedal den Stil von Jimi Hendrix, Frank Zappa und Pete Townshend um Jahre vorweggenommen« (Rocklexikon) hätte, liegt seine wahre Bedeutung in der ungezähmten Aggression, die seine besten frühen Aufnahmen (aus der Zeit zwischen 1958 und 1965) auszeichnet.

Zu den Raymen, Wrays Band, gehörten noch sein Bruder Doug Wray (Drums) und Shorty Horton (Baßgeige). Die beiden lieferten ein starres, hypnotisches Rhythmusfundament (das später von Velvet Underground und noch später von einer Unmenge von New Wave-Bands geschickt kopiert wurde), auf dem sich Link Wray voller energiegeladener Wut mit seiner verzerrten Gitarre ungehobelt austobte. In seinem unorthodoxen Gitarrenspiel, das jedes Lehrbuch Lügen strafte, kam keine Klage, geschweige denn Ästhetik zum Ausdruck, hier ging es um Provokation. In diesem Sinne wäre eine allzu große Virtuosität, mit der man ja wieder die bestehenden Wertmaßstäbe respektiert hätte, völlig deplaziert gewesen. Die dreckigen, verzerrten Akkorde und die kaputten Läufe spiegelten so ausdrucksstark ein schmerzlich empfundenes kaputtes, unharmonisches Seelenleben wider. Dieser psychische Zustand war wiederum ein Reflex auf die dem Menschen entfremdete, unnatürliche Umwelt, die ein Indianer besonders stark als solche empfand.

Genau diese Mischung – Ausdruck des eigenen Empfindens und Provokation –, die in Wrays Musik zu finden war, machte einen Großteil der Faszination aus, die sie für den jungen Townshend oder Hendrix besaß. Wenn man bedenkt, welch großen Einfluß die auf Link Wrays undogmatischem Verständnis aufbauende Musik der Who und der Jimi Hendrix Experience auf die geistige, moralische und gesellschaftliche Erneuerung hatte, so übersieht man schlicht den eigentlich revolutionären Aspekt seines Schaffens, wenn man ihn nur wegen seiner soundtechnischen Innovationen in so manchem Nachschlagwerk aufführt. Vielfach kann man sogar den Eindruck gewinnen, daß Link Wrays Name immer dann fällt, wenn man spitzfindig beweisen möchte, daß Gitarristen wie Hendrix und Townshend gar nicht so revolutionär waren. Daß man damit Link Wrays eigentliche Bedeutung eher schmälert als vergrößert, liegt auf der Hand. Denn als sich Link Wray – nach einem kleinen Erfolg der Single *Jack The Ripper*, die er bereits 1960 veröffentlicht hatte – 1963 entnervt von den ständigen Kompromissen, denen er sich im Plattenstudio zu beugen hatte, auf die Farm seiner Familie in Accokeek zurückzog, war es genau die Musik der oben erwähnten Gitarristen, in der das anarchisch-provokative Element der Musik Link Wrays weiterhin existierte.

Die Kompromisse, die Wray schließen mußte, um seine Musik machen zu können, haben nicht nur damals, sondern bis heute dazu beigetragen, daß das anarchische, »revolutionäre« Element seiner Musik sehr leicht übersehen wurde. Diese Kompromisse waren vielfältigster Art, sie führten zu brav biederen Publicity Shots und zeittypisch überfrachteten Instrumentierungen sowie zur Auswahl der falschen Songs. »Bei einer Session sollte ich *Clair De Lune* mit einem 62 Mann-Orchester einspielen. Ich ging natürlich in dieser Besetzung vollkommen unter«, schilderte Wray später einen dieser typischen »Kompromisse«.

So entstand von 1958 bis 1965 eine große Anzahl unglaublich wilder, noch heute ihre Wirkung nicht verfehlender Klassiker in erstaunlicher Qualität und eine leider nicht minder große Anzahl biederer, zeittypischer Instrumentals, die nicht selten an Duane Eddy oder an vergessene Rock-a-billy-Größen erinnern. Zudem wurden sie oft durch die einschmeichelnden Klänge eines Saxophons ihrer letzten Unebenheiten beraubt.

Unter den Klassikern gibt es hypnotisch einfache Instrumentals, in denen meist ausklingende Akkordfolgen mit schnellen Läufen kontrastieren wie bei *Rumble, Rawhide, Radar, Zip Code, Cross Ties, Jack The Ripper, Big Ben* (mit einem Baßlauf), *Summer Dreams* (mit Echoeffekt). Daneben spielte Wray wilde, aggressiv lärmende Instrumentals wie *Right Turn, Comanche, Deuce Wild, Mustang, Law Of The Jungle, Teenage Cuie, Hang On* sowie rotzig provozierend gesungene Songs wie *You're My Song, Ain't That Lovin' You Baby* (Jimmy-Reed-Komposition) ein. Des weiteren gibt es eine Menge Titel, in denen bestimmte Gitarreneffekte zum Teil fest zur Komposition gehören, wie *Run*

Chicken, Run, You're My Song mit dem ihm so oft nachgesagten Vibrato-Hebelgebrauch am Ende, *You Hurt Me So*, auf dem er ein selbstgebautes Wah Wah-ähnliches Effektgerät für den Solopart benutzt, und *The Fuzz*, auf dem er mit einem der ersten Fuzz-Geräte arbeitet und ein bösartiges Feedback-Kreischen erzeugt, das er am Ende sogar mit Vibratohebel-Gebrauch verfremdet.

Doch Mitte der 60er Jahre kehrte er dem Musikgeschäft den Rücken und baute auf der Farm seiner Eltern zusammen mit seinen Brüdern Doug und Ray, der als Ray Vernon sehr viele seiner frühen Aufnahmen produziert hatte, im alten Hühnerstall ein primitives 3 Spur-Aufnahmestudio aus. Da die Hütte nur beschränkten Platz bot, erzeugten die Brüder den Klang einer Spare Drum mit einer Dose voller Nägel und ersetzten die Baßtrommel durch Foot stomping. Teilweise mußten sie sogar die Verstärker per Mikrophon durch die Fenster von draußen aufnehmen, was nach Link Wrays Meinung jedoch den Vorteil hatte, daß sich ein ganz und gar unelektrischer, natürlicher Oberton-Sound ergab.

Neben der experimentierfreudigen Arbeit in seinem »Wray's Shack Three Track« getauften Studio half er bei der Farmarbeit oder nahm Gelegenheitsjobs an, um sich mit dem Lohn weitere Geräte für sein Studio kaufen zu können. Die einzigen Live-Auftritte in dieser Zeit absolvierte er in kleinen Clubs in der Region Baltimore – Washington. Ein kleiner Teil der Aufnahmen, die Wray um 1969 in seinem Studio machte, erschien erst 1987 auf *Growling Guitar* und bewies, daß Wray das aktuelle Musikgeschehen verfolgte und sich davon inspirieren ließ. Der wilde Einsatz des Wah Wah-Pedals auf *Climbing A High Wall* deutet z. B. darauf hin, daß Wray in dieser Zeit auch stark von Hendrix beeindruckt gewesen sein muß.

Das erste Album, das nach seinem Rückzug auf die Farm herauskam, war die LP *Link Wray* von 1971, die ihn auf dem Gimmick Cover mit Indianer-Kopfschmuck zeigt. Es war nicht nur der schlichte Titel, der einen Neuanfang signalisierte, sondern vor allem die Musik, die sich mit ihrer erfrischenden, entspannten Grundstimmung von seinen früheren Aufnahmen unterschied. Dieser ungemein intensiven Musik merkte man nicht nur an, mit welcher Inbrunst und Freude sie eingespielt worden war, sie übertrug sich auch auf den Hörer. Außerdem hatte man erstmals die Gelegenheit, die Nuancen von Wrays wandlungsfähiger Stimme zu hören, die das amerikanische Musikmagazin »Rolling Stone« als »lebendig, treibend und das Brando/Dean-Image bewahrend« beschrieb.

Das verbindende Element zwischen dem gospelgefärbten, den Wurzeln verpflichteten Swamprock dieser LP und den gelungenen Instrumentals der Endfünfziger war vor allem die hypnotische Kraft, mit der diese Musik den Hörer gefangennahm.

Doch es war nicht nur die sparsame Instrumentierung (teilweise mit Chorgesang) und der archaische Klang, der dieses Album so faszinierend macht, sondern auch Wrays zum Teil ausgezeichnete Kompositionen wie *Fallin' Rain, Fire And Brimstone* und *Black River Swamp*.

Während ihn auf dieser LP ausschließlich Freunde, Bekannte und Familienmitglieder begleiteten, die auf dem Platten-Cover als »The Family« bezeichnet wurden, nahm er seine zweite LP mit Unterstützung von bekannten Gastmusikern wie Commander Cody, David Bromberg, Jorma

Kaukonen und dem unerwartet erschienenen Jerry Garcia auf. Wray spielte dieses Album in den Wally Heider Studios in San Francisco unter der Leitung des für seine Art von Musik hervorragend geeigneten Produzenten Thom Jefferson Kaye ein, der zu diesem Zeitpunkt bereits mit Loudon Wainwright III und Mike Bloomfield gearbeitet hatte. Das Resultat dieser harmonischen Zusammenarbeit, die LP *Be What You Want To*, war aus einem Guß und gegenüber dem gospelgefärbten Vorgängeralbum wahrscheinlich auch aufgrund von Mitwirkenden wie David Bromberg sehr stark von Country Music beeinflußt. 1973 besaß dieses Album die geheimnisvolle, melancholische, von autobiographischen Erlebnissen geprägte Stimmung, die die Gruppe The Band zu diesem Zeitpunkt bereits weitgehend verloren hatte. Selbst die Reihenfolge der Songs schien eine Aufgabe zu erfüllen. Sie lag darin, den amerikanischen Traum, dessen bedeutendster Chronist auf musikalischem Gebiet bis dahin unzweifelhaft The Band war, eindrucksvoll mit eigenen Visionen zu bebildern. Einzelne Nummern wie den Titelsong, *Riverband* oder *Walk Easy, Walk Slow*, die schon beim ersten Hören auffallen, herauszugreifen, wäre ohne Sinn, da die gesamte LP es verdient, als Meisterwerk bezeichnet zu werden. Doch diese LP war ebensowenig wie ihr Vorgänger oder ihre Nachfolger von großem kommerziellem Erfolg gekrönt, obwohl viele Musikkritiker immer lobende Worte für Link Wray und seine magische Musik fanden.

Daß sich Link Wrays Alben nicht allzugut verkauften, lag nicht allein an der Tatsache, daß er sich mit seiner entspannten Mischung aus akustischer und elektrischer Musik sozusagen zwischen die Stühle der Country- und Rockfans setzte, sondern vor allem daran, daß seine archaischen Plattenproduktionen in einem Zeitalter des absolut überperfekten und damit natürlich auch schrecklich sterilen Produktionsstandards nicht mehr den Hörgewohnheiten entsprachen. Doch für den Liebhaber tiefempfundener, menschlicher Musik haben Link Wrays Alben viel zu bieten.

Auf dem ebenfalls 1973 erschienenen Album *Beans And Fatback*, das wieder im »Wray's Shack Three Track«-Studio eingespielt wurde, hört man z. B. deutlicher als auf seinem ersten Album sein atmosphärisches Slidespiel, das er sowohl auf akustischen Gitarren (z. B. *From Tulsa To North Carolina*) als auch auf elektrischer Gitarre (z. B. *In The Pines*) beherrscht.

Da Wray auf seiner nächsten, wieder auf Polydor erschienenen LP *Rumble* ein Stück Duane Allman gewidmet hat, liegt es nahe, daß es vor allem Duane Allman war, der ihn durch sein unnachahmliches Bottleneck-Spiel zu eigenen Versuchen angeregt und damit Wrays wachsende Begeisterung für das Bottleneck-Spiel ausgelöst hatte. Von allen Stücken fällt besonders der Song *Right Or Wrong (You Lose)* auf, bei dem er die zarte Lyrik einer akustischen Gitarre mit der verzerrten Brachialgewalt einer elektrischen Gitarre kontrastierte. Hier kam die aggressiv verzerrte Gitarre zum Tragen, die bei seinen vorangegangenen Platten nicht so beherrschend in Erscheinung getreten war. Die Cover-Notes für diese LP schrieb übrigens Pete Townshend, der erstaunlicherweise trotz der Bewunderung, die er für Wray hegte, nie auf einer seiner LPs mitwirkte. Wahrscheinlich liegt das daran, daß Townshend in der Zeit, in der Wray sein Comeback erlebte, mit den Who vollauf beschäftigt war. In diesen Cover-Notes unterstreicht Townshend, daß die Titel auf diesem Rock'n'Roll-Album das Potential haben, echte Klassiker zu werden – und da muß man ihm voll und ganz recht geben. Die zu siebzig Prozent von Wray komponierten Songs sind heute noch genauso aufregend wie 1974 und damit echte, unbekannt gebliebene Klassiker. Auch die wuchtige Schärfe von Wrays Stimme, die Townshend zwischen Mick Jagger und Van Morrison ansiedelt, präsentiert sich hier in einem idealen Rahmen, den man am ehesten mit kompromißlosem, aber nuancenreichem Rock umschreiben kann. Neben einer hörenswerten Neubearbeitung seines Hits *Rumble*, der gelungenen Cover-Version des Tony Joe White-Titels *Backwoods Preacher Man*, dem Duane Allman gewidmeten Song *I Got To Ramble*, bei dem er den Zwei-Leadgitarren-Sound der Allman Bros.-Band per Overdub nachempfunden hat, und den phantastischen restlichen Titeln ist es vor allem die ekstatisch kreischende, Wah Wah-verzerrte Gitarre Wrays, die die Suche nach diesem leider wenig verkauften Album mehr als lohnt. Selbst die meist unangenehm auffallenden Bläsersätze wirken hier ungemein abrundend. Außerdem soll noch bemerkt werden, daß mit Boz Scaggs, der früher einmal in der Steve Miller-Band war und mit Duane Allman (!) als Sessiongast sein erstes großartiges Solo-Album eingespielt hatte, wieder ein bekannter Gastmusiker mit von der Partie war.

Das nachfolgende Album *Stuck In Gear* erschien 1975 wieder einmal bei Virgin (wie schon *Beans And Fatback*) und war sogar stilecht in England in einem zum Aufnahmestudio umgebauten Bauernhaus aufgenommen worden. Dieses Album war weitaus sparsamer instrumentiert und stellte eine geschickte Variation und Fortsetzung des vorhergegangenen Albums mit anderen Mitteln dar. Besonders interessant waren dabei immer wieder Wrays gesangliche Metamorphosen in einzelnen Titeln oder auch von Titel zu Titel. Kaum nachvollziehbar wird dieser stimmliche Wechsel, wenn Wray in dem melodiösen und wunderschönen *Cottoncandy Apples* an Elvis Presley erinnert und dann schon das nächste Stück *Bo Jack* mit einer an Alvin Lee erinnernden Stimme singt. Mit *Jack The Ripper* ist auch wieder ein »alter« Hit enthalten, der jedoch erst drei Jahre nach seiner Aufnahme durch den Radio-Discjockey von WNDR Syracuse populär gemacht wurde und zum Hit avancierte. Auf dem neuen Album ist er in einer so wilden Live-Version aus dem Lyceum in London enthalten, daß man sich fragen möchte, ob es nicht vielleicht Wray war, der den letzten musikalischen Anstoß für den eruptiven Ausbruch der Punkmusik in England gegeben hat.

Aber dann lernte Wray in New York den jungen Rock-a-billy-Sänger Robert Gordon kennen, mit dem er zwei LPs aufnahm – *Robert Gordon & Link Wray* und *Fresh Fish Special* –, die die meisten seiner ohnehin wenigen Comeback-Fans verschreckten, da er auf ihnen schlicht und einfach Rock-a-billy, zwar von der besten Sorte, aber eben Rock-a-billy präsentierte. Für viele Anhänger von Wray bedeutete dieser plötzliche Wechsel zu der Musik, der er selbst in seiner Glanzzeit nur mit einigen Titeln deutlich Tribut gezollt hatte, einen Rückschritt, der um so mehr schmerzte, als Wray sonst seiner Zeit immer voraus zu sein schien.

Daß Wray auch dieses Mal ein Gespür für das Kommende hatte, zeigte das durch die Stray Cats initiierte Rock-a-billy-Revival zu Beginn der 80er Jahre. Doch dieses Revival galt vielen als ein weiteres Zeichen dafür, daß die Rockgeschichte hemmungslos geplündert wurde, um eine neue Modewelle zu schaffen. Dazu verkam dieses Revival leider ähnlich wie die Punkmusik ziemlich schnell. Aber es hatte doch schmerzlich aufgezeigt, welch gewaltige Kraft der Rock'n-'Roll einmal besessen hatte, ehe er zum kommerzorientierten Possenspiel ohne Bedeutung herabsank. Diese Leistung des Revivals wurde vielfach übersehen oder teilweise von den Musikjournalisten ignoriert, denen der einfache Rock-a-billy viel zu ordinär erschien, um sich mit ihm abzugeben.

Im Juni 1978 konnte man sich dann auch in der Bundesrepublik durch einen Auftritt im Rockpalast von den unbestreitbaren Live-Qualitäten des Duos Gordon/Wray überzeugen. Doch wer den Rock-a-billy allenfalls als eine interessante, aber vergangene Musikform aus der zweiten Hälfte der 50er Jahre gelten ließ, für den konnte auch oder gerade die Paarung Gordon/Wray nichts Faszinierendes haben. Tatsächlich wirkte Gordons Stimme weitaus anziehender als die Person Robert Gordon, bei der man durch die Vielzahl der einstudierten Elvis-, Gene Vincent- oder Eddie Cochran-Posen nie wußte, ob er nicht doch noch in seiner pubertären Phase steckte und deshalb nicht ernst zu nehmen war. Viele fanden es ärgerlich, daß er als Partner eines gestandenen Musikers wie Link Wray mehr Bedeutung bekam, als er es verdiente, und man ihn nicht einfach übersehen konnte. Diesem Ärger machte man Luft, indem man einfach Wray lautstark kritisierte und ihm kurzerhand einige der ihm früher verliehenen Weihen wieder absprach.

Aber Wray war »nur« als Gitarrist mit seinen scharfkantigen Riffs und messerscharfen Soli immer noch so eindrucksvoll, daß ihm die meisten Anhänger seinen vermeintlichen Ausrutscher spätestens nach dem Erscheinen der glasklar produzierten LP *Bullshot* verziehen. Auf dieser LP befand sich auch eine Cover-Version des Bob Dylan-Klassikers *It's All Over Now Baby Blue*, die Dylan selbst für die gelungenste Interpretation dieses Titels hielt. Ebenfalls befindet sich mit *Rawhide* wieder eine Neueinspielung eines alten Instrumental-Hits auf der Platte. Der Song wird hier mit einem virtuosen Solo im Stil Buchanans aufgeladen, so daß man Wray kaum vorwerfen kann, was oft geschehen ist, er lege seine alten Hits immer wieder auf. Überhaupt kann man auf dieser LP sein wahrscheinlich virtuosestes Gitarrenspiel hören. Beste Beispiele sind: *It's All Over Now Baby Blue, Rawhide, The Sky Is Falling* sowie eine höchst eigenwillige, aber funktionierende Cover-Version von *Fever* und, und, und... Leider blieb diese schon 1979 erschienene LP bis heute seine letzte Studio-LP.

Auf der nächsten LP, *Live At The Paradiso,* die im legendären Amsterdamer Paradiso-Club aufgenommen wurde, rockt Wray so aggressiv, dreckig und manisch, daß dagegen so manche Punk- und Punk-a-billy-Band verblaßt. Die Präzision, mit der Wray und seine beiden Sidemen u.a. auch durch viele Rock'n'Roll-Klassiker rocken, ist dabei immer wieder erstaunlich. Dasselbe gilt auch für die nachfolgende LP *Live In '85*, deren größtes Handicap jedoch die absolut mangelhafte Aufnahmequalität ist.

Es bleibt noch zu sagen, daß unter den Bewunderern von Link Wray eine Menge Gerüchte kursieren, die immer wiederholt werden. Sie sollen am Schluß kurz zusammengefaßt werden, und der Leser mag jetzt, nach der Darlegung von Wrays faszinierender Wirkung, selbst entscheiden, ob sie ihm so gut gefallen, daß er sie als Wahrheit ansehen will:
- Wray war für zwei Jahre in der Armee und verbrachte die meiste Zeit in der Bundesrepublik, wo er viel mit

deutschen Musikern in Clubs und für den Rundfunk gespielt hat.
- Wray hat am Korea-Krieg teilgenommen. Aus diesem Krieg kehrte er infolge eines Lungensteckschusses stark behindert zurück.
- Wray mußte wegen Tuberkulose ein Lungenflügel entfernt werden. Während seines einjährigen Krankenhausaufenthalts lernte er die Bibel komplett auswendig.
- Wray entwarf seinen größten Hit *Rumble* bei einer Schlägerei in einem Club in Virginia, in dem er Musik machen sollte.
- Wray begleitete – je nachdem vor oder nach der Zeit seiner eigenen Instrumental-Hits – Ricky Nelson und Fats Domino in Fernsehshows.
- Und, und, und ...

Last, but not least

Ein Taschenbuch, das noch in eine Tasche passen soll, kann zwangsläufig nur einen Teil der Gitarristen behandeln, die die Leser vielleicht auf Grund des Buchtitels erwarten. Schließlich gibt es ja keine festen Regeln und verbindlichen Richtlinien für die Beurteilung der Güte und Qualität von Rockgitarristen. Das hat auch seine volle Berechtigung, da es in der Rockmusik, zumindest vom Urgedanken her, der jedoch mittlerweile fast immer korrumpiert ist, um die direkt oder durch Provokation indirekt geäußerte Kritik an den einengenden gesellschaftlichen Dogmen geht. Von daher wäre es absolut verfehlt, leistungsorientierte Maßstäbe, die nur eine entfremdete Gesellschaftsform ausprägen kann, anzuwenden, um die Größe von einzelnen Rockgitarristen zu messen. Viele Rockgitarristen sind Autodidakten, die schon dadurch einen einzigartigen, unorthodoxen Gitarrenstil entwickelt haben, der keinen Lehrbüchern folgt. Darüber hinaus findet für viele Gitarristen das, was Rock propagiert, nämlich die freie, ungehemmte Persönlichkeitsentfaltung, erst auf dem Griffbrett statt. Aus diesem Grunde sind Intensität, individueller Ausdruck und emotioneller Gehalt die einzigen Kriterien für die Beurteilung von Rockgitarristen. Doch genau das empfindet jeder anders.

Der Auslese, von Zwängen und Beschränkungen beeinflußt, mußten auch hochkarätige Namen zum Opfer fallen:

Steve Cropper, Robby Krieger, Jorma Kaukonen, Jerry Garcia, Stephen Stills, Dave Edmunds, Dickey Betts, Rick Derringer, Jessie Ed Davies, John Fogerty, Dave Gilmour, Brian Jones, Steve Miller, Ted Nugent, Mick Ralphs, Robbie Robertson, Mick Ronson, Todd Rundgren, Joe Welsh, Neil Young, Ron Wood, Randy California und viele andere. Auch Chuck Berry blieb, wenngleich er die Rock'n'Roll-Spielweise wie kein zweiter geprägt hat, unerwähnt, da er nicht isoliert aus dem zeitlichen Umfeld von brillanten Rock'n'Roll-Gitarristen wie Carl Perkins, Scotty Moore, Cliff Gallup, Buddy Holly, Eddie Cochran, Chet Atkins, Duane Eddy, James Burton, Bo Diddley etc. herausgegriffen werden sollte. Trotzdem sind diese Gitarristen, zumindest in Verbindung mit den Schlüsselerlebnissen in den Jugendjahren der hier besprochenen Gitarristen, deren Schaffenszeit bis auf eine bemerkenswerte Ausnahme (Mark Knopfler) allesamt in den 60er Jahren begonnen hat, meistens präsent. Das Kriterium der innovativen Leistung spielte bei der Auswahl der hier behandelten Gitarristen die geringste Rolle, da es sich, was oft übersehen wird, beim näheren Hinsehen/Hinhören als äußerst problematisch entpuppt! Man denke in diesem Zusammenhang nur an Jimmy Page, der berichtete, daß er den Gebrauch von Feedback zum erstenmal auf einer Bing Crosby/Les Paul-Trio-Single gehört hätte, die aus den 40er Jahren stammte. Tatsächlich ist es bei vielen Gitarristen die einmalige Kombination und Fusion verschiedener Elemente, die einen Teil ihrer Faszination ausmacht.

Im Folgenden sollen noch vier weitere auf ihre Art einmalige Gitarristen genannt werden, deren gitarristisches und musikalisches Schaffen weniger solistisch verwurzelt ist, als vielmehr in einer Gruppenidentität, deren Schilderung den Umfang dieses Buchs gesprengt hätte.

Mark Knopfler

Geb.: 12. August 1949 in Glasgow/ Großbritannien

Als Mark Knopfler Ende der 70er Jahre die Musikszene betrat, bereicherte er die leider viel zu kleine Liste der ökonomischen Ausnahmegitarristen um einen weiteren Namen. Mark Knopfler ließ seinerzeit mit seiner Band Dire Straits und seinem Gitarrenstil alle allzu strapazierten Rock-Klischees weit hinter sich. Auch heute steht er mit seinem ökonomischen Gitarrenstil, in dem das Gewicht auf der kurzlebigen Einzelnote liegt, auf einsamer Flur.

Spielfehlerverdeckende Verzerrung, Finger Taping-Techniken und ständig wiederholte klassische Motive bilden heute das Arsenal umjubelter Gitarristen. Mark Knopfler kommt ohne diese unsinnigen Elemente aus und ist dennoch einer der wenigen Gitarrenheroen der späten 70er und der 80er Jahre. Das liegt ganz einfach daran, daß Mark Knopfler das gewisse Etwas hat, das bei ihm eine Mischung aus einem einzigartigen Sound, der Spieltechnik und dem Feeling ist.

Am 12. August 1949 wurde Mark Knopfler als Sohn eines aus Ungarn vor den Nationalsozialisten geflohenen jüdischen Architekten und einer Englischlehrerin in Glasgow geboren. Als Mark sechs Jahr alt war, zog die Familie nach

Newcastle. Mark Knopfler erzählte über seine erste Berührung mit Musik: »Als ich sechs war, zeigte mir mein Vater die ersten Kniffe auf der Violine und dem Klavier. Das interessierte mich, aber für Klavierstunden konnte ich mich nicht erwärmen. Mit acht oder neun Jahren hörte ich dann meinen Onkel Kingsley Boogie Woogie auf dem Piano spielen, und ich empfand diese drei Akkorde damals und heute immer noch als die drei magischsten auf der ganzen Welt. Dann brachte ich meine Mutter dazu, mir die ersten Platten zu kaufen, die von Lonnie Donegan waren. Da war ich noch nicht zehn Jahre alt. An zwei Singles, die ich mir etwas später kaufte, kann ich mich sehr gut erinnern. Die eine war *Because They Are Young* von Duane Eddy, die ich bei meinem Freund auf der anderen Straßenseite neunundvierzigmal hörte. Ich hätte den ganzen Tag damit verbringen können, sie zu hören: Es war der Twang. Die andere Single war von den Fireballs. Auf der einen Seite war *Quite A Party* und auf der anderen *Gunshot*. Ich spielte die Single viertausendneunhundertmal. Ich war total verliebt in sie.«

Doch Platten waren für ihn nur eine Möglichkeit, die Musik zu hören, die er mochte. Er hörte immer Radio Luxemburg, das zwar kommerziell ausgerichtet war, aber auch sehr progressive Musik brachte. Von Rock'n'Roll und Boogie Woogie bekam er nie genug, und zu seinen Favoriten zählten Jerry Lee Lewis, Buddy Holly, Elvis Presley, Ricky Nelson und die Everly Brothers.

Bei dieser Begeisterung für die Musik war es für ihn nur ein kleiner Schritt zu dem Wunsch, eine Gitarre zu besitzen. Mark Knopfler erzählte: »Ich mußte warten, bis ich fünfzehn war, ehe ich meine erste Gitarre bekam, weil mein Vater wollte, daß ich sie richtig zu würdigen wisse. Es war eine rote Hofner V-2. Sie kostete fünfzig Pfund und hatte Stratocaster-Form." Obgleich es eine elektrische Gitarre war, mußte sich Knopfler etwas einfallen lassen, wie er sie verstärken konnte. »Ich hatte nicht den Nerv, meinem Vater nach den Ausgaben für meine Gitarre mit der Frage nach einem Verstärker zu kommen. So nahm ich das zweipolige Kabel von der Gitarre und steckte es in mein Radio, um damit die ehrfurchtgebietende Power [Lachen] von 4 1/2 Watt zu bekommen«, berichtete er weiter.

Einige Komponenten seines Gitarrenstils führte er später darauf zurück, daß er schon damals keine großen Versuche unternahm, die Gitarre linkshändig zu spielen, obwohl er Linkshänder ist. Mark Knopfler kommentierte: »Ich denke, daß sich ein Gitarrenstil aus einer Vielzahl von Faktoren ergibt, aber in meinem Fall war es die Tatsache, daß ich Linkshänder bin, aber rechtshändig spiele. Das kam durch das Halten der Violine und des Tennisschlägers – man sagte mir aber auch, daß das die Art wäre, die Gitarre zu halten. Chet [Atkins, Anm. d. Verf.] sagte, daß dies einer der Gründe dafür wäre, daß ich so ein starkes Vibrato habe.«

In der folgenden Zeit wurde Mark Knopfler von der unterschiedlichsten Musik geprägt. Als er vierzehn Jahre alt war, beeinflußte ihn vor allem Bob Dylan, einige Jahre später empfing er von B. B. King viele Anregungen. Diese Einflüsse sowie seine Vorliebe für Rock'n'Roll sollten sich später in der Musik von Dire Straits niederschlagen. Trotz seiner Musikbesessenheit dauerte es noch eine Weile, bis er eine eigene Band gründete. Schon damals sprang er jedoch des öfteren bei lokalen Gruppen ein, wenn ihr Leadgitarrist krank geworden war.

Doch Mark hatte noch eine andere Vorliebe, der er nach Beendigung seiner Schulzeit zunächst den Vorzug gab: Das Faible für seine Muttersprache. Deshalb besuchte er zwei Jahre das »Journalism College« und fand nach dem Abschluß eine Stelle bei der »Yorkshire Evening Post«. Dort konnte er seinen beiden Leidenschaften frönen, indem er für die Wochenendausgaben eine Rockseite verfaßte, auf der Abhandlungen über musikalische Richtungen, Platten- und Konzertkritiken standen. Seinen letzten Artikel schrieb er über den Tod von Jimi Hendrix. Danach schrieb er sich bei der Universität in Leeds ein, um ein Englischstudium aufzunehmen, das er drei Jahre später mit einem erstklassigen Examen abschloß.

Kurze Zeit später bekam er eine Stelle am Technical College in Laughton/Essex, wo er Problemkinder und in Intensivkursen Erwachsene im Fach Englisch unterrichtete. In den drei Jahren, in denen er dort lehrte, spielte er ein paar Monate mit der R & B/Cajun-orientierten Band Brewer's Droon, ehe er die Cafe Bacers gründete, der auch ein Lehrerkollege angehörte. Mark Knopfler erinnerte sich: »Es war eine Rock-a-Billy/R & B Band. Wir spielten nicht so bekannte, aber attraktive und bezaubernde Sachen. Einige von den mehr obskuren Chess-, Sun- und Mercury-Singles. Wir mischten sie in unserem Repertoire mit ein paar Sachen, die bekannter waren, wie *Good Morning Little Schoolgirl, Be-Bob-A-Lula* und ein paar Everly-Titeln. Von den Everly Brothers spielten wir z. B. *Not Fade Away*, wo ich die James Burton-Licks mit Wah-Wah spielte. Es war eine wirklich nette Zeit, weil alles, was man machen mußte, war, den Verstärker und die Les Paul Special in den Wagen zu legen, zum nächsten Gig zu brausen, den Verstärker auf zwei Stühle oder Bierkästen zu stellen, die Gitarre einzustöpseln, und schon ging's los.«

Mit der nächsten Gruppe, die er gründete, startete er eine der steilsten Bandkarrieren der späten 70er Jahre. Der Name der Gruppe stand für den Zustand der Band, ehe der Erfolg kam: Dire Straits – Abgebrannt! Der Schlagzeuger Pick Withers hatte diesen Namen vorgeschlagen. Er war als letzter zu der Band gestoßen, die zudem aus Mark Knopfler (Leadgitarre, Vocals) David Knopfler (Rhythmusgitarre) und John Isley (Baß) bestand. Mit den Einnahmen aus ihrem ersten Konzert – rund 600 DM – mieteten sie die Highbury Studios, in denen ein fünfspuriges Demoband entstand. John Isley kannte durch seine Arbeit im Schallplattenladen, in dem er auch Mark Knopfler zum erstenmal gesehen hatte, den Diskjockey Charlie Gillett flüchtig. Dieser moderierte die BBC-Sendung Honky Tonk Show, in der Aufnahmen von neuen Gruppen und Musikern vorgestellt wurden. David kam auf die Idee, ihm das Demoband mit einem Brief, in dem John Isley auf die flüchtige Plattenladenbekanntschaft hinwies, auf die Milchflaschen fürs Frühstück zu legen. Der Rest ist, wie man so schön sagt, Geschichte. Charlie Gillett war mehr als angenehm überrascht und spielte den Titel *Sultans Of Swing* bereits in seiner nächsten Sonntagabend-Sendung am 31. Juli 1977 (später wurde diese frühe Demoversion auf dem Sampler *The Honky Tonk Tapes* veröffentlicht.)

Mitten in der Hochzeit der Punkära ließ dieser klare amerikanische Sound die A & R-Leute, sprich Talentsucher der Plattenfirma, aufhorchen. Sie riefen bei Charlie Gillett an und wollten wissen, wer die Gruppe war. Da John Stainze auf Dire Straits einen vertrauenswürdigen Eindruck machte, unterschrieben sie bei Vertigo. Stainze setzte sich kräftig für sie ein, so daß sie zwei erfolgreiche Tourneen im Vorprogramm von Talking Heads und Styx absolvieren konnten. Im November hatte außerdem das Hope & Anchor Festival stattgefunden, das für eine Plattenveröffentlichung mitgeschnitten wurde. Auf der späteren Doppel-LP waren sie neben unzähligen Punkbands mit dem Titel *Eastbound Train* vertreten. Im Mai erschien die Single *Sultans Of Swing* mit der Live B-Seite *Eastbound Train*, die jedoch in den unteren Chartregionen hängenblieb.

Vier Wochen später erschien die Debüt-LP *Dire Straits*, die von Muff Winwood (ex Spencer Davis Group) produziert worden war, wobei die Plattenfirma die Auflage gemacht hatte, sie dürfe nicht mehr als 50 000 DM kosten. Obgleich diese in wenigen Wochen eingespielte LP zu einem der genialsten Debütwerke der 70er Jahre zu zählen ist, registrierte sie das breite Publikum erst mit einem guten halben Jahr Verspätung. Dafür wurde der Erfolg umso größer: Es gab jede Menge Gold in Europa und Platin in Australien, Neuseeland und nicht zuletzt in den USA, worin eine gewisse Ironie lag, da sich der amerikanische Vertriebspartner von Vertigo anfangs gegen eine weltweite Veröffentlichung der LP gesperrt hatte.

Von nun an ging es allen Plattenfirmengesetzen zum Trotz mit der imagelosen Band Dire Straits, die bewußt auf jegliche Bühneninszenierungen verzichtete, unaufhaltsam auf der Straße des Erfolgs weiter. 1979 folgte mit *Communique* das zweite, auf den Bahamas eingespielte und von Jerry Wexler produzierte Plattenwerk, das durchweg schlechte Kritiken erntete, aber dennoch reißenden Absatz fand. Die Kritik hob im besonderen darauf ab, daß das

Zweitwerk keine Erweiterung, sondern bloß eine Kopie des klaren, von J. J. Cale beeinflußten Sounds des Erstlingswerks darstellte. Zu der seltsamen Mattigkeit, die die Songs ausstrahlten, kam noch, daß die meisten Songs auch nicht den kompositorischen Charme ausstrahlten, der auf *Dire Straits* im Übermaß vorhanden war. Mark Knopfler hatte sich ähnlich wie sein großes Vorbild J. J. Cale mit seinem ersten Werk einen Qualitätsmaßstab geschaffen, der in der Folgezeit nur schwer zu erreichen war.

Vor allem die Spontaneität des Erstlingswerks fehlte den Plattenprodukten immer mehr. Die schwüle, sehnsuchtsvolle Country-Blues-Stimmung, die Dire Straits auf ihrem Plattenerstling ohne die Verwendung klassischer Bluesformen erzeugt hatte, suchte man z.B. auf der dritten LP, *Making Movies*, vergebens. Wer das auf den Einfluß von David Knopfler zurückführte, der die Band am 25. Juli 1980 während der Aufnahmen von *Making Movies* verlassen hatte, der wurde bitter enttäuscht, als David Knopfler seine sich beim Popkonsumenten anbiedernden Solo-LPs vorlegte. Daß die bluesige, nachdenkliche Atmosphäre, die das Debütalbum so grandios und unwiderstehlich gemacht hatte, mehr und mehr verdrängt wurde, lag einzig und allein an dem Mann, der der Kopf von Dire Straits war und ist: Mark Knopfler. Er entwickelte einen verhängnisvollen Hang zum Perfektionismus. Obschon er die rauhen, spontanen Rock'n'Roll-Aufnahmen der 50er Jahre schätzt und im Studio selber nie allzu viele Overdubs einspielt, gerieten die folgenden Studioprodukte nicht selten zu fehlerfrei, zu sauber.

Vielleicht ist es aber gerade das, was den Erfolg von Dire Straits in allen Altersgruppen erklärt. Die Klarheit und Ordnung des Dire Straits-Sounds, der maßgeblich durch

Knopflers filigranes, plecktrumloses Drei-Finger-Spiel und seine natürliche Gesangstimme geprägt wird, besaß ein Element, das mit der Zeit immer stärker in den Vordergrund trat: eine gewisse Kantenlosigkeit und Sterilität. Zwar besaß die Musik von Dire Straits in ihrem Variationsreichtum eine Verbundenheit mit den musikalischen Wurzeln, die sie weit über viele Platten erhob, die gleiche Verkaufszahlen erreichten, doch mit *Making Movies* zeichnete sich ab, daß kommerzielle Aspekte eine größere Rolle in der Musik von Dire Straits einnehmen sollten.

Im Frühjahr 1982 entstand mit *Love Over Gold* das erste Dire Straits-Album ohne Pick Withers, der durch Terry Williams ersetzt worden war. Mittlerweile gehörten auch Hal Lindes (Gitarre) und Alan Clark (Keyboards) zu den Dire Straits, doch die wichtigste Neuerung bei diesem Album bestand darin, daß Mark Knopfler selber als Produzent fungierte. Er selbst war später mit seiner Arbeit nicht mehr so zufrieden, da das Album nach seinem Geschmack »zuviel Overdubbing und Überproduziertes besaß«.

Das nächste Plattenprodukt wurde eine EP, von der der Rock'n'Roll-Titel *Twistin' By The Pool* am populärsten wurde. Bis auf den herrlichen Jazztitel *Badges, Posters, Stickers, T-Shirts* waren auch die anderen Titel deutlich vom Rock'n'Roll der Fünfziger geprägt. Den Grund beschrieb Mark Knopfler wie folgt: »Die EP war eigentlich eine Reaktion gegen das *Love Over Gold*-Album. Wenn man etwas gemacht hatte, worauf man soviel Sorgfalt verwendet hatte – und *Private Investigations* (von *Love Over Gold*) 20.000mal live gebracht hatte – dann möchte man einfach nur so etwas wie *Be-Bop-A-Lula* spielen.«

Die in diesem Zitat angesprochene Live-Seite von Dire

Straits wurde 1983 in Form der Doppel-Live-LP *Alchemy* dokumentiert. Diese Doppel-LP machte deutlich, daß die einstige Spontaneität der Ur-Dire-Straits auch auf der Bühne einem makellosen Perfektionismus gewichen war. 1983 erschien auch der folkloristische, keltische Soundtrack zu dem Film »Local Hero«, der Knopflers Begabung für stimmungsvolle Soundtracks zeigte. 1985 kam schließlich mit *Brothers In Arms* das bis heute letzte Dire Straits-Werk heraus, auf dem die neuen Musiker Omar Hakin (Drums), Guy Fletcher (Keyboards) und die Brecker Brothers mitwirkten. Das Album machte vor allem deutlich, daß Knopfler als Komponist in eine seltsame Schizophrenie verfallen ist: Zum einen fand man auf dieser LP banale Ohrwurm-Popsongs wie *Walk Of Live*, zum anderen enthielt die Platte ambitionierte, nachdenklich stimmende Stücke wie den Titelsong. Eins von beiden mußte dabei zwangsläufig an Glaubwürdigkeit verlieren. Verbindendes und hervorstechendes Merkmal aller Dire Straits-LPs war aber stets Knopflers klares, mit einer Stratocaster identifiziertes Gitarrenspiel. Die Ingredienzen seines Gitarrenspiels, mit dem er bis heute eine Unmenge von Plattenproduktionen verschönert hat (z.B. von Bob Dylan, Tina Turner, Chet Atkins) beschrieb er selbst einmal so: »All die kleinen Teile dessen, was die großen Gitarristen des Pop gemacht haben, sind in mir drin. All die kleinen Sachen, die Chet mit den Everly Brothers, James Burton mit Ricky Nelson und Scotty Moore mit Elvis gemacht haben – das alles wurde ein Teil dessen, was ich mache. Du bist einfach das Resultat dessen, was du alles schon gehört hast. Es ist wie ein Schwamm: Er saugt verschiedene Sachen auf, und wenn du ihn ausdrückst, kommt eine andere Mischung heraus. Das ist alles. Das ist der Stil.«

Keith Richards

*Geb.: 18. Dezember 1943 in Dartford/
Großbritannien*

Es gab einmal eine Zeit, in der die Rolling Stones die Frustrationen und Aggressionen einer ganzen Generation zum Ausdruck brachten. Das war in der zweiten Hälfte der 60er Jahre, die heute nicht nur zeitlich eine ganze Weile zurückliegen. Dieses alte Image der Rolling Stones ist maßgeblich mit Keith Richards verknüpft.

Denn Keith Richards wurde als Gitarrist nie wegen seiner technischen Perfektion geschätzt, vielmehr waren es sein unverkennbares, metallisch schepperndes Rhythmusspiel und sein Image, die ihm seinen außergewöhnlichen Ruf einbrachten.

In dem Maß, in dem Mick Jagger in den 70er Jahren vom Rebellen gegen das Establishment zum Hätschelkind des Jet-sets verkam, wurde Keith Richards für die, die nach wie vor »Stone«-Fans bleiben wollten, zu *dem* Rolling Stone. Er verkörperte nach wie vor das Unberechenbare, das Wilde und Exzessive des Rock'n'Rollers aus Berufung. Während Mick Jagger Gesundheitswässerchen trank, kippte Keith Richards Hochprozentiges und schniffte bis zur Platinnasenscheidewand Kokain.

Doch Keith Richards prägte nicht nur das »Bad Boys«-Image, sondern auch den Sound der Rolling Stones maßgeblich mit. Was sein Rhythmusspiel angeht, so war es weniger die Präzision, die nach seiner Meinung nur durch das solide Fundament von Charlie Watts und Bill Wyman zustande kam, als vielmehr das Charisma, das es einzigartig machte. Interessanterweise hing seine Qualität als Leadgitarrist damit zusammen, mit welchen Gitarristen er bei den Rolling Stones zusammenspielte. Wenn er mit Brian Jones spielte, war er der klassische, rhythmusbetonte Rock'n'Roll-Gitarrist, dessen Soli viele klassische Chuck-Berry-Elemente enthielten. Erst zusammen mit Mick Tylor »mauserte« er sich zu einem Leadgitarristen im eigentlichen Sinne.

In den fünf Jahren mit Mick Taylor integrierte er so viele Elemente von Taylors Spiel in sein eigenes, daß er, wie z.B. auf *Short And Curlies* (von *It's Only Rock'n'Roll*), in seinem Solospiel kaum noch von Mick Taylor zu unterscheiden war. Als Mick Taylor 1974 die Rolling Stones verließ und Ron Wood seinen Platz einnahm, »verkümmerten« Richards' Qualitäten als melodiebezogener Leadgitarrist regelrecht.

Doch wer ein so begeisterter Rhythmusgitarrist wie Keith Richards ist, der zudem zusammen mit Mick Jagger zu einem der begabtesten Komponisten-Teams der Rockgeschichte gehört, den darf man nicht an den Qualitätsmaßstäben von Leadgitarristen messen. Immerhin hat er sich mit zwei Gitarrensoli unsterblich gemacht: Zum einen mit dem bis auf die kleinste Nuance perfekten Solo auf der Studioversion von *Sympathy For The Devil* (auf *Beggars Banquet*) und zum anderen mit dem wunderbaren, Mick Taylors Melodiosität kontrastierenden Solo auf der Liveversion von *Sympathy For The Devil* (auf *Get Yer Ya-Ya's Out!*). Was kann ein Gitarrist mehr erreichen als diese Könnerschaft!

Pete Townshend

Geb.: 19. Mai 1945 in London/Großbritannien

Als Gitarrist wurde Pete Townshend eigentlich nur gewürdigt, weil er als erster die Wucht von feedback-kreischenden Power-Akkorden ausgelotet hat, was daran liegt, daß er als Songschreiber begabter ist. Doch das ist im Grunde keine Begründung, geschweige denn ein Alibi, da Townshend zusammen mit Chuck Berry zu den vielleicht wichtigsten und besten Songschreibern zu zählen und ein absoluter Superlativ ja gar nicht zu übertreffen ist. Das heißt, wäre Townshend nicht so ein höllisch guter Songschreiber, würde er als Gitarrist viel mehr gewürdigt. Das Geniale des Gitarristen Townshend lag ganz sicher darin, sich beim Gitarrenspielen seinen eigenen Songs zu unterwerfen. Er spielte sich als Gitarrist nicht in den Vordergrund, sondern formte eine packende Einheit aus den Stärken seiner Songs und den Stärken seines Gitarrenspiels. Wie Townshend mit seinem Songmaterial die Qualitäten der einzelnen Bandmitglieder zur optimalen Entfaltung brachte, so betonte er mit seinem Gitarrenspiel immer die Stärken seiner Songs.

Aus diesem auf äußerste Effektivität angelegten Konzept resultierte bei den Who-LPs der Verzicht auf die Verzierungen der Gitarre. Aber wenn man beim Hören der Who-Platten das Interesse einmal ganz bewußt auf die Gitarre lenkte, dann gab es eine Unmenge zu entdecken. Unvergleichliche rhythmische Brillanz, die ihn zu einem echten Ausnahmegitarristen machte, gehörte ebenso zu seinem immensen Können wie die meisterhafte Beherrschung von machtvollen Power-Akkorden, als deren Pionier er gelten muß. Darüber hinaus zählt er zusammen mit Jeff Beck, Jimmy Page und Jimi Hendrix zu den Pionieren des Einsatzes von Feedback, wobei Townshend das Feedback weniger in sein Leadgitarrenspiel integrierte, als vielmehr seine Power-Akkorde damit »aufheizte«. Dies zeigt schon, in welche Richtung Townshends Gitarrenspiel tendierte.

In den ersten Jahren der Who ging es Townshend nicht um Finesse und Raffinesse, sondern um den wichtigsten Bestandteil des Rock'n'Roll, um Aggressionen. Townshend artikulierte sie und die aus der Gesellschaftsform herrührenden Frustrationen in seinem Gitarrenstil wie kein zweiter. Dazu gehörte auch die Zertrümmerung seiner Gitarren, die die Who in ihren Anfangstagen in größere finanzielle Probleme stürzte. Pete Townshend war der erste, der das machte, doch als die Who im Juni 1967 beim legendären Monterey Pop Festival auftraten und damit den langersehnten Durchbruch in Amerika schafften, gab es noch einen anderen Gitarristen, der seine Gitarre zerschlug und sogar anzündete: Jimi Hendrix. Pete Townshend erinnerte sich: »Ich saß im Publikum neben Mama Cass, und sie drehte sich zu mir um und sagte: ›Stiehlt dieser Kerl da gerade nicht deinen Act?‹ Darauf sagte ich: ›Yeah, aber siehst du, er ist so verdammt gut, was spielt das da für eine Rolle?‹« Tatsächlich wurde Townshend, wie er selber sagte, »zum Hendrix-Fan«.

Angeregt durch das elektrisierende Leadspiel von Hendrix und Eric Clapton, begann Townshend, der seine Gitarrensoli meist rhythmisch strukturierte, ein größeres Interesse für das melodiegefärbte Leadgitarrenspiel zu entwickeln. Außerdem war ihm nach Hendrix' verzerrtem Gitarrensound der Klang seiner Fender Stratocaster, die er spielte, seitdem er seine Rickenbacker Gitarre in die Ecke gestellt hatte, zu »clean«. So wechselte er irgendwann im Jahr 1968 vollständig auf eine Gibson SG, die er bereits vorher öfters benutzt hatte.

In den rund vier Jahren, in denen er diese Gitarre spielte, entwickelte er auf der Bühne die wohl eindrucksvollste Symbiose aus rhythmischem Power-Akkord-Spiel und machtvoll ergänzendem Leadspiel, die die Rockgeschichte jemals verzeichnen konnte. Dokumentiert ist dieser genialische Gitarrenstil auf dem Album *The Who Live At Leeds*, das nicht umsonst zu den fünf besten Rock-Live-Alben gehört.

Irgendwann zwischen 1971 und 1972 tauschte Pete Townshend das Gibson SG Modell gegen die Gibson Les Paul, die er dann Anfang der 80er Jahre wiederum gegen eine Shecter Fender Telecaster Replika auswechselte.

Das hatte folgenden Grund, wie Townshend Mitte 1972 berichtete: »Gibson stellte die Herstellung 1971 ein, so daß ich keine mehr zertrümmerte. Aber wenn ich sie, nachdem ich schon einige Drinks intus hatte, hochschmiß, krachten sie auf den Boden und brachen entzwei. Sie sind wirklich aus leichtem Holz gemacht, so daß ich den Hals ohne große Kraftanstrengung verbiegen konnte, um die Saiten zu ziehen, bis die Akkorde klingelten. Also, als diese bestimmten SG's mit flachen Pickups nicht mehr hergestellt wurden, ging ich zu den Leuten von Gibson und sagte zu ihnen: ›Ihr müßt die für mich machen, nach Maß gefertigt.‹ Sie sagten: ›Okay, aber die einzelne Gitarre wird dreihundert Dollar kosten.‹ Das war mir egal, und ich ließ fünf Stück für die nächste Tour bauen. Irgendwann brachten sie sie an, aber sie waren total anders. Die Pickups waren in einer anderen Position und, und, und. Darauf sagte ich: ›Vergeßt es.‹ So suchte ich alle Musikgeschäfte in Amerika nach alten SG's ab, denn ich hätte wohl zweitausend oder dreitausend Gitarren kaufen müssen, damit Gibson die Produktion wieder aufgenommen hätte... Mit der Zeit wollte ich dann keine nicht mehr produzierte Gitarre spielen.«

Damit gehörte eine der faszinierendsten Gitarristen-Gitarren-Paarungen der Vergangenheit an, was jedoch nicht heißen soll, daß Townshend danach seine Faszination als Gitarrist im geringsten verloren hätte.

Das war ganz und gar nicht der Fall, doch diese unglaubliche Verschmelzung der krachenden Akkorde eines raffiniert-brachialen Rhythmusspiels mit wütend dröhnenden Gitarrenläufen war ganz und gar einzigartig und auf Townshends Zeit mit der Gibson SG beschränkt. Zwar hat Townshend später gesagt, daß er »nie in der Lage gewesen wäre, die Leadgitarre zu spielen, die er spielen wollte«, doch angesichts seiner begnadeten SG-Ära kann man das nur als Understatement bezeichnen.

Insgesamt betrachtet ist Townshends gitarristisches Können jedoch nur eine Facette seiner Begabung, die multi-instrumentale Fähigkeiten und sein mehr als außergewöhnliches Talent zum Komponieren und Arrangieren miteinschließt. Pete Townshend gehört zu den wenigen echten Genies der Rockgeschichte und hat zusammen mit den Who eines der eindrucksvollsten Gesamtkunstwerke der Rockmusik geschaffen.

Leslie West

Geb.: 22. Oktober 1945 in New York/USA

Er wurde oft der Gitarren-Heros des armen Mannes genannt, dennoch erzielte der übergewichtige Leslie West (eigentl. Weinstein) zusammen mit der Ende der 60er Jahre gegründeten Formation Mountain einen außergewöhnlichen Erfolg. Felix Pappalardi, der vor allen Dingen als Produzent von Cream bekannt wurde, nutzte das 1968 durch den Split von Cream entstandene musikalische Vakuum geschickt aus, um zusammen mit Leslie West, der ihm als einziger von der harten New Yorker Band Vagrants in positiver Erinnerung geblieben war, Corky Lang (Drums) und Steve Knight (Keyboards) das Hardrock-Quartett Mountain zu starten. Die Mitwirkenden wurden dabei von dem unerwarteten Erfolg der ersten von Pappalardi produzierten Solo-LP von Leslie West *Mountain* bestärkt, deren Titel sie als Bandnamen entliehen.

Obwohl der Cream-Sound hauptsächlich durch die unnachahmliche Individualität der drei Musiker entstand, wurde Mountain mehr noch als die dröhnende Schwachsinnsband Grand Funk Railroad als legitimer Nachfolger von Cream gefeiert. Doch das, was Creams Größe ausmachte – ein enormer musikalischer Aktionsradius im Studio sowie entfesselte Improvisationsenergien –, konnte Mountain nie auch nur im entferntesten erreichen. Aber es sollte noch schlimmer kommen, als Leslie West nach der ersten Trennung von Mountain im Jahre 1972 verheißungsvoll zusammen mit dem ehemaligen Cream-Bassisten Jack Bruce das knapp zwanzig Monate bestehende Trio West,

Bruce & Laing gründete, das sich, dokumentiert durch drei LPs, zu einem künstlerischen Fiasko sondergleichen entwikkelte. Der anachronistische Cream-Verschnitt schlimmsten Kalibers ließ vor allen Dingen den zur Selbstkarikatur reduzierten Baß-Virtuosen Jack Bruce in einem zwiespältigen Licht erscheinen, da man von Leslie West nicht mehr als eine schwache Clapton-Parodie zu erwarten hatte.

So war es nicht allzu überraschend, daß sich die Gruppe Mountain im Sommer 1973 neu formierte und noch ein nichtiges Studioalbum sowie die am 30. August 1973 in Osaka aufgenommene Doppel-Live-LP *Twin Peaks* (mit Alan Schwartzberg am Schlagzeug) hervorbrachte. Dieses Album sowie die vorhergegangenen Live-Alben von Mountain künden noch am ehesten von den allerdings stark überschätzten, rüden, floskelreichen Gitarrenkünsten von Leslie West, der sich meistens durch bis zu vierzig Minuten lang Live-Titel mogelte (z. B. *Nantucket Sleight Ride* von der LP *Twin Peaks*), indem er weit ausholende Gitarrenimprovisationen durch Aneinanderreihungen und Wiederholungen mehr oder minder bekannter Rockriffs ersetzte.

Deshalb war man allgemein schlicht überrascht, als Leslie West 1975 ein abwechslungsreiches, entspanntes Solowerk mit dem Titel *The Great Fatsby* einspielte. Doch im Anschluß an dieses Album folgte eine bis in die 80er Jahre währende Heroinabhängigkeit, die jegliche musikalischen Ambitionen im Keim erstickte. Erst 1985 stand Leslie West durch eine Tour der mehr denn je lärmenden Mountain wieder im Rampenlicht.

Schlußbemerkung

Rock ist eine Energie
Jeff Beck, 1973

Stellvertretend für viele Gitarristen, die nicht näher beschrieben werden konnten, die aber die Beschäftigung mit Rockmusik erst so abwechslungsreich und unerschöpflich machen, sollen im folgenden einige Gitarristen und Titel genannt werden, die zeigen, daß gitarristische Sternstunden nicht nur auf die mit der Zeit festgeschriebenen Größten der Großen beschränkt sind.

Leadgitarre:	Titel:	Interpret/ Gruppe:	LP-Titel:
Dave Davies	Lost And Found	The Kinks	Lost And Found
Randy California	Why Can't Be Free	Spirit	Twelve Dreams Of Dr. Sardonicus
Mac Gayden	Blood Is Not The Answer	Barefoot	Southern Delight
John Fogerty	Suzie Q	Creedence Clearwater Revival	Creedence Clearwater Revival
Robby Krieger	Moonlight Drive	The Doors	Strange Days
Robbie Robertson	Java Blues	Rick Danko	Rick Danko
Nils Lofgren	Moon Tears	Nils Lofgren	Night after Night

Leadgitarre:	Titel:	Interpret/Gruppe:	LP-Titel:
Terry Kath	Free Form Guitar	The Chicago Transit Authority	The Chicago Transit Authority
Snowy White	Bird Of Paradise	Snowy White	White Flames
Ron Wood	That's All You Need	Face	A Nod's As Good As A Wink...
Gary Moore	Don't Believe A Word	Gary Moore	Back On The Streets

Diskographien

Die Diskographien enthalten nur LPs. Sie sind unter dem Gesichspunkt der möglichst vollständigen Dokumentation von Aufnahmen des jeweiligen Künstlers erstellt worden. Wenn nicht anders vermerkt (Ausnahme: Sampler), bezeichnen die Daten die Aufnahmejahre. Für Gitarristen des Teils »Last but not least« wurden keine Diskographien angelegt.

Duane Allman

Allman Joys

1966	Early Allman	Dial, issued 1973

Hourglass

1968	The Hour Glass	Liberty
1968	Power Of Love	Liberty, beide als Doppel-LP 1973 bei U.A. wieder herausgekommen

31st Of February

1968	Duane & Gregg Allman	Bold, issued 1973

Allman Brothers Band

1969	The Allman Brothers Band	Capricorn
1970	Idlewild South	Capricorn
1971	At The Fillmore East	Capricorn
1971	Eat A Peach	Caprcorn, issued 1972, tw. mit Aufnahmen ohne D. Allman

– Session Work –

Die Titel sind in der Reihenfolge der Aufnahme angeordnet; Titel, bei denen nur das Jahr bekannt ist, sind mit + gekennzeichnet.

1968	Hey Jude (Wilson Pickett)	Atlantic
1968	This Girl's In Love With You (Aretha Franklin)	Atlantic
1969	Instant Groove (King Curtis)	Atlantic
1969	Soul '69 (Aretha Franklin)	Atlantic
1969	Boz Scaggs (Boz Scaggs)	Atlantic
1969	Ton – Ton Macoute! (Johnny Jenkins)	Atco
1969	The Dynamic Clarence Carter (Clarence Carter)	Atlantic
1969	More Sweet Soul (Arthur Conley)	Atco
1969	Southern Friend (John Hammond)	Atlantic
1969	Mourning In The Morning (Otis Rush)	Cotilion +
1969	Two Jews Blues (Barry Goldberg)	Buddah Rec. +
1970	Ronnie Hawkins (Ronnie Hawkins)	Cottilion
1970	New Routes (Lulu)	Atco
1970	To Bonnie From Delaney (Delaney and Bonnie Bramlett)	Atco
1970	Layla And Other Assorted Love Songs (Derek And The Dominos)	Atco
1970	Moments NTS (Judy Mayhan)	Atco
1971	Push Push (Herbie Mann)	Embryo
1971	The Hawk (Ronnie Hawkins)	Cotilion +

1971	Motel Shot (Delaney and Bonnie Bramlett)	Atco +
1971	SAM Hard And Heavy (Sam Samudio)	Atlantic +
1971	Stories We Could Tell (Everly Brothers)	Warner Brothers, issued 1972 +
1971	Delaney And Bonnie Together (Delaney And Bonnie Bramlett)	Atco, issued 1972 +
1971	5'll Getcha Ten (Cowboy)	Capricorn

– Sampler –

1970	The First Great Rock Festival Of The Seventies	V.A. CBS, ein Titel live
1972	Duane Allman An Anthology	V.A. Capricorn, vier unveröffentlichte Titel
1974	Duane Allman An Anthology	Vol. II V.A. Capricorn, fünf unveröffentlichte Titel

Jeff Beck
The Yardbirds

1965	For Your Love	Epic
1965	Having A Rave Up	Epic
1966	Over, Under, Sideways, Down	Columbia
1966	Shapes Of Things (Charly)	7-LP-Box mit unveröffentlichten Tracks aus den Jahren 1963 – 1966, issued 1984
1967	Greatest Hits	Epic
1967	Blow Up	MGM, Soundtrack mit nur einem Titel

Jeff Beck Group

1967	The Best Of Jeff Beck	Emi, issued 197? mit 2 Singles von 1967/68
1968	Truth	Columbia
1969	Cosa Nostra Beck-Ola	Columbia
1971	Rough Ready	Epic
1972	Jeff Beck Group	Epic

Beck, Bogart & Appice

1973	Beck, Bogart & Appice	Epic
1973	Beck, Bogart & Appice Live	CBS/Sony, issued 1975

Jeff Beck

1975	Blow By Blow	Epic
1976	Wired	Epic
1877	Jeff Beck With The Jan Hammer Group	Epic
1980	There & Back	Epic
1985	Flash	Epic

— Session Work —

1968	Barabajagal (Donovan)	Epic
1969	Permanent Damage (Girls Together Outrageously)	Staight
1970	Lord Sutch & Heavy Friends (Screaming Lord Sutch)	Atlantic
1972	Talking Book (Stevie Wonder)	Motown
1974	White Lady (Badger)	Epic
1975	Journey To Love (Stanley Clarke)	Nemperor
1975	Upp (Upp)	Epic

1976	Schooldays (Stanley Clarke)	Nemperor
1976	Billy Preston (Billy Preston)	A&M
1977	Garden Of Love Light (Narada Michael Walden)	Atlantic
1978	Modern Man (Stanley Clarke)	Nemperor
1979	I Wanna Play For You (Stanley Clarke)	Epic
1980	Jokes/Voices (Murray Head)	Mercury
1981	Tilt (Cozy Powell)	Polydor
1984	Box Of Frogs (Box Of Frogs)	Epic
1984	The Honeydrippers Vol. 1 (The Honeydrippers)	WEA
1984	Swept Away (Diana Ross)	Capitol
1984	Private Dancer (Tina Turner)	Capitol
1985	She's The Boss (Mick Jagger)	CBS
1987	Primitive Cool (Mick Jagger)	CBS

– **Sampler** –

1966 Blues Anytime   Vol. 3 (V. A.) Immediate; issued 1968, Zwei Titel

Ritchie Blackmore

Deep Purple

1968	Shades Of Deep Purple	Parlaphone
1969	The Book Of Taliesyn	Harvest
1969	Deep Purple	Harvest
1970	Concert For Group & Orchester	Harvest
1970	Deep Purple In Concert	EMI, jeweils eine LP der Doppel-LP BBC 1970 bzw. 1972, Live
1970	Deep Purple In Rock	Harvest
1971	Fireball	Harvest

1972	Machine Head	Purple
1972	Made In Japan	Purple, Live
1973	Who Do You Think We Are	Purple
1974	Burn	Purple
1974	Stormbringer	Purple
1984	Perfect Strangers	Polydor
1986	House Of The Blue Light	Polydor

Ritchie Blackmore's Rainbow

1975	Ritchie Blackmore's Rainbow	Oyster
1976	Rising	Oyster
1977	On Stage	Polydor
1978	Long Live Rock'n'Roll	Polydor
1979	Down To Earth	Polydor
1981	Difficult To Cure	Polydor
1982	Straight Between The Eyes	Polydor
1983	Bent Out Of Shape	Polydor
1986	Finyl Vinyl	Polydor, unveröffentlichte Stücke aus den Jahren '78 bis '84

— Session Work —

1972	Hands Of Jack The Ripper (Screamin' Lord Sutch)	Atlantic
1974	Green Bullfrog (Green Bullfrog)	MCA
1975	Stronghold (Barrett Strong)	Capitol
1976	I Survive (Adam Faith)	WB
1980	Humanesque (Jack Green)	RCA

J.J. Cale

J.J. Cale

1971	Naturally	Shelter
1972	Really	Shelter

1974	Olie	Shelter
1976	Troubadour	Shelter
1979	»S«	Shelter
1980	Shades	MCA
1982	Grasshopper	Mercury
1983	8	Mercury

— **Session Work** —

197?	Take A Trip Down Sunset (Leather Coated Minds	Viva
1973	Hank Wilsons Back (Leon Russel)	Shelter
1973	AngelClare (Art Garfunkel)	CBS
1975	Will O The Wisp (Leson Russel)	Shelter
1976	Sweet Harmony (Maria Muldaur)	Reprise
1978	Store Bought (Blazers)	Cream of Crops
1978	Comes A Time (Neil Young)	Reprise
1978	That's The Way A Cowboy Rocks (Jessi Colter)	Capitol

John Cipollina

Quicksilver Messenger Service

1968	Quicksilver Messenger Service	Capitol
1968	Maiden Of The Cancer Moon	Psycho, issued 1985, Live
1969	Happy Trails	Capitol
1969	Shady Grove	Capitol
1970	Just For Love	Capitol
1971	What About Me	Capitol
1975	Solid Silver	Capitol

Copperhead

| 1973 | Copperhead | CBS |

Raven

1976 – 80 Raven	Line, issued 1980

Terry And The Pirates

1977 – '79	Too Close For Comfort	Wild Bunch, issued 1979
1975 – '77	Wind Dancer	Rag Baby, issued 1981
1980	The Doubtful Handshake	Line
1982	Rising Of The Moon	Rag Baby

Nick Gravenites/John Cipollina

1982	Monkey Medicine	Line

— Session Work —

1969	My Labors (Nick Gravenites)	CBS
1971	Warm Waters (Charles Loyd)	Kupp
1971	Papa John Creach (Papa John Creach)	Grunt
1972	Shake Off The Demon (Brewer & Shipley)	Kama sutra
1972	Rolling Thunder (Mickey Hart)	Warner Brothers
1973	A Wing And A Prayer (Matt Kelly)	Relix, issued 1985
1974	Insane (Kathi McDonald)	Asylum
1975	Maximum Darkness (Man)	United Artists, Live
1980	Bluestar (Nick Gravenites)	Line
1981	Illegal Entry (Rocky Sullivan)	Jupiter
1984	Amagamalin Street (Robert Hunter)	Relix

— Sampler —

1973	Anthology (Quicksilver Messenger Service)	Capitol, 1 Non-LP-Titel

Dave »Clem« Clempson

Bakerloo

1969	Bakerloo	Harvest

Colosseum

1969	Valentyne Suite	Vertigo, Clempson spielte nachträglich Gitarrenparts für die amerikanische LP-Version ein
1970	Daughter Of Time	Vertigo
1971	Live	Bronze
1971	Collectors Colosseum	Bronze

Humble Pie

1972	Smokin'	A&M
1973	Eat It	A&M
1974	Thunderbox	A&M
1975	Street Rats	A&M

Rough Diamond

1977	Rough Diamond	Island

Champion

1978	Champion	Epic

– Session Work –

1969	Rainmaker (Michael Chapman)	Harvest
1969	An Asylum For The Musically Insane (Tea & Symphony)	Harvest
1971	Loudwater House (Tony Hazzard)	Bronze
1974	Spyglass Guest (Greenslade)	WB
1975	Ride A Rock Horse (Roger Daltrey)	Polydor
1976	Marriott (Steve Marriott)	A&M
1977	Lived Here (Michael Chapman)	Cube
1979	Over The Top (Cozy Powell)	Polydor
1979	Late Nights In Soho (Colin Blunstone)	Rocket
1980	Heart Attack & Vine (Tom Waits)	Asylum
1980	Crashes (Records)	Virgin
1980	I've Always Wanted To Do This (Jack Bruce)	Epic
1980	Song Of Seven (Jon Anderson)	Atlantic
1982	Animation (Jon Anderson)	Atlantic

Jimi Hendrix

Jimi Hendrix Experience

1967	Jimi Plays Monterey	Polydor, issued 1987
1967	Are You Experienced	Reprise
1968	Smash Hits	Reprise
1968	Axis: Bold As Love	Reprise
1968	Electric Ladyland	Reprise
1969	Experience	Ember, issued 1971
1969	More Experience	Ember, issued 1972

Band Of Gypsys

1970	Band Of Gypsys	Capitol, Live

| 1970 | Band Of Gypsys 2 | Capitol, issued 1986, Live, nur eine Seite Band of Gypsys |

Jimi Hendrix

| 1968 | Woke Up This Morning And Found Myself Dead | Red Lighnin', issued 1980 |
| 1969 | Nine To The Universe | Reprise, issued 1970 |

Erscheinungsjahr:

1971	Cry Of Love	Reprise
1971	Rainbow Bridge	Reprise
1971	Isle Of Wight	Reprise, Live
1972	In The West	Reprise, Live
1973	War Heroes	Reprise
1973	Loose Ends	Reprise
1973	Soundtrack Recordings From The Film Jimi Hendrix	Reprise
1975	Crash Landing	Reprise
1976	Midnight Lightning	Reprise
1982	Live	Polydor, Mit »Gloria« und »Dolly Dagger«, Live IOW
1982	Jimi Hendrix Concerts	CBS, Live
1984	Kiss The Sky	Polydor, mit Singleversion »Steppin' Stone«
1986	Johnny B. Goode	Capitol, Live

Session Work

| 1968 | McGough & McGear (McGough & McGear) | Parlaphone |

1968	Expressway To Your Skull (Buddy Miles)	Mercury
1968	Sun Rise (Eire Apparent)	Buddah
1969	Electric Church (Buddy Miles)	Mercury
1970	False Start (Love)	Blue Thumb
1970	Stephen Stills (Stephen Stills)	Atlantic

— Sampler —

1969	Woodstock	V. A. Soundtrack Atlantic, zwei Titel, Live
1969	Woodstock Two	V. A. Soundtrack Atlantic, vier Titel, Live
1970	The Great Rock Festival Of The Seventies	V. A. CBS, drei Titel, Live

Paul Kossoff

Free

1968	Tons Of Sobs	Island
1969	Free	Island
1970	Fire And Water	Island
1970	Highway	Island
1971	Free Live!	Island
1972	Free At Last	Island
1973	Heartbreaker	Island

Kossoff, Kirke, Tetsu, Rabbit

| 1972 | Kossoff, Kirke, Tetsu, Rabbit | Island |

Paul Kossoff

1973	Back Street Crawler	Island
1977	Koss	Island, Sampler mit unveröffentlichten Stücken
1986	Blue Soul	Island, Sampler mit unveröffentlichten Stücken

Back Street Crawler

1975	The Band Plays on	Atlantic
1976	2nd Street	Atlantic
1982	Leaves InThe Wind	Street Tunes, vier unveröffentlichte Stücke, Live
1984	Croydon: June 15th 1975	Street Tunes

— Session Work —

1968	When You Feel The Feeling You Was Feeling (Champion Jack Dupree)	Blue Horizon
1970	Fiends & Angels (Martha Velez)	Blue Horizon
1970	Fools Meeting (With Delivery) (Carol Grimes)	B&C
1971	Bring It Back Home (Mike Vernon)	Blue Horizon
1971	»Gately's Cafe« (Michael Gately)	Janus Records
1971	Oh How We Danced (Jim Capaldi)	Island
1972	Old Hat (Uncle Dog)	Siugopost
1974	Mulgrave Street (Amazing Blondel)	DJM, auch auf »Koss«
1975	Short Cut Draw Blood (Jim Capaldi)	Island

1978	The Contender (Jim Capaldi)	Polydor

– Sampler –

1969	In Our Own Way, Oldies But Goodies	V.A.Blue Horizon Ein Titel aus Dupree Session
1974	The Free Story	Island, Unveröffentlicht: »Heartbreaker« (Live), »Travellin' Man« (Toby)
1981	The Hunter	Street Tunes, anderer Gesang auf »Never Take Me Alive«
1982	Complethely Free	Islands, Single-Version, »I'm a Mover«

Albert Lee

Chris Farlowe & The Thunderbirds

1966	Chris Farlowe & The Thhunderbirds	Columbia
1966	14 Things To Think About	Immediate
196?	Hot Property	Line, Sammler mit raren Singles aus verschiedenen Jahren, issued 1983

Country Fever

1969	Listen To Country Fever	Lucky
1969	Mountain Music Jamboree	Redifusion

Heads, Hands & Feet

1971	Heads, Hands & Feet	Island
1972	Tracks	Island
1973	Old Soldiers Never Die	Atlantic

Emmylou Harris And The Hot Band

1976	Luxury Liner	Warner Brothers
1978	Quarter Moon In A Ten Cent Town	Warner Brothers

Eric Clapton & His Band

1979	Just One Night (Eric Clapton)	RSO, Live, issued 1980
1981	Another Ticket (Eric Clapton)	RSO
1983	Money And Cigarettes (Eric Clapton)	Duck Records

Albert Lee

1979	Hiding	A&M
1982	Albert Lee	Polydor
1986	Speechless	MCA
1987	Gagged But Not Bound	MCA

– Session Work (Auswahl) –

1969	With A Little Help From My Friends (Joe Cocker)	Regal Zonophone
1969	Poet & The One Man Band (Poet & The One Man Band)	Verve
1970	Extraction (Gary Wright)	A&M
1971	Short Stories (Steve Gibbons)	Wizard
1972	Jackson Browne (Jackson Browne)	Asylum

Year	Title	Label
1973	Raw But Tender (Jacki Whitren)	Epic
1973	Caroline Pegg (Caroline Pegg)	Transatlantic
1973	The Session Recorded In London (Jerry Lee Lewis)	Mercury
1973	Remnants (The Crickets)	Vertigo
1973	Long Way From Lubbock (The Crickets)	Mercury
1974	Sunset Towers (Don Everly)	Ode
1975	Stingray (Joe Cocker)	A&M
1975	The Chris Farlowe Band Live! (Chris Farlowe)	Polydor
1976	The Pretender (Jackson Browne)	Asylum
1976	The 20th Anniversary Of Rock'n'Roll (Bo Diddley)	RCA
1977	Sailboat (Jonathan Edwards)	Warner Brothers
1978	Nicolette (Nicolette Larson)	Warner Brothers
1978	Puttin' On The Style (Lonnie Donegan)	Chrysalis
1978	Sundown (Lonnie Donegan)	Chriysalis
1978	Ain't Living Long Like This (Rodney Crowell)	Warner Brothers
1978	Live At Abbey Road (Chas & Dave)	EMI
1978	Guy Clark (Guy Clark)	Warner Brothers
1979	Repeat When Necessary (Dave Edmunds)	Swansong
1979	Circuit Queen (Marcia Ball)	Capitol
1979	Blue Kentucky Girl (Emmylou Harris)	Warner Brothers
1979	Take A Heart (Juice Newton)	Capitol
1979	Christmas Album Light In The Stable (Emmylou Harris)	Warner Brothers
1979	Lost In Austin (Marc Benno)	A&M
1979	Sweet Temptation (Ricky Skaggs)	Sugar Hill
1980	Take One! (Shakin' Stevens)	Epic
1980	Roses In The Snow (Emmylou Harris)	Warner Brothers
1980	But What Will The Neighbors Think (Rodney Crowell)	Warner Brothers
1981	Evangeline (Emmylou Harris)	Warner Brothers
1981	Rodney Crowell (Rodney Crowell)	Warner Brothers
1981	This Ole House (Shakin' Stevens)	Epic
1982	Heartbreak (Bert Jansch)	Logo
1982	D E 7 (Dave Edmunds)	Arista
1983	Time Step (Leo Kottke)	Chrysalis

1984	The Reunion Concert (Everly Brothers)	Immpression
1984	EB 84 (The Everly Brothers)	Mercury
1984	The Introduction (Steve Morse Band)	Asylum
1985	The Ballad Of Sally Rose (Emmylou Harris)	Warner Brothers
1986	Born Yesterday (The Everly Brothers)	Warner Brothers
1986	In Quo Country (Bob Young)	Spray

— Sampler —

1966	Blues Anytime 4	V. A. Immediate, zwei Titel, issued 1968
1968	No Introduction Neccesary	V. A. Spark

Eine komplette Session-Diskographie ist über den Albert Lee-Fan-Club zu erhalten
c/o Yves Farge
47 Ave De Saint Mandè
Paris, France 75012

Jimmy Page

The Yardbirds

1966	Blow up	GM, Soundtrack mit nur einem Titel
1967	Little Games	Epic
1967	Live At The Anderson Theatre	Epic, issued 1971

Led Zeppelin

1969	Led Zeppelin	Atlantic
1969	Led Zeppelin II	Atlantic
1970	Led Zeppelin III	Atlantic
1971	Led Zeppelin IV	Atlantic

1973	House Of The Holy	Atlantic
1975	Physical Graffiti	Atlantic
1976	Presence	Atlantic
1976	The Song Remains The Same	Atlantic
1979	In Through The Out Door	Atlantic
1982	Coda	Atlantic, Material aus verschiedenen Jahren

Jimmy Page

1982	Death Wish II Soundtrack	Swansong

The Firm

1985	The Firm	Atlantic
1986	Mean Business	Atlantic

– Session Work (Auswahl) –

1963	Don't Send Me No Flowers (Sonny Boy Wiliamson/Brian Auger	Marmelade
1964	The Kinks (The Kings)	Pye
1965	Get The Picture (The Pretty Things)	Fontana
1965	Them Angry (Them)	Decca
1966	Follow Me (Chrispian St. Peters)	Decca
1966	Own Up (Twice As Much)	Immediate
1966	Two Yanks In England (The Everly Brothers)	Warner Brothers
1966	My Generation (The Who)	Brunswick
1968	The Maureeny Wishful Album (Jimmy Page, Jim Sullivan & John Williams)	WO
1968	Three Week Hero (P. J. Proby)	Liberty
1968	Truth (Jeff Beck Group)	Columbia
1968	With A Little Help From My Friends (Joe Cocker)	A&M
1968	The North Wind Blew South (Philamore Lincoln)	Epic

Year	Album	Label
1969	Cartoone (Cartoone)	Atlantic
1969	Love Chronicles (Al Stewart)	CBS
1969	A Way Of Live (Family Dogg)	Bell
1970	Lord Sutch & Heavy Friends (Screamin' Lord Sutch)	Atlantic
1971	Stormcock (Roy Harper)	Harvest
1973	Life Mask (Roy Harper)	Harvest
1974	Flashes From The Archives (Roy Harper)	Harvest
1975	Suicide Sal (Maggie Bell)	Polydor
1977	Detective (Detective)	Swansong
1984	Right By You (Stephen Stills)	Atlantic
1985	Whatever Happend To Jugula (Roy Harper)	Beggars Banquet
1985	Willie & The Poor Boys (Willie & The Poor Boys)	Passport
1985	Screaming For Help (John Paul Jones)	Atlantic, Soundtrack
1986	Dirty Work (Rolling Stones)	CBS

— **Sampler** —

Year	Album	Label
1966	Blues Anytime Vol. 2	V. A. Immediate, issued 1968, zwei Titel
1966	Blues Anytime Vol. 3	V. A. Immediate, issued 1968, drei Titel
1968	No Introducion Necessary	V. A. Spark

Carlos Santana

Santana

1968	Historic Santana	Cicadelic Records, issued 1987
1969	Santana	CBS
1970	Abraxas	CBS
1971	Santana (Three)	CBS
1972	Caravanserai	CBS
1973	Welcome	CBS
1974	Borboletta	CBS
1976	Amigos	CBS
1977	Festival	CBS
1977	Moonflower	CBS
1978	Inner Secrets	CBS
1979	Marathon	CBS
1981	Zebob	CBS
1982	Shango	CBS
1985	Beyond Appearances	CBS
1987	Freedom	CBS

Carlos Santana

1979	Oneness – Silver Dreams – Golden Reality	CBS
1980	Swing Of Delight	CBS
1983	Havana Moon	CBS

– Session Work –

1968	The Live Adventures of Mike Bloomfield And Al Kooper (Mike Bloomfield/Al Kooper)	Columbia, issued 1969
1971	Papa John Creach (Papa John Creach)	Grunt
1972	Carlos Santana & Buddy Miles Live! (Carlos Santana & Buddy Miles)	CBS

1973	Love, Devotion & Surrender (Carlos Santana & John McLaughlin)	CBS
1974	Illuminations (Carlos Santana & Alice Coltrance)	CBS
1977	Garden Of Love Light (Narada Michael Walden)	Atlantik
1978	Tropico (Gato Barbieri)	A&M
1978	Awakening (Narada Michael Walden)	Atlantic
1980	Monster (Herbie Hancock)	CBS
1980	Middleman (Boz Skaggs)	CBS
1984	Real Live (Bob Dylan)	CBS
1986	Dance To The Beat Of My Drum (Babatunde Olatunji)	Blue Neron

– Sampler –

1969	Woodstock	V. A. Wea, issued 1970, Live, ein Titel
1972	Fillmore: The Last Days	V. A. Columbia, Live, zwei Titel
1978	California Jam 2	V.A. CBS, Live

Robin Trower

Procol Harum

1967	Procol Harum	Regal Zonophone
1969	Shine On Brightly	Regal Zonophone
1969	A Salty Dog	Regal Zonophone
1970	Home	Regal Zonophone
1971	Broken Barricades	Chrysalis

Robin Trower

1973	Twice Removed From Yesterday	Chrysalis
1974	Bridge Of Sights	Chrysalis
1975	Live!	Chrysalis
1976	Long Misty Days	Chrysalis
1977	In City Dreams	Chrysalis
1978	Caravan To Midnight	Chrysalis
1980	Victims Of Fury	Chrysalis
1981	Jack Bruce, Bill Lordan, Robin Trower B.L.T.	Chrysalis
1982	Truce	Chrysalis
1983	Back It Up	Chrysalis
1985	Beyond The Mist	Music for Nations
1986	Passion	GNP Crescendo

– Session Work –

1978	Legend (Comp. Of »Legend« Tracks) (Mickey Jupp)	Stiff

Link Wray

Link Wray And His Raymen

Erscheinungsjahre, Aufnahmen entstanden 1958 bis Mitte der 60er Jahre

1960	Link Wray & The Raymen	Epic
1963	Jack The Ripper	Swan
1972	There's Good Rockin' Tonite	Union Pazific
1981	Early Recordings	Ace
1982	Good Rockin' Tonight	Ace
1987	Growling Guitar	Big Beat, eine Seite: Aufnahmen von 1969

Link Wray

1971	Link Wray	Polydor
1973	Be What You Want To	Polydor
1973	Beans And Fatback	Virgin
1974	Rumble	Polydor
1975	Stuck in Gear	Virgin
1979	Bullshot	Visa
1980	Live At The Paradiso	Visa
1986	Live In '85	Big Beat

Robert Gordon With Link Wray

1977	Robert Gordon & Link Wray	Private Stock
1978	Fresh Fisch Special	PrivateStock

Bildnachweis

Ariola: Robin Trower, Paul Kossoff
Becker, Manfred: Mark Knopfler, John Cipollina
Bossard, Marcel: Albert Lee
CBS: Carlos Santana, Jeff Beck
EMI: Keith Richards
Line: Link Wray
Phonogramm: J.J. Cale
Polydor: Ritchie Blackmore, Jimi Hendrix (2x), Pete Townshend
WEA: Duane Allman, Jimmy Page

MOEWIG

Klaus von Seckendorff
Whitney Houston
Das war vor ihr noch keinem Interpreten gelungen: 7 Singles in Folge auf Platz 1 in die US-Hitparade zu bringen. Whitney Houston heißt die junge Dame, die Mitte der achtziger Jahre aus dem Nichts auftauchte und die Musikwelt aufrollte. Musikjournalist Klaus von Seckendorff hat ihre Geschichte geschrieben.
3421-5
OA, 160 S., m. zahlr. farb. Abb.

MOEWIG – Facts und Platten

Facts und Platten
Elvis Presley

Das Interesse an ihm und seiner Musik ist ungebrochen. Zehn Jahre nach seinem Tod steht außer Frage: Elvis Presley war der größte, erfolgreichste und beste Sänger des Rock 'n' Roll. Seine Platten erfreuen sich nach wie vor größter Beliebtheit, finden auch bei Teens und Twens neue Fans. Ein Farbbildband über den „King" und seine Musik mit einer aktuellen Discographie.
3357-X
Erstmals als Taschenbuch, ca. 160 Seiten in Farbe

MOEWIG

Frank Laufenberg
Cliff Richard
Im September 1958 hatte er mit »Move It« seinen ersten Hit. Dennoch ist seine Popularität heute, nach mehr als 30 Jahren, so groß wie selten zuvor. F. Laufenberg gibt einen Überblick über Leben und Musik des Sängers, dessen Fangemeinde fast alle Generationen umfaßt. Mit Discographie.
3371-5
OA, 192 S., mit farb. Abb.